C. Bernd Sucher

Theaterzauberer

Schauspieler
40 Porträts

mit 131 Fotos

Piper
München Zürich

ISBN 3-492-03125-0
© R. Piper GmbH & Co. KG, München 1988
Gesetzt aus der Trump-Antiqua
Gesamtherstellung: Kösel, Kempten
Printed in Germany

Inhalt

Für
W. A. R.

Vorwort

»Wie wurschtig wird sofort alles theoretische Geschwätz, wie gleichgültig, ob neues oder altes Theater, wenn ein Mensch in der lebendigen Fülle seiner Menschlichkeiten auf der Bühne steht und Geist und Gefühl der Zuschauer mühelos in die Falle lockt, die sein Spiel ihnen legen mag. Wie fegt er mit einer Handbewegung, einem Blick, einem Lachen ganze Pakete von Prinzipien in den Müll, wo sie hingehören, und schöpft, soweit er ein Schöpfer ist, alles aus der Tiefe und dem Reichtum seines originalen Wesens. Das sind die Werte, die dem Theater, bis zum letzten Mal der Vorhang gefallen sein wird, mehr bedeuten als Regiekünste, Stile und selbst Weltanschauungen.«

Den Fallenstellern, den Zauberern, den Schauspielern, die uns – manchmal nur mit einem verstohlenen Augenaufschlag, einem ausgestreckten Finger, einem verdruckten Freudenschrei – Menschen entdeckten und zuweilen damit die Gesellschaft, ja die Welt erklärten: ihnen ist dieses Buch zugeeignet.

Was mich bewogen hat, just diese vierzig zu wählen, Künstler, die keineswegs alle (schon) zu jenen von Alfred Polgar apostrophierten Schauspielern »von Gottes Gnaden« gehören, ist leicht erklärt. Ich schätze sie. Alle. Auch die jungen, die erst am Anfang ihrer Karriere stehen, die manchmal nicht zaubern, sondern nur gut gelungene Tricks vorführen, die Zauberlehrlinge. Auch jene, deren Spiel weniger reich ist als das der genialen Schöpfer. Sie, diese wenigen, verehre ich.

Gern hätte ich auch Lambert Hamel, Christa Berndl, Edgar Selge, Margit Carstensen, Jeanne Moreau und Michel Piccoli in diesen Band aufgenommen, aber ich mußte mich auf vierzig beschränken. Die Idee, Schauspieler zu porträtieren, ihr Spiel, ihr Handwerk *und* ihren Zauber anhand ausgewählter Rollenbeispiele zu analysieren und zu beschreiben, scheint in einer Zeit, in der die deutschsprachige Theaterkritik (immer noch) den Regisseuren den ersten Platz einräumt, ungewöhnlich, vielleicht gar altmodisch. Wie selten machen sich Rezensenten in ihren Aufsätzen die Mühe, die Arbeit der Schauspieler zu begreifen, zu beschreiben und zu werten. Aber was nützen Lesern, was letztlich den Schauspielern selbst – so sie Kritiken überhaupt lesen – Pauschalurteile? Wie agiert ein hinreißendes Gretchen? Was tut ein bezaubernder Bois d'Enghien? Wie benimmt sich ein mephistophelischer »Großinquisitor«, wie ein überzeugender Tasso? Es ist schwierig, das Zauberhandwerk und den Zauber von Schauspielern zu beschreiben. Das Mirakel der Schauspiel-Künstler, die aus einem Text einen Menschen bilden und mit dem Menschen eine Situation und mit der Situation eine Idee schöpfen, ist letztlich wohl unbeschreibbar.

»In der Schauspielerei, das ist ihr eigentlichstes Mirakel, sind Künstler und Kunstwerk eins. Der Maler produziert Bilder, der Dichter sogenannte Dichtungen, der Musiker Musik, der Schauspieler sich. Ihn recht beschreiben heißt also nicht nur den Künstler beschreiben – das ginge zur Not: von Stimme, Erscheinung, Gebärde u. dgl., also vom sinnlichen Eindruck läßt sich etwas Vorstellbares mitteilen –, sondern es heißt auch das Kunstwerk beschreiben, das der Spieler, indem er spielt, aus seinem Ich formt. Kann man überhaupt ein Kunstwerk ›beschreiben‹? Nein, und es hat's auch noch keiner gekonnt. Denn von allem Werk unterscheidet sich das Kunstwerk durch ein unfaßbar Übersinnliches, das ihm anhaftet und es durchdringt, wie die Seele den Körper. Im Nicht-mit-Sinnen-Wahrnehmbaren, in dem, was sich nicht wägen, messen, spiegeln, isolieren läßt, liegt sein Entscheidendes. Dort, wo Wirkung ist ohne erkennbare Ursache. Ganz und gar im Unbeschreiblichen der Kunst liegt das, was zu beschreiben wäre.«

Polgar versuchte trotzdem, das Unbeschreibliche zu beschreiben. Und diese vierzig Aufsätze sind gleichfalls der Versuch, das Kunstwerk, das Schauspieler Abend für Abend neu schaffen, in Worte zu fassen, zu er-fassen und festzuhalten.

Wenn ich in meinen Essays dem Geheimnis dieser Schauspieler auch nur auf der Spur bin – weit davon entfernt noch, es zu
ergründen, das Übersinnliche, den Zauber zu (er)klären –, so
hätte ich mein Ziel erreicht.

Ich danke zuallererst den Schauspielern. Und dann allen, die
mir bei der Arbeit geholfen, mich unterstützt und kritisiert
haben: Inge Kühl, Herta-Elisabeth Renk, Ursel Paal, Wolfgang
Höbel und Petra Reinfelder, die das Buch im Piper Verlag
betreut hat. »Redaktionsschluß« für das Manuskript war bereits im Sommer 1987, so daß die Spielzeit 1987/88 nicht mehr
berücksichtigt werden konnte.

München, im Januar 1988

Ingrid Andree: Der Alte Fritz

Die Andree – der Alte Fritz.

Ich habe Ingrid Andree als Ranjewskaja im *Kirschgarten* erlebt,
als sie, hübsch alt, eine ergraute Lady, durch den riesigen,
rosafarben getünchten Glittenbergschen Holzkubus irrte. Was
diese Frau hinter sich hat, was ihr noch bevorstehen wird, weil
sie sich ihr Leben so leicht machte und es immer noch nicht
richtig ernst nimmt: nämlich Leid, Demütigungen und der
Tod in irgendeiner Pariser Gosse, keiner konnte es ahnen. Die
Ranjewskaja war zu distinguiert.

Ich habe die Andree als Lears Narren gesehen, 1982. Sie
spielte einen mitleidsvollen Clown, der in riesigen Rivel-
Schuhen steckte. Auf die Nase hatte er sich eine rote Kugel

geschnallt; und in der Hand trug er einen Koffer, vielleicht
gefüllt mit Pozzos Sand. Der Narr: ein wacher Wicht, ein
Spaßmacher, dem es allmählich keinen Spaß mehr machte zu
sein. Zwar zwang er sich am Anfang immer wieder zu neuer
Munterkeit, neuem Witz, aber am Ende ging ihm die Kraft aus.
Der Narr verlor den weisen Schalk auf dem Weg ins Verderben.
Er war dem König Freund, Beschützer und Aufmunterer. Aber
damit nicht genug: die Andree gab dem Greis auch noch die
Tochter zurück. So als handelte das Männlein auch an Corde-
lias Statt, nahm es sich des Alten an, deckte ihn liebevoll zu,
wärmte ihn zärtlich, liebkoste den Ungeliebten. (Es war ein
schöner Zufall, vielleicht auch Jürgen Flimms Absicht, daß
Ingrid Andrees Tochter Susanne Lothar als Cordelia in der
Aufführung zu sehen war.) Die Andree entdeckte im Narren
eine noble Frau, die am Ende mit ihren müden, matten Augen,
fast todessehnsüchtig auf die Welt sah, die sich ihrem Untergang entgegendrehte. Es gab Momente, in denen Lear und der
Narr, Peter Lehmbrock und Ingrid Andree, das ungleiche Paar,
eins wurden wie Mann und Frau, nach einem langen gemeinsamen Leben.

Ich habe die Andree als Pintersche Kate bewundert, 1972 in
Hamburg. Hans Schweikart inszenierte Harold Pinters *Alte
Zeiten*. Ingrid Andree war das Zentrum der Aufführung, eine
schweigende, schöne Sphinx, am Boden hingegossen, abwe-
send, träumend. Ihre Gebärden, ihre Töne, sie waren eiskalt,
hochmütig. Andrees Kate verweigerte allen – auf der Bühne und
im Parkett – einen Blick in ihre Gedanken, wies die Neugierde
von sich. Selbst wenn sie die große Tenue ablegte, den Schutz-
mantel fallen ließ, der sie unnahbar machte, wenn sie armselig
wurde, wenn sie sich vom Paradiesvogel in ein häßliches
Entlein verwandelte: Kate blieb rätselhaft fern – und fein.

Ich habe die Andree in Pinters *Tea Party* begehrt. Das war
1968, und ich, ein Pennäler vor dem kleinen Schwarz-Weiß-
Kasten im elterlichen Wohnzimmer, war verwirrt. Erinnere ich
mich recht, so waren es ihre Beine und ihr Lächeln. Wie sie, als
Ehefrau eines proletarischen Aufsteigers, sich über diesen

Als Kate.

Schlappschwanz, den impotenten Kloschüsselfabrikanten, amüsierte; wie sie – die Frau kommt aus bestem Stall – sich mokierte, ironisch, hanseatisch kühl: das war wundervoll. Ja – und ihre Beine? Sie schlug sie so kokett übereinander und dabei doch so damenhaft, daß ich ahnte, was diese kleine absichtsvolle Geste bedeutete: Provokation und erotische Aufladung.

Ich habe die Andree neben Boy Gobert geschätzt. Der Intendant des Hamburger Thalia-Theaters hatte Pinter eine Heimstatt an seinem Haus gegeben und der Schauspielerin mehrere Rollen in dessen Stücken. Sie spielten erst den *Liebhaber*, und Ingrid Andree wechselte versiert die Rollen, war lustvoll, distanziert und ein wenig dekadent Ehebrecherin, Betrügerin, Frau und Geliebte. Dann sahen wir die beiden am gleichen Abend in James Saunders' *Wirklich schade um Fred* als Greise. Ingrid Andree sah entsetzlich alt aus, krank, zerbrochen, aber in ihrer Stimme flirrte noch immer die Salondame.

Später begegnete ich Ingrid Andree in Köln. Sie hatte Ham-

burg verlassen, sich an Jürgen Flimms Haus gebunden. Wieder
war sie schön, wieder eine Spur eitel, wieder vornehm: die
Alkmene in Kleists *Amphitryon*. Selbst die größten seelischen
Erschütterungen besaßen bei ihr noch eine seltsame, unange-
messene Überheblichkeit, die Arroganz der Pinter-Figuren.
Ähnliches gilt für ihre Aase. Äußerlich zwar grau, gebeugt,
wollte Ingrid Andree die Mutter Peer Gynts nicht mütterlich,
sondern eher so wie den Learschen Narren haben. Ein Kamerad
sollte die Aase sein: vital, temperamentvoll, munter, ein bißchen hexig, ein bißchen kühl, alterslos. Erst im Tod, als Ingrid
Andrees Körper zu erstarren schien, als Aase in Momenten
Jahrzehnte übersprang, vergreiste, schwand von der Andree die
Heiterkeit, die Überlegenheit. Wir sahen in Aases Herz. Endlich.

Ingrid Andree war für mich, bis ich sie im Kölner Teil von
Robert Wilsons *CIVIL warS* sah – als Alten Fritz, der auf
seinen Stock gelehnt, über das erleuchtete Miniatur-Berlin zu
seinen Füßen schritt, der auf dem Boden liegend, den Kopf in
beide Hände gestützt, sich fortträumte, vielleicht in eine hei-
tere Jugend, die dieser Fritz nie hatte – eine sehr hamburgische
Schauspielerin, von der ich meinte, sie könne vor allem eines
und das mit größter Profession: in alle Rollen eine angelsächsi-
sche Leichtigkeit, einen unterkühlten Humor spielen. Sie
beherrscht wirklich den Small talk, versteckt und entdeckt in
den beiläufigsten Fragen und Bemerkungen Verlangen, Begehren, Bosheit. Es war das Understatement ihres Spiels, die
kleine Geste, die ich an ihr mochte – und noch immer mag.
Aber dabei erschien sie mir doch zu oberflächlich, zu mondän,
zu aufgeweckt. Es fehlte ihr immer der Mut, sich in die Tiefe
ihrer Figuren zu wühlen. Die Andree plänkelte lieber über
Verletzungen hinweg, scherzte lieber mit dem Tod, als daß sie
gewagt hätte, die Wunden zu zeigen und die Angst.

Bis Robert Wilson mit ihr arbeitete und ihr die Rolle des
preußischen Königs übertrug. Damals war die Andree 54 Jahre
alt.

Allein auf der Bühne, dozierte sie mit dunkler Stimme,

Der König stirbt.
Die letzte Szene aus
Robert Wilsons
Kölner Teil von
CIVIL WarS.

sehr energisch, sehr überlegen: »Betrachten Sie, meine Herren Studiosi, die Majestät des Firmaments.« Später schaute
der Alte Fritz stumm dem Kriegsgeschehen zu: Das Augenpaar der Andree rollte im bleichen, verschlossenen Gesicht
von rechts nach links und wieder zurück. Emotionslos, das
Morden betrachtend. Der König war als monströser Führer
entlarvt und als menschenverachtender Spieler: Die Andree
hoch zu Holzroß, hielt sich eine platte, runde Maske vors
Gesicht, eine häßliche, widerliche Menschenvisage. Sie
lockte Kompanien in den Tod, während sie zu Schuberts
Erlkönig-Lied mit der rechten Hand, den langen dünnen
Fingern in den weißen Handschuhen, nach Menschen gierte.
    Der König stirbt. Da endlich sah ich, daß Ingrid Andree
nicht allein Heiner Müllers Text verstanden, sondern daß

Die Ranjewskaja. Ingrid Andree in Tschechows Kirschgarten, *Köln 1983, inszeniert von Jürgen Flimm.*

sie begriffen hatte, wie lächerlich brillantes Geplauder zu
Tee und Whisky ist, wenn nur die Haut zerkratzt wird, aber
Hirn und Herz eitel erstarren und unversehrt bleiben. Ingrid
Andree hatte den Schlüssel gefunden, Menschen die Seele
aufzusperren.

Eine Wolldecke über den Knien schläft der Alte in einem
Lehnstuhl, sanft. Das Gesicht unverkrampft, beinahe erlöst,
so als träume er von dem Eisbär, der zuvor an ihm vorbei-
getrottet war. Plötzlich erwacht er. Der Oberkörper lehnt
sich vor, der Hals strafft sich. Er öffnet die Lider, zwingt die
Lippen auseinander. Ein stummer Schrei. Das Antlitz wird
Leidensfratze. Die Augen, aufgerissen, versteinern; das Loch
unter der geraden spitzen Nase gähnt Leere, Düsternis.
Langsam hebt er die Arme, will mit ihnen greifen. Doch
diese Dracula-Klauen fassen nichts. Die Diener, die dem Alten Fritz die Augen schließen, vermögen den Klage-Ruf, das
Dies irae, nicht zu ersticken. Und die Finger widersetzen
sich. Es gibt keine betenden Hände.

In diesem Augenblick war die Andree, der sterbende König, dem Geheimnis auf der Spur, weshalb die Menschheit,
seit sie ist, Theater spielt, in Arenen und Palästen.

»Der Mensch ist ein Zufall, eine bösartige Wucherung.
Und was wir Leben nennen, ist so etwas wie Masern, eine
Kinderkrankheit des Universums, dessen wahre Existenz
der Tod, das Nichts, die Leere«, hatte sie zuvor verächtlich
formuliert. Und nun gellte Ingrid Andree, die Schauspielerin, dagegen an: gegen den Tod, den Untergang, das Nichts.
Stumm. So laut, daß wir sie alle hörten, als riefe sie uns
zum Jüngsten Gericht.

Martin Benrath: Ein Herr aus bestem Stall

Die Narbe auf seiner rechten Wange ist kein Schmiß. Doch würde es mich nicht wundern, wenn viele Zuschauer ihm eine Corpsstudentenvergangenheit nachsagen. Martin Benrath, groß gewachsen, schlank, er strahlt in jeder Rolle, selbst wenn er die Scheiternden, Zweifelnden, die Gedemütigten spielt, Energie, Kraft, ja Hochmut aus und etwas sehr altmodisch Konservatives. Er ist ein Herr.

Als er an einem grauen Novembertag 1986 im Münchner Cuvilliéstheater auf die Bühne trat, im schlichten, eleganten Anzug, ein Buch in der Hand, als er sich dann auf einen einfachen Lehnstuhl setzte und das »Wohllaut«-Kapitel aus dem *Zauberberg* zu sprechen begann, da spürten wir, daß Martin Benrath, 1926 in Berlin geboren, eigentlich in jene Welt gehört. Auf den Thomas Mannschen Zauberberg, in die Vorkriegsgesellschaft, in die Salons der Reichen und Gebildeten. Benrath brachte das Wunder zustande, daß wir einem sehr bekannten Text, bekannten Musiknummern aufmerksam zuhörten. Er wechselte die Rollen. Mal der Erzähler, mal die Romanfigur, führte er uns zu Hans Castorps Lieblingskompositionen, zu Debussy, Rossini, Verdi, Gounod, Puccini, Bizet. Klug und ein wenig arrogant vergnügte uns Benrath auf höchstem Kunstniveau. Das war keine szenische Lesung. Viel Aufregenderes als die überall beliebten, billigen Zusatzprogramme der Staats- und Stadttheater ereignete sich: ein Prosatext gewann Leben. Benrath brauchte keinen Raum, nicht einmal Lichteffekte (sie störten eher). Benrath war da – und mit ihm der Zauber dieser Dichtung.

Benrath bekannte oft, er nähme seine Figuren immer mit

Worte und Musik: Fülle des Wohllauts. Martin Benrath spricht, spielt, lebt ein Kapitel aus Thomas Manns Zauberberg.

dem Kopf ein, dann erst käme das Sinnliche, kämen die Gefühle. An diesem Abend gab es kein Zweifeln mehr, daß er wohl weder einen Texteinrichter gebraucht hätte noch einen Regisseur. Er ist klug und uneitel. Er kennt sein Vermögen – und seine Grenzen.

Diese Klugheit und ein hohes Arbeitsethos machen Benraths Spiel (fast immer) zu einem Ereignis. Und sie verhindern, daß er sich auf mittelmäßige Regisseure einläßt, obwohl er solchen auch nicht immer auskommt. Er, der mit Gründgens, Stroux und sehr oft mit Lietzau gearbeitet hat – in München, Hamburg, Berlin und wieder in München –, schätzt die Bildererfinder nicht. Nicht den Peymann, nicht den Zadek, wo »Desdemona an einer Wäscheleine baumelt«. Er will seine Figuren verstehen. Zu jeder Probe kommt er mit einem fertigen Konzept. Nicht etwa für die Aufführung, sondern für die eigene Rolle. Was wunder, daß ihn die in den siebziger Jahren (und bis heute) üblichen Diskussionen mit Dramaturgen und

Schauspielern langweilen. Schlimmer noch: anwidern. Er versteckt sich nicht hinter einer Gruppenarbeit, nicht hinter dem Wir. Er steht für sich ein: er will *sich* nicht blamieren, für *sich* keine Kompromisse eingehen, richtig spielen, was *er* für richtig erkannt hat.

Ein egozentrischer Schaupieler? Das gewiß nicht. Allein, er macht es Regisseuren sicher nicht einfach, denn Schauspieler-Übungen, Selbsterfahrung auf der Bühne sind ihm zuwider. Und jene, die mit diesen Methoden sich einem Text nähern, gelten ihm schlicht als »Neurotiker«. »Ich bin ich. Ich bin ein Einmann-Betrieb, und ich muß verantworten, was ich mache«, sagt er jedem, der ihn nach seinem Schauspieler-Selbstverständnis fragt.

Nun könnte daraus auf die allerschlimmste Selbstdarstellung in allen Rollen geschlossen werden, könnte, wer Benrath nie gesehen hat, vermuten, er sei ein Spiegel der eigenen Person, der Abgründe, Sehnsüchte und Ängste wie zum Beispiel Walter Schmidinger. Doch so ist es nicht.

Benrath ist zu intelligent-professionell – und wieder das Wort: zu altmodisch. Er hat es nie gesagt, aber ich bin sicher, daß er dem Werk und dem Dichter auf der einen, dem Publikum auf der anderen Seite dienen will. Benrath ist ein verantwortungsbewußter Schauspieler. Nicht ehrgeizig, nicht ehrsüchtig, sondern bloß stolz auf das eigene Instrument: seinen Körper, seine Stimme.

Sein Körper: ein großflächiges Gesicht, dunkle Augen unter buschigen Brauen, eine große Nase und eine auffallend wülstige Unterlippe. Groß und drahtig, energiegeladen der Rumpf. Die Hände sehr fein, die Finger schlank. Seine Stimme: hart, mit sonorem Timbre und einem etwas zischigen s. Kein Sprachfehler, ein Erkennungszeichen, das den Worten eine seltsame Wärme verleiht. Benrath soll einmal gesagt haben, er könne auch p- und t-Laute lispeln. Das stimmt. Und noch eines gehört zu dieser Stimme, die er übrigens – so sehr schätzt er sie – niemals anderen Schauspielern als Synchronsprecher geliehen hat: sie klingt gepflegt. Er artikuliert bewußt hoch. Er

Jules Chenerol. Martin Benrath in Théodore & Cie, *einer Komödie von Nicolas Nancey und Paul Armont.*

stilisiert, wenn er spricht, aber er knödelt, hölderlint, spreizt nicht mit Worten. Er behauptet das Sprechen als Kunst.

Nicht allein als Mann/Castorp. Selbst als George in August Everdings eher boulevardesker Inszenierung von Albees *Wer hat Angst vor Virginia Woolf?* gelang es ihm, seine Stimme so einzufärben, daß wir nicht nur die Lust am Zerstören von Illusionen und Menschen vernahmen. Wir hörten zugleich die Wut über diese sinnlosen Kämpfe, vernahmen die Trauer über ein traurig-leeres Leben. Er konnte sich bösartig freuen über jeden Wort-Schlag, mit dem er den Gegner niederstreckte, doch seine Haltung signalisierte Verachtung für das Opfer und Ekel vor sich selbst.

Die (Selbst-)Bewußtheit in seiner Arbeit spürt man stets. Benrath, wiewohl reich an Expression, kontrolliert sich in jeder Geste, jedem Ton. Vielleicht fehlte deshalb seinem Orest einst der wirre Wahn; vielleicht war deshalb sein Camillo in Claudels *Seidenem Schuh,* den Lietzau 1967 zum ersten Mal

inszenierte, zu wenig triebhaft-böse und statt dessen zu intellektuell. Benrath kann brutal sein, ein Bösewicht, wie er es
wohl in Lietzaus *Räubern* als Franz Moor war (ich kenne die
Aufführung von 1968 nicht), aber er spielt nie aus dem Bauch,
sondern immer mit dem Kopf zuerst. Deshalb wird er ganz
selten nur effektvoll, äußerlich.

Nicht einmal als Chenerol in *Théodore & Cie*, einer wirkli-
chen Klamotte. Als grämlicher, elegant-reicher Monsieur, der
sich hintergangen fühlt, begann er und blühte dann später, im
Salon »Gaby Printemps«, zu einem sehr lauten, gierigen Galan
auf, packte alle noch so alten Anmachertricks aus. Benrath
ging ökonomisch mit den Mitteln der Karikatur um. Der
Gefoppte, Düpierte, Betrogene geriet ihm witzig, ehrlich; die
plumpe Charge interessierte ihn nicht.

Benrath mag es, wenn er sich von den schwierigen Männern
ausruhen kann bei Komödien- und Farcen-Figuren. Und doch,
seine Kunst der Menschengestaltung kann man am besten an
den widersprüchlichen Charakteren entdecken.

Zum Beispiel an seinem Lear. Benrath entwickelte einen
komplexen Menschen, legte den König nicht nur auf eine
Interpretation fest. Er spielte einen Mann, der zum Grabe reifte
und mit dem Irrsinn die Weisheit, mit dem Alter das Kind fand.
Er war einer, der nie aufgab. Wie Benraths Lear dagegen ankämpfte, verrückt zu werden, und – er wollte nicht weibisch
weinen – dann doch an der Schulter des Narren sich die Tränen
fortwischte mit einem seltsam melancholisch-kindlichen
»Narr, ich werde verrückt!«; wie ihn der Narr und Edgar
gemeinsam mit wirren Sprüchen und Spielen am Irrsein zu
hindern versuchten, und er, immer wieder aus seinen Visionen
gerissen, letztlich Gericht hielt über seine bösen Töchter: das
war von großer Zartheit, sehr ernst, ohne Larmoyanz. Ganz
weit weg vom Wüten in den ersten Szenen, als Benrath
schäumte, mit scharfer Stimme die Luft zerschnitt.

Stark, ganz bei sich, auch wenn er den Willen, die Realität
wahrzunehmen, längst hatte fahren lassen, blieb Lear bis zum
Schluß. Das dünne Hemd um den schlotterigen, dünnen Leib,

einen aus Blumen geflochtenen Kranz um die Stirn gewunden, als schützte er damit das verletzte Hirn, sprang er über die Felder. Benrath winselte nicht, er sang laut, unterhielt sich mit den Tieren. Als er den geblendeten Gloster entdeckte und wiedererkannte, setzte er sich zu ihm. Die beiden täppischen Alten fanden sich in ihrem Unglück, wurden zärtliche Freunde. Jetzt wußten sie, was sie falsch gemacht hatten.

Und dann der Schluß. Lear – der schon im ersten Akt dem Narren anvertraute, daß er Cordelia unrecht getan hätte, was Benrath hilflos, traurig artikulierte – sieht das Kind wieder. Benrath äußerte die Freude, endlich, auch wenn es unter den unwürdigsten Umständen geschieht, mit jenem einzigen Menschen zusammenzusein, der ihm wichtig ist. Eine wundervolle Szene. Von anrührender Trauer, von einer Dichte, wie man sie selten erlebt. Benrath wurde zu Lear. Er hatte in diesem Moment die Kunst-Distanz, den Kopf nicht aufgegeben, allein, er fand die Wahrheit dieses Textes, und ein jeder, der ihn sah, verstand: Das Leben ist weder vernünftig noch sinnvoll, aber trotzdem muß es ausgehalten werden.

Geschlossen und ganz sind Benraths Figuren. Man kann über seine Interpretationen streiten, sie ablehnen, nur eines ist unmöglich: zu behaupten, er kenne die Menschen nicht, die er verkörpert.

Er wußte genau, was der Antonio für ein Herr ist. Ein nobler Geschäftsmann, einer der ersten von Venedig. Ein kühler Kopf, ein kalter Rechner. Der sich nur einmal verspekuliert hat. Benrath machte keinen Hehl daraus, wie sehr es Antonio ärgert, sich auf den Juden Shylock eingelassen zu haben, den er verachtet. Er spitzte die Rolle zu und arbeitete damit den Gegensatz von Christ und Jude, von anerkanntem Geschäftemacher und ausgegrenztem Beutelschneider heraus. Auch in seiner Körperhaltung, die immer herausfordernd provokativ war. Auch in seiner Artikulation, die etwas näselnd, etwas blasiert, vielleicht gar dekadent, den Juden zur Unterwürfigkeit zu zwingen suchte und mit den Freunden sich verbrüderte. Der Ton war, ärger als die Worte, Demütigung für den

Mißachteten. Antonio ein Herrenmensch. Und der Jude ist (an allem) schuld. Männer aus anderem Holz. Aus Holz? Verstörte, Zerbrochene: Benrath als der Unbekannte in Strindbergs »supranaturalistischem« Traumspiel *Nach Damaskus*, Benrath als Rittmeister in Strindbergs *Vater*. Die Dame hat den Unbekannten auf seinem Bußweg begleitet. Der verstörte Mann bleibt draußen auf der Bank sitzen. Wie soll auch einer, gerade bekehrt zu einer diffusen Religiosität, in der sich – dem Denken des schwedischen Mystikers Emanuel von Swedenborg folgend – alttestamentarische, okkulte, buddhistische Mächte verbinden, von dem Anblick eines Gekreuzigten, der plötzlich herabfährt, angezogen werden? Noch dazu, nachdem ihn seine Schwiegermutter kurz zuvor mit einer kleineren Version des Kruzifixes auf die Knie gezwungen hat, als sei sie eine Exorzistin.

Benrath drückte das Leid dieses Menschen mit wenigen Gesten aus, still zurückgenommen. Ungeheuerlichkeiten machten ihn erstarren; seine Glieder bewegten sich wie unter Zwang. In seiner Stimme, in seinem Blick flatterte ständig Unruhe. Ein Mißtrauen durchzuckte Körper und Sprechen, obwohl Gebärde und Ton Gelassenheit vortäuschten. Benrath vermochte also, die Außenseite und das Innere zugleich zu zeigen und zu offenbaren.

Die Ausbrüche des Unbekannten, sein Wüten gegen jene Menschen, die sich Christen heißen und unbarmherzig taktieren, erklärten, daß der Mann – sensibler, hellhöriger als die anderen – das tägliche Unrecht, die Verlogenheit sah und dagegen ankämpfte. Von Martin Benrath erfuhr man, daß die Erkenntnis, die Erde sei ein Ort der Verdammnis, kein Hirngespinst des kranken Strindberg ist. Hier bäumte sich ein Mensch mit seinem Denken und seiner Körperkraft auf: gegen die Gesellschaft, die ihn zwingen will, »die Maske der Konvention« zu tragen, »unter dem Zwang der Heuchelei« gespalten zu werden und ein Leben zu leben, das nicht das eigene ist.

Wieder einer, der sich von den Konventionen zwingen läßt,

Lear und Cordelia, Martin Benrath und Birgit Doll.

eine Maske zu tragen: der Rittmeister. Der wirkt nur stark,
wenn er sein »Löwenfell«, die »harte Haut« des Waffenrocks
am Leibe spürt. In Wahrheit, also unter der Verkleidung, hinter
den markigen Worten, steckt ein weicher, sensibler Mann, der
nur um der Ehre willen und weil die Gesellschaft, in der er lebt,
es fordert, sich bewußt (über-)männlich gibt. Der knallende
Schritt, das herrische Gebaren: alles Tarnung, Lüge, Falsch.
Der Rittmeister redet und lebt sich in eine falsche Identität.
Gespornt lief er im Haus herum, wünschte sich laut
Freunde, Vertraute und sehnte sich in Wahrheit in den Schoß
der Mutter, in das Unbewußte. Er war des Kämpfens müde,
todessehnsüchtig. Benrath entblößte den Mann, erbärmlich
und ehrlich. Er schleifte die Wälle, die der Rittmeister sich
mit der andressierten Männlichkeit geschaffen hatte. Im Augenblick der größten Niederlage faßte er die Hände der Frau
Laura – und weinte. Doch diese Kapitulation wurde bei Benrath zu einem Sieg. Ein Mann gab auf, weil er es satt hatte, zu
sein, was er nicht war; in einen Kampf zu ziehen, für den er
nicht erzogen wurde. In der Zwangsjacke noch legte er sich in
Lauras Schoß. Was aussah wie die demütigendste Erniedrigung
war ihm Erlösung.

Draufgänger und Teufel, Helden und Antihelden, Herren
und Herrenmenschen, Martin Benrath hat sie gespielt (auch
im Film und in Fernsehspielen). Mag die Rollenwahl zunächst
verblüffen, so daß man meint, Benrath könne alles spielen,
eines haben alle Benrath-Figuren gemein (und deshalb kann er
auch nicht alle spielen): Sie haben Energie und Größe, selbst
dann, wenn sie ihre Kraft gegen sich selbst wenden.

Sepp Bierbichler: Bayerischer Einzelgänger

Ich weiß nicht, ob Sepp Bierbichler Rechtsmittel gegen das Urteil eingelegt hat. Wenn nicht, so gilt es: eine Geldstrafe von 20 Tagessätzen zu je 60 Mark, unter Vorbehalt: »Sie wird gelöscht, wenn Sie sich innerhalb von zwei Jahren nichts zuschulden kommen lassen«, sagte der Richter. – Was hatte Bierbichler angestellt?

Am 1. August 1984 wollte er eine von 200 Mitgliedern der Münchner Kammerspiele und des Bayerischen Staatsschauspiels unterzeichnete Resolution gegen das Kulturabkommen zwischen der Bundesrepublik und Südafrika beim Münchner Generalkonsulat des Apartheid-Regimes abgeben. Doch niemand dort mochte sie entgegennehmen. Sepp Bierbichler und Schauspielerkollege Peter Brombacher ignorierten den Faustschlag eines Konsulatsangehörigen, das Verbot des Hausmeisterehepaars und drangen in das Gebäude ein. Schon waren sie schuldig. Die Anklage lautete auf Hausfriedensbruch. Der Protest gegen die Unmenschlichkeit war ein Vergehen.

Ein Vergehen war auch Bierbichlers Protest gegen die CSU und die ihr nahestehende Hanns-Seidel-Stiftung, noch dazu während einer Aufführung vorgetragen. Aber diesmal wurde der Intendant Frank Baumbauer gerügt. Der Schauspieler hatte als Shakespearescher Totengräber in B. K. Tragelehns *Hamlet*-Inszenierung, also als einer, der viel weiß vom Tod – und noch mehr vom Leben –, witzig, witzelnd extemporiert. Zur bayerischen Herrschaftspartei fiel ihm zum Beispiel ein, daß die Schwarzen die Mehreren seien und die Mehreren die Dümmeren. Oder: »Der letzte Terrorist ist mir immer noch lieber als der erste von der CSU«. Aber auch die SPD bekam ihr Fett ab und natürlich der südafrikanische Unrechtsstaat. Weil Münchens Generalintendant August Everding, nicht eben ein Linker, mit Gattin Gustava grad' in der ersten Reihe saß, buddelte Totengräber Bierbichler gleich auch noch den Dreck auf deren Festtagsgewänder, auf Smokinghose und Rockschoß.

Everding protestierte nicht, aber Edmund Stoiber, der Häuptling in der Bayerischen Staatskanzlei, heulte wildes Kriegsgeschrei:»Riesenschweinerei« nannte er Bierbichlers Auftritt und erklärte ihn gleich im nächsten Satz zu einem »Verrückten«. Der damalige Kultusminister Hans Maier, Dienstherr des Residenztheaters, hielt sich mit einem Kommentar zurück, ließ aber von seinen Chargen den Intendanten fortan gängeln: das Theater habe Stücke aufzuführen. Sonst nichts.

Sepp Bierbichler ist anderer Meinung. Für ihn ist das Theater nicht nur Kultur-, sondern auch politisches Forum. Der Bayer läßt sich nicht den Mund verbieten, nirgendwo. Als er 1984 zum 90. Geburtstag von Oskar Maria Graf auf Einladung der Heimatgemeinde des Dichters in Berg aus dessen Werken rezitieren sollte,»erdreistete er sich« (Bierbichler) zu einer Laudatio, kritisierte»die Grabredner«, die sich»nicht scheuen, den jahrzehntelang Verschmähten jetzt zu feiern«, und wurde grundsätzlich:

»Das ist das Dilemma, aber auch gleichzeitig die Größe großer Schriftsteller, daß sie, sind sie erst einmal Geschichte geworden, vereinnahmt werden können, nach den verschiedenen Seiten hin. Denn in allem ist Leben, auch in der Lüge. Graf hat das sehr genau gewußt, und so hat er sein Leben lang geschrieben. Sein Schreiben war Kampf gegen die Lüge, um das Leben zu finden. Aus dem Grab des halb verhungerten Kalbes, das man nicht in den Stall zurücklassen wollte, ist plötzlich eine fette und mittlerweile – wenn man sie nur richtig behandelt – scheinbar lammfromme Milchkuh herausgewachsen, deren Euter man nur noch zu melken braucht, um gesegneten Profit zu bekom-

men. (...) Die Gemeinde Berg kann mit ihrem zurückgehol-
ten Sohn rechnen. Ganz in dem ihr genehmen merkantilen
Sinn.«
   Die Witwe Grafs drückte, so erzählten Beobachter, Bierbichler gerührt die Hand, während Grafs Tochter aus erster
Ehe das Gesicht hinter den Händen verbarg. Der Bürgermei-
ster von Berg machte gute Miene zum ernsten Spiel. »Ein
Irrer«, wird wohl auch er von Bierbichler gedacht haben.
   Kaum ein Schauspieler ist so klar im (politischen) Kopf wie
Sepp Bierbichler. Keiner engagiert sich so vehement und
nicht nur in der Künstlergarderobe gegen die Atomrüstung,
gegen die Apartheid, gegen den neuen Antisemitismus. Keiner formuliert so konkret wie er, was für ihn »die ideale
Idee« des Theater-Spielens ist: »Den Inhalt zu bedienen,
eine hochqualifizierte Form zu erreichen und trotzdem verständlich zu sein.«
   Kein Wunder, daß ihn Kunst um der Kunst willen nicht
interessiert, daß er sich nie lang an ein Haus bindet. Zwar
gehört Bierbichler seit 1986 zum Münchner Kammerspiel-
ensemble, aber es scheint schwierig, für den blonden bayerischen Hünen, den eher ungeschlachten, bodenständigen Ko-
loß, den dickköpfigen, anspruchsvollen Schrat, angemessene
Rollen zu finden. Gäbe es nicht Achternbusch, nicht Kroetz,
wir sähen ihn nur in Nebenrollen oder interessant fehlbesetzt. Zum Beispiel als klugen, bayerisch-verschmitzten
Odysseus in Heiner Müllers *Philoktet*; als finster wütenden, bayerisch-realistischen Calderónschen Sigismund.
   Sepp Bierbichler, ein Schüler der renommierten Falcken-
berg-Schule, beherrscht das Handwerk des Schauspielers;
und doch hat er sich seine Eigenarten – das bayerische
Idiom, die bäuerliche, urwüchsige Kraft, eine zuweilen
derbe, manchmal gar zarte Direktheit – erhalten. Deshalb
gibt es Bierbichler-Rollen, die, von ihm einmal interpretiert,
kein anderer danach mehr dorthin zu führen versteht, wohin sie dieser Schauspieler gebracht hat. An einen Ort, wo
das Wirtshaus an die Sakristei angebaut ist; wo es Oblaten

*Odysseus im Münchner Cuvilliéstheater, B. K. Tragelehn inszenierte
Heiner Müllers* Philoktet.

und Weißwurst zu essen gibt; wo Weihrauchnebel und Bier-
dunst sich mengen; wo die Trauer komisch wird, der Tod
lächerlich; wo das Leben, mag es noch so katastrophal sein,
durchgestanden werden muß – und will. Vielleicht mit einem Glauben; ganz gewiß aber mit dem Herrgott neben
dem Honigtopf, dem Rosenkranz neben der Milchkanne,
dem Fluch auf den Lippen. Bierbichler gehört in die Welt
seines Freundes Achternbusch, mit dem er daheim in Ambach am Starnberger See im elterlichen Gasthof grantlt.
   Die Ella, den Gust, den Altnazi in Achternbuschs *Linz:*
sie alle hat Bierbichler dorthin geführt, wo sie eine Heimat
haben. Es ist, als krauche Bierbichler in diese Figuren, die ja
keine literarischen Gestalten sind, denn Achternbusch er-
findet nichts.
   Bierbichler nimmt sich der Ella an, der nur einmal eine
glückliche Stunde schlug, als sie heimlich ins Kino ging. Er

Sigismund in Calderón de la Barcas Das Leben ein Traum, *eine Inszenierung von Wilfried Minks.*

zeigt eine Frau auf schiefer Bahn: Gelegenheitsarbeit, Gefängnis, Strich, Heim, Irrenhaus, Apathie. Aber Ella lebt, will das Sein nicht lassen. Wir sehen die schmerzvolle Erinnerungsarbeit dieser Frau, die, weil sie denkt, (noch) ist; die von Katastrophen spricht und aufs lächerlichste mit den Alltäglichkeiten kämpft. Bierbichler, der Sepp aus den Achternbusch-Filmen, war 1978 in Stuttgart keine Frau. Nur eine Schürze über der Unterhose, eine Perücke, zwei kleine pralle Säckchen unter dem Hemd, beginnt ein häßliches Tier zu sprechen. Und verwandelt sich in ein erbarmungs-*würdiges* Wesen, das, zart und weich, ganz leise die Worte, die halben Sätze, die Konsonanten und Vokale herausdruckst, ängstlich fast. Manchmal hält Ella inne, lauscht dem Ergrübelten, Vergrübelten nach, freut sich der Erinnerungen und triumphiert. Aber die Verletztheit haftet an jedem noch so kleinen Wort.

Ella-Bierbichler: ein Jammerlappen, aber kein läppischer

Jammerer. Die Bühne, mit Draht vom Publikum abge-
trennt, sie weitete sich zum Jammertal. Ella: *der* Mensch.
Jahre später dann in München der Gust. Wieder ein Ach-
ternbusch-Grübler, wieder ein Geschundener. Aggressiver
ging Bierbichler den Kerl an, der lebt und prahlt, während
neben ihm die Lies stirbt, die er geheiratet hatte, weil er
eine Wirtschafterin brauchte, nicht etwa, weil er sie liebte.
Nur einmal unterbricht sie ihn in seinen egoistischen Erinnerungen, bittet um ein (letztes) süßes Wort. Imker Gust
fällt »Hene« ein, »das Hene, der Honig«.
Murmelnd begann Bierbichler diesen Monolog, zurückhaltend, beiläufig, so als hörte er sich beim Reden zu. Allmählich aber gewann er die Freiheit, laut zu sinnieren. Das
Gerede schwoll zur Suada. Immer wieder griff er zur Bierflasche oder streute sich Schnupftabak auf den Handrücken.
Schrie die Lies allzu laut, so preßte er ihr das Kopfkissen
auf den Mund und erregte sich über das lange Sterben, zer-
trat das Röhrchen mit den teuren, lebensverlängernden Me-
dikamenten. Er brüllte wie ein Stier, als die Lies sich zum
letzten Mal aufbäumte; brüllte, wie um den Tod, der an
und in der Frau seine laute Zerstörungsarbeit zu Ende
führte, zu übertönen. Schrie seine Erinnerungen an den eigenen Lebenskampf heraus und seine Freude über manche
kleine Tricks.
Gust wußte längst, daß wir ihm zuhörten. Deshalb gab er
an, das verschmitzte Schlitzohr, und erzählte, wen er alles
wie untergebuttert hat. Bierbichlers Gust demonstrierte
Härte, Kraft, Durchhaltewillen. Der Mann in den Filzpantoffeln mit der weiten, bis zur Brust hochgebundenen Hose,
gab seine Lebenserfahrung weiter: nur Brutalität schützt vor
Tritten, Selbstverachtung und Resignation.
Dieser Abend zeigte Bierbichler, das Menschen-Trumm, an
der Grenze: er brummte, polterte sich durch das Leben zum
Tod. Ein langer, lächerlicher Kampf.
Das Röcheln, ein Bierbichler-Erkennungslaut, ist weder bei
der Ella noch bei Gust oder gar bei Achternbuschs Dauer-Nazi

Gust, Achternbuschs geschundener Grübler.

in *Linz*, vom Autor 1987 in München inszeniert, Mache, Masche, Manier. Der Schauspieler gibt damit immer wieder der Verstörung und der Gestörtheit seiner Figuren Ausdruck. In diesem rauhen rostigen Röcheln steckt Verbiesterung, Einsamkeit, Klage und die Kraft, es – das Nachdenken über das Leben – auszuhalten. Es knarrt und klirrt in Bierbichlers Konsonanten; die Vokale dröhnen und poltern. Oft dehnt er sie, als erholten sich seine Menschen in den warmen A- und O-Tönen.

Sepp Bierbichler ist nicht auf Achternbusch abonniert, er hat auf der Bühne auch in Fleißer-, Fugard- und Fo-Aufführungen mitgespielt; hat in Herzogs Büchner-Verfilmung den großen Muskelprotz Tambourmajor übernommen; aber dennoch gibt es neben Achternbusch nur noch einen (zeitgenössischen bayerischen) Autor, den Bierbichler gern spielt: Franz-Xaver Kroetz.

Wir sahen Bierbichler als Hermann in *Nicht Fisch nicht Fleisch*. Ein Arbeiter-Funktionär, der am Ende mit leeren Augen und kraftlos herunterbaumelnden Armen von den Kapitalisten brammelte und die Welt nicht mehr verstand. Wir erlebten ihn als Hinkemann in der Toller-Bearbeitung von Kroetz. Auf einer Bank sitzend, neben sich die Bierflasche, schaute er verletzt, hoffnungslos ins Leere. Das Elend hatte in Bierbichler Gestalt angenommen. Und Stimme. Bierbichler pfiff Ekel, knarrte Haß, hauchte Verletztheit. In dem baumlangen, breiten Mann entdeckten wir wieder die schwache Kreatur.

Seine Stimmbänder sind Bierbichlers wichtigstes Organ. Er kann mit ihnen Rost sprechen und Silber; er kann Buchstaben, Silben verknöchern, versteinern, verstecken, zerschlagen und zertrümmern; kann sie kaputtbrechen und aufladen mit Witz, Ironie und Trauer.

Sepp Bierbichler: ein Einzelgänger in all seinen Rollen und im Theaterbetrieb. Einer, der den Rat des Freundes Achternbusch verinnerlicht hat: »Wir müssen nur eines vermeiden auf dem Theater: daß wir Theater machen.« Bierbichler spielt

Leben. Gerade dann, wenn er fern der Realität, wie sie uns in kleinen Fernsehspielen vorgegaukelt wird, in seinen Ausbrüchen als Ella und Gust, zu der Wahrheit des Seins, zur Kritik an der ewigen, wahrscheinlich sinnlosen Wiederholung vorstößt.

Der CSU-Häuptling hält die Achternbusch-Bierbichlerschen Überlebensmonologe gewiß für Irrsinn, aber was weiß der schon vom Leben!?

Rolf Boysen: Nachempfundene Gefühlsfülle

1981 wurde Rolf Boysen gefragt, ob er eine Identifikation mit seinen Rollen anstrebe. »Die kann man sowieso nicht erreichen«, antwortete er, »besonders nicht bei solchen ungeheuren Dimensionen wie den Stücken von Shakespeare oder antiken Autoren. Andererseits darf man sie auch nicht distanziert oder gar kühl darstellen«. Boysen sieht sie »als Kunstprodukt, erfüllt mit der persönlichen Erlebniskraft und der nachempfundenen Gefühlsfülle«. Gefühlsfülle: das ist die Kraft, die alle Boysen-Figuren auszeichnet. Wen wundert's, daß er deshalb am liebsten mit Regisseuren wie Kortner, Lietzau, Dorn und Langhoff zusammenarbeitet und Zadeks Kunst eher geringschätzt. 1976, bei einer Diskussion über dessen *Othello*-Inszenierung, sprang Rolf Boysen, der die Titelfigur bei Kortner gespielt hatte, entrüstet auf und schimpfte, er habe sich in der Zadek-Aufführung bis zum Jähzorn gelangweilt; »und überhaupt«, fügte er hinzu, »Rodrigo mit roter Pappnase, das ist leicht zu spielen ... aber ohne!«

Rolf Boysen spielt immer ohne Pappnase – und ohne Netz. Er kann es sich leisten. Er braucht sein Gesicht nicht hinter einer albernen Schutzmaske zu verstecken, muß nicht fürchten, je abzustürzen bei seinem Balanceakt der Menschengestaltung. Selbst wenn er auf einen Regisseur trifft, der mir (und vielleicht auch ihm) die Einsichten in den Text schwermacht mit seinen szenischen Auflösungen, schafft es Boysen am Ende doch noch, das Wesen des Menschen zu enthüllen, dem er seine wohltönende, sehr klare Stimme, seinen wendigen, eher schmächtigen Körper gibt.

So war es 1984, als Fritz Marquardt Lessings *Nathan* inszenierte. Die Fragen, ob Rolf Boysen den weisen Juden spielte oder den reichen, den gutmütig-mittelmäßigen oder den über alle Maßen toleranten, den deutschen Wiedergutmachungsjuden oder den Israeli; ob dieser Nathan die Nazigreuel miterlebt hatte wie in Hansgünther Heymes Inszenierung; ob der Jude vielleicht gar für alle jene steht, die, aus der Heimat vertrieben, in der Fremde verachtet, leiden: Diese Fragen konnten bei Marquardt und Boysen nicht beantwortet werden, weil sie sich nicht einmal stellten.

Nur soviel wurde damals deutlich: Boysens Nathan fürchtete Nähe. So als wäre jeder Arm, der sich um ihn legte (selbst der seiner Recha), jede Hand, die man ihm gab, bewaffnet, zuckte er davor zurück. Schließlich erlebte er ja, wie der Tempelherr ihm den kurzen Dolch zum Gruß entgegenstreckte. Stets auf der Hut, mißtrauisch, kühl und herrischfordernd interpretierte Boysen seinen Nathan. Im langen schwarzen Mantel schlich er durch den niedrigen, tiefen Raumkasten. Zuweilen schaute er flehentlich, ängstlich gen Himmel, den Körper kaum aus der niedergedrückten schiefen Haltung hebend. Die Ringparabel sprach er forsch und unbedeutend. Dieser Nathan log nicht, als er behauptete: »Gut erzählen, das ist nun wohl meine Sache nicht.« Es schien, als wäre es ihm bloß lästige Pflicht, die alte Geschichte schon wieder zum besten geben zu müssen. Daß sich hier ein Mensch mit einer Denkleistung, einer intellektuellen Kühnheit Achtung rettete, vielleicht gar Leben, davon war bei Boysen nichts zu spüren.

Nach der Premiere bei den Ludwigsburger Festspielen kam die Aufführung nach München, an die Kammerspiele. Das Theater beraumte eine Diskussion an. Ich blieb dabei: Boysens Nathan war mir zu indifferent verschlossen, obwohl der Schauspieler versicherte, er habe mit dem geschundenen Nathan all seine Erinnerungen, seine Scham spielen wollen. Als ganz junger Mensch, so erklärte Boysen mir und dem Publikum, habe er erschreckt bemerkt, daß plötzlich alle Juden gelbe Sterne tragen mußten; daß Klassenkameraden verschwanden. Nur einen Moment gab es in der Aufführung, in dem klar wurde, wovon Rolf Boysen später sprach: Als sich Nathan zurückzog aus der Glücksrunde der gefundenen Familie, da traf ihn das Elend stärker als je zuvor.

Marquardt hatte Nathan am Ende noch konsequenter ausgesperrt, als Claus Peymann, Volker Hesse und Benjamin Korn es getan hatten. Saladins an Nathan gerichtete Fragen: »Ich meines Bruders Kinder nicht erkennen? Ich meine Neffen, meine Kinder nicht? Sie nicht erkennen? Ich? Und sie dir wohl lassen«, sie wurden bei Claus Eberth, der die Rolle des Sultans übernommen hatte, zu Drohungen, vor denen Nathan floh. Die Sätze schienen ihn zu knüppeln. Er sank zusammen wie Millionen Juden in den Konzentrationslagern. Dann verschwand er im Dunkel. Im Schwarz, im Nichts. Auf dem Blutgrund gab es keine Toleranz.

Für Toleranz kämpft Rolf Boysen in und außerhalb des Theaters. Der Sohn eines Schiffsingenieurs, 1920 geboren, hat sich immer wieder politisch engagiert, machte nie einen Hehl daraus, daß er der SPD nahesteht. 1968 unterschrieb er einen Spendenaufruf für Rudi Dutschke, später protestierte er gegen die Notstandsgesetze. Aber anders als Sepp Bierbichler schätzt er keine Pamphlete, Aufrufe von der Bühne herab. Er formuliert Widerstand im Theater stets mit der Kunst. Sehr direkt mit der Lesung aus Peter Weiss' *Ästhetik des Widerstands*, verschlüsselt mit jeder Rolle: Boysens Menschen sind Gegenentwürfe.

Zum Beispiel sein Codger Sleehaun, 1982 in Thomas Langhoffs brillanter Inszenierung von O'Caseys *Freudenfeuer für den Bischof*. Einen Hut mit breiter Krempe auf dem langen Haar, ein Stoppelbart im hageren, eher hohlwangigen Gesicht, aus dem die Augen mal mißtrauisch funkelten, mal liebevoll strahlten: Boysen als anrührend lustiger irischer Landstreicher. Während die anderen sich ausnutzen ließen und nur wie Kinder für wenige Minuten sich dem Spiel widersetzten, das Gehorsam mit Belohnung vergilt, Unterwürfigkeit mit Geld,

Nathan.

Codger Sleehaun.

sogar auf ihre kleinen Rebellionen verzichteten, ruhiggestellt durch leere Gottesworte und pathetisch gesungene Irensolidarität, blieb Codger Sleehaun, der alte Mann, sich treu. Dieser Weise war nicht zu korrumpieren. Zwar zettelte auch er keine Revolutionen an, er wich, wenn man ihn nicht mehr leiden mochte. Aber er litt es nicht, daß man ihm alles verbot: er lobte Gott in der Natur, mißachtete also den Kanonikus; er sang, obwohl man es ihm untersagt hatte. Was Engeln und Vögeln erlaubt war, mußte schließlich auch er tun dürfen. Er kämpfte nicht, er rächte sich nicht einmal für Unrecht, das man ihm antat. Er ging seinen Weg. Als er aus Stadtrat Reiligans Haus geworfen wurde, schmiß er die Geranie, die ihm nachflog, nicht zurück. Codger Sleehaun topfte sie ein. Liebevoll nahm sich Boysen des Pflänzchens an, hielt es in den Händen, als müßte er es schützen wie ein Kind vor Schlägen.

Rolf Boysen stöhnt. Langsam – man meint, seine morschen Knochen krachen zu hören – erhebt er sich von seinem Lager, wenigen zusammengestellten Holzstühlen. Hämisch grinsend, lustvoll hält Edgar Selge ihm einen Spiegel vors Gesicht. Selge jubiliert. Ihn freut das fehlende Stück Wange, die geschundene Nase, das blutrot unterlaufene Auge. Rolf Boysen bekennt traurig, schleppend, so, daß man Mitleid haben möchte mit dem sympathischen Schlitzohr: »Ja! 's ist wahr. Unlieblich sieht es aus.«

Boysen, 1986 in Salzburg als Dorfrichter Adam, in Dieter Dorns Kleist-Inszenierung. Dem armen Kerl bleibt wenig Zeit für Selbstmitleid, schon steht Gerichtsrat Walter in der niedrigen Holztür. Nicht duckmäuserisch-schlau spinnt Boysen nun das Lügengespinst, nicht liebedienerisch serviert er Käse und Nierensteiner, nicht untergeben empfängt er die Weisungen zur Prozeßordnung. Nein, aufmüpfig, aggressiv, mit nicht zu überhörendem schnippischen Hochmut nimmt der Dorfrichter den Fehdehandschuh des Gegenspielers auf, der ihm in Gesinnung und Haltung ja nicht unähnlich, also ebenso durchtrieben ist, sich nur in der besseren Position weiß. Boysen kontert dem Widersacher mit Worten, rasch erfunden, flugs

Dorfrichter Adam.

geäußert; mit Haltungen des Protests, mit Ausflüchten und behenden Fluchten. Adam gibt nicht klein bei. Keck und munter, nie verlegen, bietet er Paroli. Der Angeklagte fordert – letztlich durch sein aufmüpfiges Gebärdentheater – seinen Richter heraus. Siegessicher lange Zeit, man sieht es an seinem dreisten Blick. Aber er unterliegt. Die Notbremse, die er sich so geschwind und beherzt gebastelt hat, blockiert. Er sitzt in der Falle – und die Falle schnappt zu.

Er ist entdeckt. Boysen rast durchs Zimmer wie ein gehetztes Tier, immer an der Wand entlang und dann fort in den Schnee.

Ein wiefer Kerl, der Adam, kein alter Mann, ein attraktiver Schwerenöter, kein Unrechts-Opportunist. In Not geraten allein, weil er einmal einem jungen Mädchen nahe sein wollte. Vielleicht hätte er sie gern genommen – aber wahrscheinlich hielt er ihr an jenem Unglücksabend doch bloß die Hand. Adam, ein Liebender, der für Sekunden eines erpreßten Glücks teuer bezahlen muß.

Boysen war 1986 kein Jüngling mehr, und doch hatte er, spitzbübisch oder melancholisch, auch diesmal etwas sehr Jungenhaftes. Selbst als jovialer Ehemann Galotti, als strenger Vater, blieb er forsch. Wenn es um die Ehre der Tochter geht, wird Galotti argwöhnisch, maßregelt wütend, mit starrem Blick die Frau. »Eitle törichte Mutter!«, bricht es aus ihm heraus, während die kalten Augen richten. Fast könnte er an ihrem Leichtsinn verzweifeln. »Claudia!«, brüllt er sie an. Der Konsonant knallt auf sie nieder, die gedehnten Vokale klagen an. Boysens Odoardo ist ein kluger Kopf, ein autoritärer Vater, der keinen Widerspruch duldet, weil er genau zu wissen meint, daß vor der herrschenden politischen Unmoral nur die Flucht aufs Land bleibt.

Boysen spielt Odoardo zunächst als einen Apostel Rousseaus. Doch dann entdeckt er, daß er den höfischen Ränken nicht entkommen kann, erfährt, wie sehr er beleidigt, erniedrigt worden ist. Boysen erstickt den Schrei, preßt, wie im Krampf, die gekreuzten Arme hinter seinen Kopf. Er ist nicht gefaßt, er fesselt sich selbst den Körper, stranguliert sich mit den Fingern, damit keiner seine Verzweiflung vernehme.

Dann sitzt er da, wartet auf die Tochter, ein brausender Jünglingskopf mit grauen Haaren. Er hält die linke Hand mit der rechten fest, fordert die Glieder zur Ruhe, aber seine Sprache rumort. Boysen färbt die Worte düster und dumpf, füllt sie mit Ekel. Endlich steht er Emilien gegenüber. Der Rücken gebeugt, die Arme ihr entgegengestreckt. Er hört ihr zu. Bedächtig, sanft, bis sie sich auf ihn stürzt, die wundersame Sunnyi Melles. Er gibt ihr den Todesstoß, wälzt sie von sich, erhebt sich und sinkt auf dem Sofa in sich zusammen. Er schrumpft, wird klein und sehr alt. »O Gott, was hab ich getan« ein Hauch nur, kraftlos strömt er aus seinem Mund. Odoardo hat nicht nur die Tochter verloren, sondern sich selbst.

Ein ganz anderer Boysen und wieder die Fülle des Ge-
fühls: der schwarzlockige Herzog in *Was ihr wollt*. An der
Rampe sitzt er am Boden, fährt mit dem Handrücken an
seinem Schnauzbart entlang, stiert mit seinen braunen Pupillen in sich hinein, während die Musik ertönt, die ihn so
traurig macht. Plötzlich beginnen die Augen unruhig zu
flirren, sie bewegen sich: »Wenn Liebe«, sagt dieser Mann
und macht eine lange Pause, »satt wird von Musik...« Wütend schlägt er mit der Hand auf den Boden, verlangt nach
mehr, nach »Unmäßigkeit«. Ein verzweifelt Liebender, der
Trost sucht bei seinem Diener-Freund Cesario, dem verkleideten Mädchen. Er vertraut sich diesem Knaben nicht bloß
an, er entdeckt verwirrt, daß er ihn liebt, ihm nahesein will
wie einer Frau. Dann gleiten Boysens schmale, lange Finger
an Cornelia Froboess' Hals hinab, dann suchen die Augen
hinter den herabgezogenen Lidern das Geheimnis zu ergründen, warum er diesem Geschöpf so sehr zugetan ist. Boysen
artikulierte die Unsicherheit, die Verstörung in den Pausen
zwischen seinen Worten, in der Unentschlossenheit seiner
Gebärden.

Boysens Kunst? – Er ist seinen Figuren sehr nah. So nah,
daß er uns rührt, uns verstört; so nah, daß wir manchmal
vergessen, einem Schauspieler bei der Arbeit zuzusehen.
Boysens Männer sind Kunstprodukte, aber lebendig, gegenwärtig wie der Nachbar neben uns.

Wozu erinnern an die vielen Rollen, die vielen Helden,
die Rolf Boysen im Laufe seines Lebens gespielt hat: in
München, Hamburg, Bochum, Berlin und Wien? Wozu
seine Fernsehrollen aufzählen und die vielen Opernproduk-
tionen, an denen er mitwirkte, nicht weil er (auch) singen
kann – worauf er sehr stolz ist –, sondern weil die Regisseure seine Art zu sprechen schätzen? (Er interpretierte Mo-
ses, Bassa Selim und den Narren in Aribert Reimanns *Lear*.)
Rolf Boysen, der übrigens nie Schauspielunterricht genommen hat, muß nicht zurückschauen. Und wir müssen es
auch nicht. Was er bisher gespielt, was er bisher gelebt, wir

sehen es in seinen Rollen. Boysen, der Schauspieler mit der
Gefühlsfülle, der kluge Interpret, erfüllt jede Figur mit sei-
ner Persönlichkeit und seiner Erfahrung. Deshalb sind seine
Menschen so reich, so vielfältig, so sensibel.

Als er 1983 den Vater Theobald in Sternheims *Snob*
spielte, fragte Ingrid Seidenfaden ihn, wie er sich fühle »als
Vater ganz persönlich«. Boysen antwortete nicht direkt, ver-
wies nicht auf die beiden Söhne, den Schauspieler und den
Bühnenbildner, er zog Bilanz: »Die Ängste, die man als
Kind hatte, schleppt man doch Zeit seines Lebens mit sich
rum – nur, daß man's weiß oder auf irgendeine Weise versucht, anständig damit fertig zu werden. Man muß sich
häufig überwinden, man muß Toleranz durch Verzicht
üben.« Rolf Boysen dachte bei dieser Antwort wahrscheinlich nicht an seine Theaterarbeit, und doch beschreibt er sie
damit: Boysen verzichtet auf die Pappnasen, die Effekte, er
toleriert seine Figur – und gewinnt sie eben durch diese
kluge, zurückhaltende Achtung.

Traugott Buhre: Mittelgut

1981 geschah es: Wir sahen zum erstenmal nach dem Krieg einen anderen Nathan, nicht den großen Weisen, den Herrn, sondern er kam auf uns zu genauso, wie er sich beschreibt. »Mittelgut«, nannte ihn Lessing. Traugott Buhre in Claus Peymanns Bochumer *Nathan*-Inszenierung redete nicht nur vom Mittelmaß, er war es.

Buhre hat nicht die Statur eines Herrn: er ist untersetzt und nicht sonderlich groß. Sein teigiges Gesicht prägen nicht Gramfurchen oder gar Denkfalten, es ist rund und freundlich, seine Augen signalisieren Offenheit. Buhre spielte Nathan nicht als den Kapitalisten, dessen Karawanen durch die Wüste ziehen, während er zu Hause philosophieren und beweisen kann, daß er gut und weise zugleich ist. Nicht der edle Nathan sorgte sich in dieser Aufführung, ein lieber Nathan kämpfte. Und zwar nicht nur darum, weiterhin Rechas Vater sein zu dürfen, sondern um Geringeres und Größeres: um sein Auskommen *und* um seine Freiheit, die für ihn nicht unbedingt groß sein mußte. Ihm reichte es, respektiert, von niemandem verachtet zu werden.

Wenn Buhres Nathan sich schämte, in seinen Reisekleidern den Tempelherrn aufzusuchen, so war das nicht Eitelkeit; Buhre kam wirklich sehr einfach daher: ein schwarzes Jackett über einer schwarzen Kutte, einen schwarzen Hut auf dem Kopf, einen Hirtenstab und einen braunen Koffer in den Händen. Dieser Mann mußte nicht nur arbeiten, er mußte vor allem immer auf der Hut sein. Deshalb geriet seine Ringparabel auch nicht zum philosophischen *und* rhetorischen Meisterwerk, schweißtreibende Denkarbeit war's, denn Nathan hatte Angst. Zunächst wollte er sogar weglaufen, weil er ahnte, was ihm bevorstünde, wenn er die Aufgabe nicht zur Zufriedenheit des Sultans löste. Doch dann nutzte er die Bedenkzeit doch noch. Buhre biß in die dicke Butterstulle, die er wohl noch von der Reise in der Tasche hatte, und begann, auf einem Kinderstuhl neben dem Sultan sitzend, zu erzählen: sehr bedächtig, langsam.

Buhre verweigerte mit seiner Darstellung eines achtsamen, witzigen, cleveren, sympathischen Nathan den Zuschauern den Super-Juden, verweigerte das philosemitisch hochstilisierte Wunder an Toleranz und Geistesstärke. Diesem Nathan in einem Schneiderladen eines Großstadtghettos zu begegnen, war wahrscheinlich. Er besaß nicht die Ausstrahlung, nicht die Geistes- und Formulierschärfe eines Intellektuellen.

Was ich an Buhre schätze – obwohl er dadurch manchmal die Figuren schmälert – ist seine Art, Schufte, Heroen und so einen Über-Toleranten wie den Nathan zu vermenschlichen mit seinem Spiel.

Deshalb war selbst Bernhards Gerichtspräsident Höller bei Buhre kein nationalsozialistischer Unbelehrbarer, keine abgeschmackte Monstrosität, sondern ein ganz gemeiner, simpler Spießbürger. Deshalb gewann Thomas Bernhards Moritz Meister in Alfred Kirchners *Über allen Gipfeln ist Ruh!*-Inszenierung bei Buhre, obwohl er sehr dick auftrug, unsere Sympathie. Der narrische Fast-Opi, der egoistische Dichtertyrann, er hatte Charme, lächelte die Doktorandin an, als bewunderte er seine kluge Enkelin. Deshalb entwickelte man für Bernhards Theatermacher Bruscon eine seltsam ambivalente Verachtungs-Zuneigung. Buhre vollbrachte in Claus Peymanns Salzburger Uraufführung das Allerunmöglichste. Wir schätzten Bruscon nicht, aber wir entschuldigten ihn. Natürlich mißfiel mir der Despot, der Kindertraktierer, das herrische und größenwahnsinnige Scheusal, das seine Überlegenheit über Frau, Tochter und Sohn ausspielte, hemmungslos gemein feixte, wenn seine Opfer in die Falle gingen. (Theatermacher sind nun mal Fallensteller.) Aber zugleich tat mir Buhres Bruscon leid, weil er

Bruscon, der
Theatermacher.

wußte, wie sehr er die Lüge lebte; wieviel er sich vormachte, um überhaupt weiterleben, weiterspielen zu können.

Selbstgefällig und arrogant hielt Bruscon die Proben mit der Familie ab, sprach vor, als trennte er sich vor diesen Säuen nur ungern von den Perlen, die groß und rund aus seiner Kehle, von seinen wulstig-feisten Lippen fielen. Kritisierte Bruscon die untalentierten Nachahmer, dann erstarrte Buhre wie vom Blitz getroffen. Er riß die Augen unter den schweren fleischigen Lidern auf, zog die Augenbrauen hoch, legte die Halbglatze in Falten. Buhres Bruscon war ein seltsam exotisches Zwitterwesen: Pfau und Diva, Despot und Biedermann in einem Leib.

Buhres Vermenschlichung, die die Figuren herunterzieht vom Piedestal, das ihnen qua Geburt oder Profession zusteht oder das sie sich nur selbst bastelten, weil sie sich in ihrer Lächerlichkeit zu klein dünken, sie macht nicht bei Bernhards Figuren Halt. Der Nathan zeigte es deutlich, und Buhres Faust in Hans Hollmanns Inszenierung am Hamburger Thalia-Theater war bisher wohl das beste Beispiel dafür: Wie er daherkam, im unauffälligen Einreiher, später im ebenso gleichmacherischen Frack: Faust war kein Metaphysiker, nicht mal ein Philosoph. Kein Denker, ein Tatmensch. Einen mittelständischen Unternehmer sah ich in ihm, der, warum auch immer, plötzlich, nur weil er irgendein Elixier eingenommen hatte, über Gretchen herfallen mußte. Buhre war für mich fehlbesetzt, aber – weiß man's? – vielleicht wollte Hollmann von Anfang bis Ende Faust als bürgerlichen, biederen Macher, der nicht meint, was er sagt. Jedenfalls zeigte die Aufführung, daß man Buhre richtig besetzen muß. Und die Rolle des Verrina 1981 unter Niels-Peter Rudolphs Regie, sie war gleichfalls nichts für ihn. Buhre, der doch so oft die Menschen zu entdecken vermag, blieb blaß und unkonzentriert. Wollte er den verantwortungsvollen, den ehrgeizigen Politiker zeigen?

Der sinnliche, sehr vitale Schauspieler, der für die gebrochenen Bürgernaturen einer der besten Interpreten ist, er hat ein beschränktes Körperzeichenreservoir. Er ist nicht sehr wandlungsfähig. Er trifft als Typ und mit seinem Sprechen, diesem schlichten, bis zur Bedeutungslosigkeit sachlich-trocknen Ton, ganz bestimmte Figuren richtig. Er muß ein beeindruckender Unternehmervater gewesen sein, 1971 in Walsers *Ein Kinderspiel*, ein trefflicher nach sozialem Aufstieg gierender und dann von sehr bürgerlichen Gewissensbissen geplager Vater in Lenz' *Soldaten* und ein richtiger Puntila. Ich habe diese Aufführungen nicht gesehen. Aber Heinrich Vormweg schrieb, daß Buhres Puntila »auf seine Art keine Wünsche offen« ließ.

Traugott Buhre, 1929 in Ostpreußen geboren, von 1968 bis 1972 in Peter Palitzschs Stuttgarter, später in dessen Frankfurter Ensemble, hat mit den wenigen hier beschriebenen Ausnahmen nie große Rollen gespielt. Erst die Bernhard-Figuren zeigten, welche Gespanntheit diesen doch eher plumpen Körper beherrscht, mit welcher Direktheit Buhre Rollen an- und einnimmt.

Bruscon und der Wirt, Traugott Buhre und Hugo Lindinger in Karl-Ernst Herrmanns schäbigem Wirtshaussaal.

1984 spielte er in Peymanns *Der Schein trügt* den Robert, einen alten Schauspieler. Buhre als Partner von Minetti, ein ebenso ernstzunehmender Gegenspieler für den großen Alten wie es einst die Heerdegen war im *Weltverbesserer*. Buhre im grauen Anzug, dem Bruder zuhörend, aufmerksam, aber doch gelangweilt und enerviert. Hätte er sich auf dem Holzstuhl bewegt, die Knöpfe der Weste, die sich um den Bauch wölbte wie eine Wurstpelle, wären abgesprungen. Allein im Gesicht, selbst am vibrierenden Kinn, das auf der kleinen dunklen Fliege sich auszuruhen schien, sahen wir, welche Pein ihm die Besuche waren. Später, bei sich zu Hause, philosophierte Robert, einen violettschimmernden Hausmantel über dem weißen Hemd, seiner Karriere und seinen Krankheiten hinterher. Ab und an nahm er eine Pille. Er schmiß sie in den Mund und warf dann ruckartig, eitel-kokett den Kopf nach hinten. Der Provinzschauspieler. »Mit 65 auf dem Höhepunkt«, Buhres Lippen wurden schmal, er zog sie hinab, enttäuscht, fast ärgerlich. »Zuerst die Lunge, dann die Niere«, die Augen wurden groß, erstaunt. Sie schauten zurück. Buhre war ganz bei der Rolle, entwickelte sich zu diesem Robert.

Ob Buhre eine Identifikation mit den Bernhard-Rollen anstrebt, ob er sie intellektuell angeht oder Distanz zu ihnen sucht – es ist jedesmal so, als wären die Männer nur für ihn geschaffen worden. Buhre ist das Bernhard-Paradox: Lebensfreude und Lebensüberdruß, Philosophenarroganz und Geistesschlichtheit, Verlogenheit und Wahrheitsfanatismus, Haustyrann und tyrannisierter Alter. In jeder ihm angemessenen Rolle ein sympathisch verquerer, ein drangsalierter, drangsalierender Jedermann, ein Biedermann. Kurz: der mittelgute Mensch.

Sibylle Canonica:
Jugendliche Unbedingtheit

Die Haare feuerrot, das Gesicht schmal, scharf geschnitten. Die Stimme ungewöhnlich hart. Manchmal schrill, ein andermal gepreßt-stählern, immer klar, wach, entschieden. Samtweich, lieblich, gar verführerisch habe ich Sibylle Canonica noch nie sprechen hören.

1983 erlebte ich sie zum erstenmal in Stuttgart, als Putzi in Thomas Schulte-Michels' Inszenierung von Albees *Wer hat Angst vor Virginia Woolf?* Eine Kind-Frau, hübsche Vorführware, die ihren Mann, den eitlen, rücksichtslosen, widerlichen Karrieristen Nick aufwertet. Putzi putzt ungemein: lieb, doof und aus gutem Stall. Distinguiert. Nur sollte sie nicht trinken, schon gar nicht Cognac aus einem Wasserglas, schließlich ist Putzi nicht Thomas Bernhards Gußwerksbesitzerin. Besoffen kotzt sie, redet Dümmliches. Und glücklich ist sie ohnehin nur, wenn sie schläft. Dann ist Sibylle Canonica niedlich.

Gerade das möchte sie wohl nie sein. Sibylle Canonica faßt man nicht mit dem Klischee der jugendlichen Naiven, noch weniger mit dem der verführerischen Schönheit. Wer sie als Nina gesehen hat, 1983 in Günther Krämers *Möwe*-Inszenierung, ahnte, was sich später bestätigte: Sibylle Canonica ist begabt, die gehetzten, die hoffnungsverlorenen Mädchen, Tschechows vor der Zeit gealterte Unglückliche zu verkörpern. Oder die schon in der Jugend um Vertrauen und Zuneigung Betrogenen. Die Entsagenden. Sie wird keine Julia sein. Keine Desdemona, keine Cressida. Aber sie ist Nina, eine egozentrische, gefährdete junge Frau.

Als Sibylle Canonica im vierten Akt der *Möwe* krank und unglücklich in das Haus der Schauspielerin zurückkehrte,

Doña Proëza.

dorthin, wo ihre Hoffnungen und ihre Leiden begonnen hatten, rannte sie ihrem Leben davon. Die Worte flüchteten aus ihr heraus, so als hätten sie voreinander Angst. Außer Kontrolle hörte sich die Canonica-Möwe sprechen und wußte nicht, was sie redete.

Ein Jahr später bei den Bregenzer Festspielen: Bolette in Schulte-Michels' Ibsen-Inszenierung: *Die Frau vom Meer.* Eine Opferung. Diese junge Frau will weg. Sie nimmt die Hand und das Geld des Oberlehrers Arnholm, um den Mief zu fliehen, die Enge dieses Nests, die Bindungen, die sie fesseln. Daß dieser Bolette die Zukunft nicht Hoffnung ist; daß der Tausch Jugend und Liebe gegen eine angesehene Stellung, vielleicht gar gesellschaftliche Bewunderung und Freiheit, ein schlechtes Geschäft ist, Bolette weiß das. Und tauscht dennoch. Trotzig, starrköpfig – und weil sie das Leben bereits leid ist.

Sibylle Canonica spricht und äußert die Radikalität von Altklugen. Ihre Figuren scheinen immer mehr vom Leben zu wissen oder zumindest zu wähnen, als man ihnen zutraut und anmerkt. Sie sind unerfahren erfahren. Sibylle Canonica hat die Kraft, diese Zerrissenheit, die Schmerz produziert, darzustellen. Sie hat Temperament, ein ernstes. Stets gebärdet sie

sich, als kenne sie (erschreckend) genau Weg und Ziel der
Frauen, die sie interpretiert.

Bei ihrer Doña Proëza wurde diese Stärke, die nah schon der
Halsstarrigkeit ist, einer jugendlich-ehrgeizigen Rechthaberei,
besonders deutlich. Sibylle Canonica spielte in Hans Lietzaus
Interpretation von Paul Claudels Welttheater, dem *Seidenen
Schuh*. Im Gespräch mit dem Schutzengel ebenso wie in der
Auseinandersetzung mit dem bösen Don Camillo stritt sie um
Seelenheil, um Tod und Leben – und zugleich um Liebe und
Freude. Sie duldete keine Widerrede. Fast immer waren Sibylle
Canonicas schwarze Augen weit geöffnet, eher erschreckt als
ruhig; die Mundwinkel, die beiden ausgeprägten Falten von
den Nasenflügeln zu den Lippen herab, sie zuckten nervös. Die
Worte knallten.

Sibylle Canonica, im schwarzen Kapuzencape vor Rodrigo:
kein Dialog, eine Urteilsverkündung. Ihre Bewegungen wirk-
ten gehetzt. Jeder Schritt, jede Bewegung der Arme, selbst das
seltene Auf und Ab der Lider sah wie geschnitzt aus: eckig, kantig, scharf. Ohne Eleganz, also ohne Falschheit, ohne Flatte-
rie. Sibylle Canonicas Haltungen zeugten von Charakter, von
Standfestigkeit – und von Verlassenheit. Mich wunderte es
deshalb nicht, daß Dieter Dorn sie sich 1986 zur Eve wählte für
seinen Salzburger Kleist. Sibylle Canonica ist keine Eva. Die
Frage, die alle Interpreten umtreibt, ob Dorfrichter Adam nur
Händchen gehalten hat in ihrer Kammer, oder ob dieses blut-
junge Ding vielleicht doch nicht ganz so keusch, nicht ganz so
sittsam und ehrlich ist, wie es tut, stellt sich bei dieser Darstellerin nicht. Ihre Eve ist eine Kämpferin. Sie denkt, fühlt und
spricht geradeaus. Ein wenig plump und sehr aufrichtig. Intriganten und Verführer üben ihre Kunst an diesem Mädchen
vergeblich.

Genau deshalb mußte sie poltern, ihre Wut gellen lassen.
Sibylle Canonica preßte die Worte heraus. Es bereitete ihr
Schmerzen zu verwerfen, was niemand von ihr hätte denken dürfen. Ein Wort-, ein Satz-Stakkato. Das Gesicht verzerrt, die Augen aufgerissen: so ekelte sie der Verdacht, so

Eve. Ihre Welt zerbrach.

körperlich war ihre Integrität. Schließlich schwieg sie lieber verletzt, als daß sie falsche, schönere Worte machte, um Tugend zu beweisen, die bezeugen zu müssen ihr nur die Verderbtheit der Ankläger offenbarte.

Recht hatte sie, diese Eve. Und recht bekam sie. Doch was nützte ihr das. Am Ende war sie alles los – war leer und allein. Ihre Welt zerbrach wie der Topf der Mutter. Das Vertrauen hin und der Glaube an die Ehrlichkeit der anderen auch. In Sibylle Canonicas Augen standen keine Tränen über den Verlust, aber in ihrem Gesicht hatte der unsinnige Kampf Düsternis hinterlassen.

Eves Unbedingthcit, Sibylle Canonica versteht sie, scheint sie von sich und für ihre Arbeit zu fordern. Sie läßt keine Kompromisse zu – und will wohl auch nicht auf allen Hochzeiten tanzen. Sie macht sich rar. Nicht allein deshalb hat sie eine Schauspielerinnen-Zukunft, eine nicht alltägliche.

Kirsten Dene: Das herrliche Weib

»Präsenz« ist eines der Lieblingsworte deutschsprachiger Theaterkritiker. Es wird verschwendet. Auch von mir. Dabei gibt es nur wenige Schauspieler, die allein durch ihre Anwesenheit einen Raum, eine Atmosphäre verändern. Kirsten Dene zählt zu ihnen. Tritt sie auf die Bühne, so gehört sie ihr. Sie spielt nicht etwa ihre Kollegen fort oder an die Wand, sie dominiert. Schlicht. Wenn sie erscheint, richten sich alle Blicke auf sie.

Die Dene, deren Können lange Zeit nur wenige bemerkten (der ehemalige Chefdramaturg der Münchner Kammerspiele, Hans-Joachim Pavel, zum Beispiel), sie brach erst in das Bewußtsein der Regisseure und Zuschauer, als sie mit Claus Peymann zu arbeiten begann. An seinem Stuttgarter Haus, dem Ursprung des Theaters der Komödianten, das wir später in Bochum sahen und für das wir jetzt nach Wien reisen, gewann Kirsten Dene die Souveränität, mit ihrem Körper zu spielen: alles und alle.

Mag die Hoppe mit den Händen zaubern, die Stein mit der Stimme, die Hoffmann mit den Augen: Kirsten Dene zaubert mit dem Hintern, den Armen, den Beinen, den Fingern und den Zehen. Sie ist kein Pin-up-Girl, keine Schönheit, ihr fehlt aristokratische Größe ebenso wie die Zickigkeit einer Parvenue oder die Derbheit einer Proletarierin, aber sie wird scharf und bezaubernd, herrschaftlich, schrill und bullerig.

Die Dene beherrscht die Kunst der Verwandlung und bleibt (darin unterscheidet sie sich von Doris Schade) immer sie selbst. Das Wippen mit dem Fuß, das flüchtige Winken mit den Fingern, der Blick auf ihren Busen, der Schwung mit der

*Nie am Ziel: die
Tochter in Thomas
Bernhards Schau-
spiel* Am Ziel.

Hüfte: das sind Dene-Zeichen. Diese Schauspielerin setzt für
jede Regung, für jede Gebärde ihren ganzen Körper ein, die
Fülle ihres Leibes, ihr Fleisch.

Es gehorcht dieser Frau, so wie die Stimmbänder und alle
Muskeln ihren Forderungen nachkommen. In Kirsten Denes
Spiel ist alles kontrolliert. Zwar nimmt sie ihre Figuren in
Besitz vom Kopf bis zur Zehe, füllt sie – die Königin wie die
Marketenderin, das keusche Mädchen wie die frustrierte Ehe-
frau – ganz mit sich selbst, doch es bleibt eben ein kleiner
Hohlraum zwischen der Schauspielerin und ihrer Figur: eine
Distanz. Sie ist nicht selbstvergessen eine andere Frau und
auch nicht in jeder Kunstfigur egoistisch sie selbst. Wir erken-
nen, daß die Dene die Geschöpfe schafft, produziert. Das ist der
Grund, warum sie nie die Beherrschung über sie verliert. Sie

kann torkeln, als wäre der Apfelsaft im Glas wirklich Whisky
gewesen, so besoffen durch die Räume schwanken, daß man
fürchtet, sie werde gleich loskotzen; sie kann wimmern, daß
man auf die Bühne springen möchte, die Unglückliche zu
trösten. Und doch spüren wir, daß sie sich stets unter Aufsicht
hält. Darum ist Kirsten Denes Ausdruck so echt.
    Sie schlüpft in Posen, stülpt sich Grimassen über und wech-
selt Haltung und Miene von einem Moment zum anderen.
Souverän spielt Kirsten Dene mit ihrer Souveränität, jedem
Gefühl, jedem Gedanken einen Gebärden-Ausdruck zu verlei-
hen. Und zwar so, als hielte sie über jedes Körperzeichen auch
noch eine Lupe. Sie vergrößert es, was nie bedeutet, daß es
deshalb unecht-monströs gerät.
    Ihr Spiel ist immer aufwendig groß, ob sie mit den Armen
rudert oder nur mit drei Fingern einen Satz kommentiert, eine
Peinlichkeit vergrößert; ob sie mit schnellen, überlangen
Schritten die Bühne erstürmt oder nur die Lider langsam über
die Augäpfel fährt und kokettiert. Nichts ist bei ihr Zufall, jede
Regung bewußt gesetztes Signal.
    Die Dene ist eine Spielmaschine, die sich speist aus einer
Energie, die bei der Verwandlung entsteht. Die Lust, jemand
anderer zu werden, ist ihr Generator. Diese Schauspielerin
wäre ein wundervoller Clown geworden, hätte sie sich statt für
das Theater für den Zirkus entschieden. Denn wie die besten
Spaßmacher, wie Rivel und Grock, vermag sie noch im wilde-
sten Witz Ironie, Melancholie, Trauer zu entdecken. Das bewahrt sie davor, ihren Stil, zu dem sie gefunden hat, nur immer
wieder zu kopieren. Er wird nicht Manier. Kirsten Dene bleibt
bei ihren Figuren und zugleich bricht sie sie. Sie erschafft
fremdes Leben unter freiwilliger Selbstkontrolle.
    Selbst dann, wenn sie (fast) stumm ist. 1981 war sie in Claus
Peymanns Salzburger Uraufführung von Thomas Bernhards
Am Ziel die Tochter der Gußwerksbesitzerswitwe, Partnerin
von Marianne Hoppe. Ein altes Mädchen. Auf einem hölzernen Küchenschemel saß sie mickrig klein neben der Mutter,
die in einem hohen Polstersessel thronte. Die Haare streng in

der Mitte gescheitelt, zwei Schnecken über den Ohren geflochten, den plumpen Körper in einem propren blauen, weißgepunkteten Schürzenkleid über Plissiertem. Kirsten Dene hörte den Monologen der Hoppe zu, das alte Kind der greisen Mutter. Manchmal knabberte das arme Ding an den Fingernägeln, viel öfter aber vergrub sie ihre Fäuste wütend in ihrem Schoß, unfähig, sich zu wehren gegen die Bravourattacken der Despotin. Da sahen wir sie wieder, die Gebärdenzeichen unter dem Vergrößerungsglas. Später mußte das Kind Koffer packen für den Aufenthalt an der See. Der Gang vom Schrank zum Koffer, das Zusammenfalten: jede Bewegung offenbarte, daß dieses zerbrochene Wesen, das nur noch benutzt wird – zum Zuhören, zum Arbeiten, zum Da-Sein –, das mit Haut und Haar in den Besitz der Mutter übergegangen war, sich wehrte. Beine, Füße, Arme, Hände und das Augenpaar wurden zu Werkzeugen des Hasses, der Verachtung, der wortlosen Wehr.

Das Gesicht ist ein undurchlässiger Wall, eine Schanze: Kirsten Dene als Krüppel Clara in Bernhards *Vor dem Ruhestand*, 1979 in Stuttgart. Die Dene heftete den Blick an den Boden, bohrte ihn in den Abgrund, preßte die Finger unter der weißen Tischdecke gegeneinander und kniff die müden Lippen aufeinander. Auch Clara war eine Verlorene, eine Vergessene; auch in ihr kämpfte es. Clara beklagte sich nicht, ihr Körper klagte.

Das war die Dene als mausgraues Mädchen. Es gab sie aber auch mopsfidel: als hüftschwingende Lennon-Mutter oder als Fledermaus-Rosalinde, als Fußballreporter (oh, wie sie »Tooooooor« schrie, das o in Farbtöpfe tauchte, in schrilles Gelb, freudiges Rot, enttäuschtes Schwarz) und als schlampigen Vamp.

Kirsten Dene als Katarina in Noréns *Dämonen:* eine Demi-Mondäne, lüstern, gierig und entsetzlich einsam. Sie gurrt, wenn sie verführen, weint, wenn sie überzeugen, brüllt, wenn sie haben will. Sie beherrscht die Allüren dieser Frau, und sie versteht ihre Sehnsüchte. Kirsten Dene tobt sich durch die

»Liebst du mich?« – »Ja. Ich liebe dich. Sehr. Aber ich mag dich nicht.« Katarina und Frank, Kirsten Dene und Gert Voss.

heillose Nacht wie eine Furie, fällt von der Aggression in die Depression, wandelt sich von der fluchenden Hexe in das greinende Kind. Von zerstörerischer Gewalttätigkeit kippt sie in Selbstmitleid. Schließlich, der Morgen graut, entdeckt Katarina, daß zwischen ihrem Mann und Jenna was lief: Katarina greift ein, hellwach, keine Promille mehr im Kopf und in den Beinen, keine Larmoyanz mehr in der Kehle. Sie schnappt sich Frank und nagelt den ganzen Kerl an die Wand. Traurig bittend fordert sie von ihm das viersilbige Geräusch, die Lüge, die beruhigt. Und Frank (Gert Voss) spricht sie, die alltägliche Heuchelei, sehnend, singend: »Ich liebe dich«. Katarina streichelt den Gemarterten, wimmert Liebe, verspricht Zusammensein und gleitet an dem Körper zu Boden, küßt endlich Franks Füße. Diese Verwandlungen, das Gleiten, Springen, Umkippen und Brechen: die Dene vollzieht es, ohne je die Figur zu verlassen oder sie gar zu denunzieren.

Das tut sie nie. Weder als Katarina noch als dumpf-brutale
Medea Heiner Müllers, nicht als Achternbuschs todesmüde
Susn, nicht einmal – was lag näher?! – als bayerische Bäuerin.
Sie spielte in einem Bernhard-Dramolett eine Kirchgänge-
rin, irgendwo im Voralpenland. Das Dirndl straff, das Chari-
vari vor dem Bauch, ein Hut auf dem Kopf, die Bibel in der
Hand, redete sie sich rein in eine Sensation: das Paket, das sie
auf der Straße gefunden hatte, hielt sie für einen toten Mann.
Einen Ermordeten, versteht sich. Später stellte sich raus, daß
Hakenkreuzplakate drin waren. Also nichts Besonderes. Kirsten Dene beherrschte das bayerische Idiom und fand in dieser
geifernd lüsternen, mordgierigen Hyäne eine ganz alltägliche
Rosenkranzbeterin – und später eine ebenso alltägliche Unbe-
lehrbare. Also keine Karikatur, sondern – unter dem Vergrößerungsglas – die Nachbarin aus Tittmoning. Naturgemäß barst
sie vor Schlechtigkeit.
Thusnelda barst vor Erotik. Kirsten Dene als Hermanns
Weib und von ihm zärtlich »Tussi« gerufen. Die Thusnelda
in Peymanns Hermannsschlacht-Inszenierung machte aber
nicht nur ihn (noch immer) an, keine Kleinigkeit in einer
langen Ehe; sie flirtete auch mit anderen: mit dem römischen
Legaten Ventidius, der sie hofierte; und mit Varus, der sie
beschenkte. Wie hübsch eitel freute sie sich über die neue
Kultur, die er ihr brachte, wie geschwind und charmant verstand sie es, die Mode zu kopieren. Und wie sie lächelte, wie
sie lachte!
1981 arbeitete Kirsten Dene einmal nicht mit Peymann, bei
dem sie zuvor eine nachdenkliche Iphigenie war und eine
Leonore Sanvitale, die, eine kreuzlebendige Salonschlange,
den Raum einnahm mit ihrem Riesenleib, den ausholenden
Bewegungen und den Blicken, die langsam und scharf taxier-
ten und täuschten. Kirsten Dene versuchte sich mit Alfred
Kirchner an der Mutter Courage. Sie trat in die Fußstapfen
jener Schauspielerin, die sie verehrt und der sie nacheifert,
Therese Giehse. Daß sie hinter der Darstellung dieser genialen
Schauspielerin blieb, das verwunderte niemanden, aber

Urs Hefti zu Kirsten Denes Füßen: Die Hermannsschlacht.

warum sie sich so routiniert aus der Affäre zog – ich weiß es
nicht. Vielleicht war das Vorbild eine allzu große Last. Allein
in den Momenten der großen Prüfungen deutete Kirsten Dene
die Leidensfähigkeit an. Vor allem aber in der Begegnung mit
dem Koch, dem rauhbeinig-schüchternen Martin Schwab, sah
man für Sekunden, daß die Courage Liebe will. Man begriff es,
weil die Dene jede seiner Annäherungen, als könnten sie nur
Scherz sein, mit einem Lachen wieder zurücknahm.

Vor dieses Lachen hielt Kirsten Dene wieder das Vergrößerungsglas. Es wurde Zeichen für das fehlende Vertrauen der
Courage in die Menschen. Diese Frau hat auf ihrem Leidens-
weg zuviel verloren, um noch an einen Gewinn, an Vertrauen
oder gar an eine Hingabe, die eben nichts fordert, glauben zu
können.

Ritter, Voss, Dene – von links nach rechts betrachtet.

Zuletzt sahen wir die Dene in *Richard III.*, wundervoll aufgewühlt von den Liebesworten des charmanten Ungeheuers, so verwirrt, daß ihre Sehnsucht nach dem Mann aus der Kehle gurrte und sie sich den Klaps auf den Hintern abholen kam. Und in *Ritter, Dene, Voss.* Sie spielte die ältere Schwester, ein Hausmütterchen, das den Kopf oft schief trug auf dem stämmigen Hals, beharrlich auf Anweisungen und Wünsche des Bruders hoffend. Sie war sehr beflissen, und sie erniedrigte sich gern. Ein opferwütiger Pummel, der jedem Wink des kranken Bruders folgte und selbst der egoistischen, egozentrischen Schwester zu Diensten stand. Sie wollte es allen recht machen. In dieser Aufführung freute ich mich auch darüber, wie die Dene eine Schiebetür mit dem Hintern öffnete, fortschubste, in den Händen ein Riesentablett und in den Augen Mißtrauen: Was hatten die beiden wieder gegen sie ausgeheckt? In diesem Schwung wogte masochistische Wut, das Aggregat ihrer Energie.

Kirsten Dene bezieht ihre Kraft aus anderer Quelle: Aus ihrer Spiellust und der Freude an der Groteske. So wie das Theater diese Schauspielerin braucht – was wären Peymann-Inszenierungen ohne sie –, so braucht die Dene die Bühne. Wohin sollte sie gehen mit ihrem Temperament, ihrer Lust, immer wieder eine andere zu sein? Zum Zirkus? Daß diese Frau im Leben zurückhaltend, schüchtern, verschlossen ist, erstaunt. Das Bürgerkind sucht außerhalb der Theater die Ruhe, die sie wohl braucht, um am Abend sich wieder zu verwandeln: in Huren, Königinnen, Proletarierinnen, Bäuerinnen und Vamps, in die vielen anderen, ihr wesensfremden Frauen. Doch so sehr wir ihre Brillanz, ihre großen Gebärden, ihr Temperament, ihre Wandelbarkeit schätzen, wir unterschätzen Kirsten Dene, entdeckten wir nicht, daß sie in allen ihren Zeichen, selbst den winzigsten, uns in die Seelen der Frauen blicken läßt. Die Primadonnen und Matronen, die Aufsteigerinnen und die Untergeherinnen, die Zicken und die Nüttchen: sie alle erklärt die Dene durch Posen und Allüren. Diese Körperzeichen offenbaren das Denken und Fühlen, die Lüge und die Wahrheit dieser Menschen: ihre Hohlheit, ihre Prätention – und ihre Größe.

Annemarie Düringer:
Selig, die reinen Herzens sind

Vielleicht kann Annemarie Düringer auch witzig, komisch sein – sie soll zum Beispiel in Feydeaus *Floh im Ohr* sehr französisch brilliert haben –, allein, ich kann sie mir nur noch als frustrierte Ehefrau, als gewaltige Mutter vorstellen. Das mag ungerecht sein; doch zu schreiben, daß Annemarie Düringer wie keine andere Schauspielerin den Harm eines unglücklichen Lebens äußern kann, ist ja kein geringes Lob.

Die Düringer spielte in den letzten Jahren tragische Tyranninnen: die Bernarda Alba, die Gunhild Borkman, die Aline Solneß, die Wendla-Mutter Bergmann, die Tochter in Albees *Alles vorbei.*

1972 – die Düringer, die seit 1949 an der Burg spielt, war längst eine anerkannte, gefeierte, auch von anderen Theatern und vom Film begehrte Schauspielerin – begegnete ich ihr zum erstenmal in August Everdings Albee-Inszenierung. Eine aufbegehrende Tochter, die sich schämte für die Unverschämtheiten, mit denen sich die Frau und die Geliebte ihres sterbenden Vaters traktierten, just in dieser Stunde. Scharf und dennoch höchst elegant protestierte diese Dame. Sehr konventionell. Selbst bei den gröbsten, ungeheuerlichsten Anschuldigungen sparte sie nicht am diskreten Charme der Bourgeoisie. Das nahm ihren Vorwürfen keineswegs die Spitze, im Gegenteil: die Düringer gewann durch das Understatement, vielleicht auch durch ihren kantigen, immer noch ein bißchen schweizerisch klingenden Unterton (sie wurde in Basel geboren), eine zusätzliche Dimension. Sie demonstrierte alltägliche Salon-Gemeinheit.

Bernarda Alba und ihre aufbegehrenden Töchter.

Monstrosität, die aus dem Selbstverständnis wächst, die vom Kopf in das Herz wuchert, die unmenschlich und zugleich sehr menschlich, fast verzeihlich ist: Wendlas Mutter, die Düringer in Wedekinds *Frühlings Erwachen.* Daß die Frau, noch ehe sich ihr Kind erklären kann, entschieden, die Engelmacherin schon bestellt hat, ist so grausam wie verständlich. Die Bergmann läßt ihr Kind umbringen, damit auf deren Grab eine Lüge stehen kann: »Gestorben an der Bleichsucht – Selig sind, die reinen Herzens sind...«

Die Düringer eine fürchterliche Mutter? Nein. Die rettet ihr Kind durch den Tod, rettet es vor Schande. »Und wenn wir nicht kleinmütig werden, dann wird uns auch der liebe Gott nicht verlassen. – Sei mutig Wendla, sei mutig!«, sagte die Düringer. Wir hörten die Entschlossenheit und die Verzweiflung in ihrer Stimme. Die Bergmann gab das Leben, das sie geschenkt hatte, nicht zornig hin. Sie schien genau zu wissen, daß sie der Tochter, die sie ja immer noch liebte, das größere Leid ersparte. Was ist der Tod gemessen an einer lebenslangen Schmach? Und daß sie sich mit diesem Schritt auch noch selbst befreite von der Verachtung, einen schändlichen Balg aufgezogen zu haben, klang zugleich aus ihren Worten.

Herrischer war Annemarie Düringers Aline, 1983 in Peter Zadeks Münchner *Baumeister Solneß*-Inszenierung.

Ein pflichtbesessenes, trotziges, trauerndes Weib, das nie jung gewesen zu sein scheint, nie geliebt hat und nie geliebt wurde. Sie hat das Leid, unglücklich sein zu *müssen* – wir sehen es in jeder ihrer verhuschten und dennoch sehr entschiedenen Haltung – umgemünzt in die Lust am Leid. Bewußt wählte Aline den Ausweg in den Masochismus. Er schenkt ihr das Bewußtsein und die Kraft, ihr Schicksal anzunehmen. Sie will gar nicht mehr zurück zu den früheren kleinen Sehnsüchten. Nur in sehr schwachen Momenten sieht man die Düringer hilfesuchend, mit den Blicken um Nähe flehend. Einmal will sie von Solneß sogar gestreichelt werden. Der schmale Körper signalisiert dieses Begehren, das im Kopf geboren wurde, also keineswegs triebhaft plötzlich da war. Aber dann entzieht sie sich entrüstet dem Mann. Entrüstet über die eigene Schwäche. Denn sie kann diesen Menschen, überhaupt die Menschen nicht mehr ertragen. Sie flieht das Leben. Grotesk ist diese Flucht – und ergreifend.

Annemarie Düringer äußert nicht bloß körperlich ihre Entrüstung, als sie den Wandel des alten Solness sieht, der dem Troll Hilde verfällt. Sie offenbart in den Minuten, in denen sie auf der Bühne steht, das ganze Leben dieser Aline. Ich begriff, warum sie wurde, wie sie war. Ich sah ihre Vergangenheit in Annemarie Düringers Augen, die den Glanz schon vor Jahrzehnten verloren zu haben schienen; in ihren kantigen, eckigen, toten Bewegungen. Ich hörte sie in ihrer klaren, prägnanten Art sprechen, in diesem Ton, der manchmal, wie auf der Kippe zum Selbstmitleid, larmoyant wogte, und sofort, als zerrte sie an den ausgeleierten Stimmbändern, wieder die

*Aline zwischen dem Paar, die Düringer mit Barbara Sukowa und
Hans Michael Rehberg.*

unbeteiligte, straffe, metallene Schneidigkeit bekam. – Contenance, lebenslang. Düringers Aline mit »abgehärmt« zu klischieren, bedeutet, die Figur zu reduzieren auf nur einen Ausdruck. Sie hatte derer viele. Gebärden und Stimm-Variationen für den Jammer einer Toten, die sich zwingt, den anderen und sich selbst Tag für Tag wieder ein (ihr verhaßtes) Leben vorzugaukeln.

Und dann: Annemarie Düringer als Bernarda Alba, von Hans Lietzau am Wiener Akademietheater inszeniert. Tyrannen toben nicht. Sie demonstrieren ihre Gewalt nicht in emotionalen Explosionen. Kälte, die Kargheit des Ausdrucks, der fast völlige Verzicht auf Ausbrüche sichert ihnen Überlegenheit, Herrschaft.

Durch das große Tor ziehen sie ein, die Klageweiber. Aus der andalusischen Hitze, vom Friedhof, wo die Zikaden sangen, die Schmetterlinge schwirrten, der Staub auf das Grün der

Palmen stob, hinein in eine Gruft: eisig, still, schwarz. Bernarda, auf einen Stock gestützt, hält Trauerhof. Bald schon hat sie genug, bricht die Zeremonie ab. Von nun an ist sie allein in diesem Gefängnis, mit sich, den Töchtern, der Großmutter und der ihr ergebenen Haushälterin La Poncia. Annemarie Düringer herrschte in dieser Anstalt. Aber nicht wie eine Aufseherin, neugierig, mißtrauisch und klein. Düringers Bernarda war mächtig, übergroß. Sie gängelte nicht, sie bestimmte. Ihre Augen, ihre Ohren waren allgegenwärtig in diesem Haus, in dem sie die Menschen nicht etwa schindete. Sie verachtete sie: hochmütig und selbstgerecht. Jeder Muskel in dem schlanken drahtigen Frauenleib, jedes Wort, das aus dem schmallippigen Mund gewitterte, jeder Blick, der sich in die Augen der Töchter bohrte, an ihren schwarzen Kleidern entlangglitt, um in den Gedärmen der Mädchen zu wühlen, die Lust zu zerstören: alles, was die Düringer tat und sprach, wurde Geißel.

Ich habe solche Härte, in aller Distinktion vorgeführt, nie zuvor gesehen, nie gehört. Annemarie Düringer vermochte es, die Verachtung, die ich für diese Bernarda empfand, zu manipulieren. Ich respektierte am Ende ihr Verhalten. Schätzte die starke Frau, die resolut und entschieden sich nicht abbringen ließ von dem Irrweg, den sie einmal eingeschlagen hatte. Ihr gilt er als der einzig richtige. Mochte er in die Lüge führen, zur Schande führte er nicht:»Selig sind, die reinen Herzens sind...«

Mit erhobenem Haupt, distinguiert, selbstbewußt, groß geleitete Annemarie Düringer alle diese Frauen durch ihre Prüfungen. Wir entdeckten in ihrer Härte plötzlich (Lebens-) Angst. Sie fürchteten sich alle vor Demütigungen, Wunden, Spott und flüchteten deshalb in die Lüge. Sie maskierten sich und ihr Sein, um in Anstand, so wie sie ihn verstanden, alt zu werden und zu sterben. Sie existierten allein für den Spruch auf dem Grabkreuz. Sie waren tot, bevor sie zu leben begonnen hatten.

Annemarie Düringer entblößte diese Kämpfe in jeder Rolle.

Cornelia Froboess:
Manierismus, was ist das?

1952 hatte sie an jedem Finger zehn: 1962 träumte sie mit zwei kleinen Italienern von Napoli; 1972 sang sie »Ach Scheiden, ach Scheiden, ach Scheiden, wer hat sich das Scheiden erdacht«. 1952, neun Jahre jung, der Kinderstar, die »kleine Cornelia«, die seit Monaten schon das Liedchen von der Badehose trällerte, die man einpacken sollte, machte man sich zum Wannsee auf. 1962, der Teenager an der Seite von Peter Kraus, Filmsternchen, beliebteste deutsche Schlagersängerin, ausgezeichnet mit dem »Großen Otto« in Gold, was auch immer diese Trophäe gewesen sein mag. 1972, Ensemblemitglied der renommierten Münchner Kammerspiele: Lucile in Büchners *Danton*. Cornelia Froboess hatte es geschafft.

1959, irgendwie unzufrieden mit der Schlager- und Filmkarriere, hatte sie ein Schauspielstudium begonnen, bei Marlies Ludwig in Berlin. Cornelia Froboess wollte nicht mehr bloß nett und niedlich und hübsch sein. Mit 18 Jahren bestand sie die Abschlußprüfung – und ging in die Provinz. Ernst Haeusserman hatte ihr diesen Rat gegeben. »Ich habe mir nie Gedanken gemacht, was wäre, wenn es mit dem Theater nicht funktioniert«, sagte sie später. Am Salzburger Landestheater bekam sie ein Engagement, spielte als erste Rolle eine Magd in Frantisek Langers *Peripherie*. Fünf Sätze hatte sie zu sagen. Sie sagte sie wahrscheinlich sehr ordentlich, jedenfalls gibt es keine Zeugen, die das Gegenteil behaupteten. Anderes fiel auf: Cornelia Froboess blieb bei ihrem Debüt mit dem Absatz ihres Schuhs in einem Loch im Bühnenboden stecken. Kurzentschlossen, schließlich mußte sie nach dem kleinen Auftritt ja rasch wieder verschwinden, zog

»Solange sie gehen, besteht immer noch Hoffnung, daß sie später hier drinnen vorbeischaun.« Lotte in Agadir.

sie den Pumps aus. Und sicher wird sie einen Flunsch gezogen haben. Beleidigt, kokett.

Dieses Fischmäulig-Nölige ist (seither, vermute ich) Cornelia Froboess' Zeichen. Daran erkennt man sie, so wie man Bernhard Minetti am Nuscheln, Peter Lühr an seiner Hand, Jutta Hoffmann an ihrem Blick erkennt.

Das Spiel mit der Mund- und Kinnpartie: die Froboess liebt es. So sehr, daß sie, ganz uneitel, hinnimmt, dabei unansehnlich zu wirken, denn hübscher wird niemand, wenn er, wie sie es tut, die Unterlippe nach oben zieht, den Mund seltsam beleidigt und zugleich entschlossen spitzt, beileibe nicht zum Kuß. Die Haut der Wangen und des Kinns schlägt dabei Falten. Manchmal schiebt sie beide Lippen gleichzeitig nach vorn und beginnt, die Silben zu kauen, die Vokale zu dehnen. Wenn sie nölt, kaulquappig; wenn sie das Lachen verklemmt, in kleinen

Portionen herausdruckst, eigentlich erbricht: dann erkennt jeder die Froboess. Ist die Froboess manieriert?
»Wenn mir nur einer sagen könnte, was das ist«, hält sie ihren Kritikern entgegen, »eine Manie hat jeder.« Stimmt. Allein, diese Schauspielerin kokettiert mit ihrer Manier, übertreibt zuweilen selbst dort, wo sie ihren eigentümlichen Ton bewußt einsetzt, wo er hingehört.
Zum Beispiel steht er der Lucette Gautier in Feydeaus *Klotz am Bein*. Diese Frau ist bei der Froboess ein Kind von der Straße, das sich hinaufgeträllert hat, vielleicht auch hinaufgeschlafen, in die erste Gesellschaft. Eine Chansonnette, die vulgär, aggressiv, unverschämt, obszön geblieben ist, als trete sie nicht in den Salons der Aristokraten auf, sondern in den Cafétheatern auf dem Montmartre.
Immer wieder, auch als Vierzigjährige, hat diese Schauspielerin etwas Kindlich-Naives, wirkt wie eine ungezogene und unerzogene Göre. »Das Hauptproblem ist vielleicht, daß ich mich manchmal meinem Alter gemäß nicht richtig benehme. Aber ich weiß natürlich nicht, wie man sich mit 40 benimmt«, bekannte sie vor wenigen Jahren in einem Gespräch. Diese Naivität ist es, die Cornelia Froboess in ihre Rollen hineinträgt. Selbst wenn sie alt sein wird, wird sie sich geben, Haltungen einnehmen, als sei sie noch ein Backfisch. Das mag irgendwann albern-falsch, womöglich gar peinlich wirken, allein, diese strikte, wahrscheinlich eher unbewußte Weigerung, erwachsen zu werden, immer neugierig-unbefangen zu bleiben, macht jetzt die Stärke von Cornelia Froboess' Frauengestalten aus.
Joachim Kaiser bemängelte 1983 in der »Süddeutschen Zeitung«, daß sie – in Luc Bondys Inszenierung von Edward Bonds *Sommer* – »gewiß noch etwas älter« hätte sein müssen, »ihrer Figur mehr Fein-Britisches« hätte »zukommen lassen können«. Just dies kann und will die Froboess wahrscheinlich nicht. Sie, die immer die starken, die aggressiven Frauen verkörpert, die ungern Passiv-Leidende darstellt, selbst noch als Fräulein Bürstner in Peter Weiss' *Der neue Prozeß* kämpft,

*»Fürchte dich nicht!
Ich will nur einen
Augenblick neben
dir stehen.« Lotte,
der dreckige Engel.
Cornelia Froboess
in Botho Strauß'
Groß und Klein.*

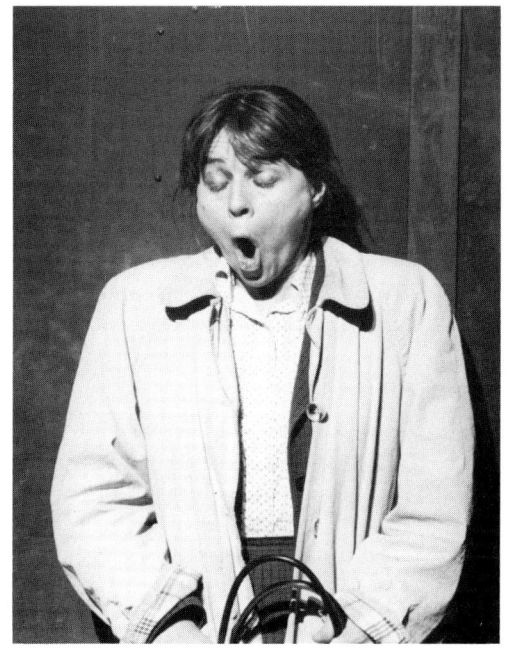

um nicht unterzugehen, sie wird nie erwachsen werden, fein sein. Sie wird das launige, ein wenig berlinernde Mädchen bleiben – in vielen Variationen.

Minna zum Beispiel. 1976 feierte sie in Dieter Dorns Inszenierung Triumphe. Ein verwöhntes junges Mädchen. Ein bißchen pampig, ein bißchen kokett, trickreich, fast gerissen. Wie sie mit Franziska frühstückte, das Fräulein von Barnhelm; wie sie die mitgebrachte Marmelade vom Messer schleckte; wie sie mit Tellheim spielte, sich mokierte über dessen Larmoyanz und Zukunftsangst; wie sie geschickt – und das bedeutete bei der Froboess zugleich Ärgeres, nämlich unverschämt chuzpisch – sich den Mann angelte· es war bravourös komisch, bravourös gemein, bravourös klar. Minna ähnelte Lucette. Und auch der Lotte-Kotte aus Lennep.

1979 spielte Cornelia Froboess Botho Strauß' Endspielerin und Reisende, die nirgendwo anders ankommt als immer

wieder nur bei sich. Die Aufführung war eine Froboess-
Sternstunde: *Groß und klein* in den Münchner Kammer-
spielen. Im marokkanischen Speisesaal, in Agadir, sitzt sie,
an einem kleinen, quadratischen, gedeckten Tischchen, auf
einem billigen Plastikstuhl mit roter Lehne. Vor sich eine
Kaffeetasse, die Weingläser stehen umgestülpt auf der weißen
Decke. Tiefausgeschnitten das Oberteil ihres Kleides, ein auf-
wendiger Modeschmuck im Dekolleté, Filigranes wie ein
Schmetterling. Ein schickes Mützchen, wahrscheinlich ein
Souvenir, erstanden in irgendeinem Bazar, auf dem Kopf. Die
Fransen der schwarzen Haare fallen ins Gesicht, schwarze
Lidstriche um die großen Augen. Eine attraktive Frau, die,
während sie erzählt, monologisiert – »Logiker sind das. Deut-
sche – Wahnsinn!« –, die Finger spreizt, alle, nicht nur die
beiden kleinen. Lotte allein im Speisesaal, Lotte allein auf der
Welt. Eine Geschundene, die in der ersten Szene eigentlich
schon am Ende ist, nämlich im Vorzimmer des Arztes, der sie
wegschicken wird. Nach Hause. Nur hat sie keines.

Die Froboess erfand den Gegenentwurf zu Edith Clevers
Lotte in Peter Steins Schaubühnen-Uraufführung. Die Clever
arbeitete am Melodram, die Froboess an der Satire. Wo die
Clever große Heroine, war die Froboess eine aus der Gesellschaft gefallene, schwache, fragile, auch sehr labile Frau. Keine
Außenseiterin, sondern eine Ausgestoßene. Viel näher der
bundesrepublikanischen Wirklichkeit als die Clever, bei der
Lotte ja den griechischen Tragödinnen hart auf den Fersen
folgte. Die Froboess wagte mehr, ließ sich ein auf den bösen
Witz dieser Endspiel-Spiele. Panische, wie aus tiefer Depression herausbrechende Selbstgespräche neben flotten Sprüchen: die Froboess, wiewohl absturzgefährdet, fiel auf Lottes
Reise weder in falsche Künstlichkeit noch in den Boulevard.

Seltsam, erstaunlich: die Schauspielerin, die in den sechziger Jahren für Film und Fernsehen viele Fürchterlichkeiten
gedreht hat; sie, die sich in Botho Strauß' *Park* in München
durchs fade, gesicherte Leben der ehemaligen Trapezkünstle-
rin Helen jaulte, mit den vielen geflochtenen dünnen, modi-

»*Runtergefallen. Von oben nach unten. Gestürzt. Abgestürzt.*« *Botho Strauß' Helen* im Park.

schen Zöpfchen aussah wie Hunderte von Mädchen in den Abflughallen der Chartergesellschaften, mit dem Traumziel Marbella im kleinen Kopf: Cornelia Froboess kann in ihren Rollen noch so ordinär, noch so läppisch-alltäglich sein – zum Beispiel auch als Eliza Doolittle –, sie wird nie einfach komisch, einfach billig, einfach ordinär. Sie interpretiert immer auch noch den Bruch, die Schattenseiten, das Innere ihrer Frauen. Auch in Ernst Wendts *Maria Stuart*-Inszenierung.

Die Froboess – mit wallendem, zottelig langem Haar, Hexe eher als Königin – forcierte mächtig, tremolierte die Endsilben so schauderhaft, daß wohl nach dieser Aufführung jeder Zuschauer ihr hätte erklären können, was das Besondere ist am Froboess-Manierismus. Dennoch, trotz

dieser angestrengt-unechten Forciertheit, hinter dem Gebrüll konnte ich bemerken, wie die Froboess in sich, in die
Maria hineinhörte, als suchte sie in den Schmerzensarien,
die Wendt von ihr gefordert hatte, nach Stille – und damit
nach der Verletztheit, der Trauer dieser Königin, dieser betrogenen Liebenden.
     Die verborgenen Verzweiflungen will die Froboess finden.
Immer. Auch als Marie Caroline David, der lesbischen Alko-
holikerin in Per Olov Enquists *Nacht der Tribaden*. Auch
als Lulu. Fehlte ihr in Dorns Wedekind-Interpretation auch
die Gründerzeit-Grandezza, das Charmant-Verführerische,
das Damenhafte, dafür war sie das Weib, total. Naiv, komisch, gemein, vulgär, lüstern, selbstbewußt und rücksichtslos egoistisch.
     Wer sie als Viola/Cesario gesehen hat, in Dieter Dorns
Was ihr wollt-Inszenierung, der weiß, daß Cornelia Froboess sogar komödiantisch eine gebrochene Frau zu spielen
vermag. Viola, die einen Mann liebt und von einer Frau
begehrt wird, deren Gefühle sie nicht erwidern möchte,
zugleich in ihrem Mitleid für sie aber auch Zärtlichkeit
äußert, Viola wird bei der Froboess zu einem zerrissenen
Wesen. Sie leidet, weil sie nicht begehrt wird als der Mensch,
der sie ist. Weder die Frau noch der Mann, der sich ja seltsam zu dem jungen Mann hingezogen fühlt, wollen wirklich sie, sondern nur ihre verkleidete Schauseite.
     Verletzte, Untergeherinnen, Frauen mit ver-kehrten Ge-
fühlen, häßliche, verachtete, verlorene Wesen: Cornelia Froboess gibt ihnen Leben. Diese Frauen mögen dann auf der
Bühne aufgedonnert, zu laut, zu exzessiv, zu exaltiert erscheinen, auch zu froboessisch-direkt; aber wir müssen
über sie nachdenken. Cornelia Froboess zwingt uns dazu.
Denn nie spielt sie ihre Gestalten teilnahmslos, harmlos.
Und nie verrät sie sie.
     Man muß nicht darüber diskutieren, jeder weiß es: dieser
Darstellerin fehlt die distinguierte Kunst von Jutta Hoffmann,
die strenge Künstlichkeit von Gisela Stein, fehlt beider Sprach-

Minna, das Fräulein aus Sachsen. Kokett.

beherrschung, aber sie hat, was den Kolleginnen fehlt: eine obszöne Frechheit, eine naive jugendliche Direktheit, die nie platt wird. Manchmal, wenn sie die Schnauze vorschiebt – so nennt sie diese Pose selbst –, wenn sie die Hände in die Hüften stemmt, dann sieht sie aus wie ein Möbelträger, der nach dem Klavier fragt. Die Froboess kümmert kein Klavier. Sie packt – in ihren Rollen wohlgemerkt – Männer an und ein. Alle. Irgendwie, selten auf die feine Tour. Zuweilen rennt sie ihnen auch hinterher. Dann hechelt die Froboess wie ein Terrier. Laut, die Unterlippe an der Rampe, die Stirn gekräuselt, die Wangen gefaltet. Und wehe, sie stöhnt dann noch »Och« oder sowas, dann wird jede Figur zur Froboess.

Bruno Ganz:
Sie müssen mit mir zu tun haben

... sagte Bruno Ganz 1986 in einem »Spiegel«-Interview, nach der Ausstrahlung von Bernhard Sinkels Fernsehfilm *Väter und Söhne,* und er meinte damit die Gestalten, die er im Film und auf der Bühne spielt. Der Schluß liegt nahe, daß die Träumer, die somnambulen Lebensschwachen, die Verlierer ihm näher stehen als die Macher, die Tatmenschen, die Karrieristen. Mit wenigen Ausnahmen im Film spielte Ganz auch immer wieder diese jungen Männer, die aufbegehren und scheitern oder nicht einmal mehr die Kraft besitzen, ihr Geschick in die eigene Hand zu nehmen. Bruno Ganz' Karriere ist ganz eng mit dem Aufstieg von Peter Stein verbunden. 1967, damals war Ganz gerade 26 Jahre alt, spielte er in Bremen zum erstenmal in einer Stein-Inszenierung den Wurm in *Kabale und Liebe.* Es war die Zeit, als man Kurt Hübners Haus bereits den »Bremer Stil« zuschreiben wollte. Hübner präsentierte das Ensemble in einer Schauspielwoche mit mehreren Produktionen hintereinander, Inszenierungen von Wilfried Minks, Peter Zadek und Kurt Hübner. Urs Jenny schrieb nach diesem Marathon, daß es Bruno Ganz zwar in Hölderlins Nachdichtung der sophokleischen *Antigone* »an Stimmkraft, Härte und Glanz« gefehlt habe. »Dennoch war diese Bremer Schauspielwoche vor allem auch eine Triumphwoche für Bruno Ganz. Er hat nacheinander fünf Hauptrollen gespielt, hat die vierstündige Hamlet-Aufführung durch seine enorme Präsenz wirklich getragen, ist am Macbeth höchst ehrenvoll gescheitert, hat am folgenden Abend nacheinander den Boten in der *Antigone* und den Franz Moor dargestellt, schrill und scharf plötzlich, mit physischen Exaltationen, die

die Gefechte in *Hamlet* und *Macbeth* noch überboten; davor und danach hat er den Moritz in *Frühlings Erwachen* und die Hauptrolle in Valentins *Unberatenen* gespielt, überraschend verwandelt in einen jungenhaften Darsteller schwieriger, physisch labiler Charaktere. Ohne Bruno Ganz, den Bremer Helden, der keineswegs kraftstrotzend ist, eher schmal, scheu, zäh, als Spieler auch nicht virtuos, nicht strahlend, aber unerhört echt, unmittelbar, intensiv – ohne ihn wäre diese Woche nicht gewesen.«

Schmal, scheu ist Ganz auch heute wieder und wieder echt. Aber er muß, wenn er wirklich 1967 nicht virtuos, nicht strahlend gewesen ist, rasch eine Menge dazugelernt haben. Denn schon nach seinem Tasso, zwei Jahre später, wurde er mit Klaus Kammer verglichen. Es war wieder eine Arbeit mit Stein, der den jungen Schauspieler zu seinen größten Leistungen herausforderte. Ganz war auch dabei, als Stein an den Münchner Kammerspielen Brechts *Dickicht der Städte* inszenierte und in Zürich Edward Bonds *Trauer zu früh*, gleichfalls noch 1969.

Spätestens seit dieser Zeit weiß man, was Ganz kann. Er vermag eben nicht nur Hölderlin zu sprechen, wovon all jene schwärmen, die ihn in den acht Jahren seiner Bühnenabstinenz nur auf der Leinwand haben sehen können, er ist auch ein glänzender Körperspieler. Ich erlebte ihn zum erstenmal 1971 in der Schaubühne, zu deren Mitbegründern er zählte, als Peer. Genauer, als den dritten Peer in Peter Steins Ibsen-Inszenierung, die damals zur »Aufführung des Jahres« gewählt wurde.

Der junge Ganz, noch mit vollem Haar, im Land der Trolle. Ein aufgeweckter Knabe, dem das Verrückte seines Tuns die größte Lust war, der im Kampf mit dem Krummen sich mächtig ins Zeug legte. Ganz' Körper, seine Stimme äußerten die Kraftanstrengung und die Niederlage. Am Ende vermochte Peer seine Muskeln nicht mehr zu spannen, selbst die Stimmbänder versagten: er krächzte wie ein Rabe.

Auch den ganz alten Gynt hatte Stein Bruno Ganz übertragen. Welche Veränderung: ein Greis, bösartig und immer noch

Der Lehrer und die Fremdenführerin. Bruno Ganz und Corinna Kirchhoff in Luc Bondys Inszenierung von Botho Strauß.

auf Leben aus. Verbissen kämpfte er gegen die Gewalt des Meeres, Panik ergriff ihn vor dem Tod. Und dann schälte er die Zwiebel, matschte damit rum, versuchte mit den vielen Schalen das Geheimnis seines Ichs, also seiner Individualität, zu lüften. Aber er vermochte es nicht, sabberte nur herum wie ein seniles Kind, ein kindischer, täppischer Alter. Ganz schaffte es, die Trauer, die Bitterkeit dieses Mannes zu spielen, der alles verloren hatte auf seiner Reise und nun heimkehrte zu seiner Solveig. Wie ein Gejagter, dem unseligen Fliegenden Holländer nicht unähnlich, der Blick wirr verloren, in einen übergroßen Paletot gehüllt, lief er vorbei an den Totengräbern und fand endlich die Erlösung. Er legte sich wie ein Kind auf Solveigs Schoß. Diesen Augenblick, die Rückkehr zum Anfang, ließ Stein einfrieren. Ein Photo hielt ihn fest. Bruno Ganz: ein junger Schauspieler wurde damals zu Recht als ein großer Komödiant, als ein ungewöhnlich intensiver Menschendarsteller gefeiert.

1972, Bruno Ganz als Doktor in Claus Peymanns Salzburger Uraufführungsinszenierung von Thomas Bernhards *Der Ignorant und der Wahnsinnige*. Damals hörte man schon die Gefahr, die Ganz auflauerte. Er feierte die langen, im Detail formulierten Leichensezier-Beschreibungen, flüchtete sich in eine Fülle von Sprechweisen, in immer wieder neue Variationen des Rhythmisierens von Sätzen. Er überfrachtete die Pausen, zog sie in die Länge, aber die Spannung, die er damit erzielen wollte und die ja erst entsteht, wenn die Dichte zwischen den Worten, den Sätzen hält, sie stellte sich nicht ein.

Fortan wurde die Körperlichkeit des Schauspielers eher unwichtig. Ganz konzentrierte sich auf die Sprache, versuchte allen Ausdruck, alle Innerlichkeit seiner Figuren in der Artikulation, in der – zugegeben – sehr artifiziellen, und oft wundervollen Sprechweise zu offenbaren.

Das galt schon für seinen Pentheus in Klaus Michael Grübers *Bakchen*-Inszenierung. Selbst als er verzückt wie eine Mänade zu tanzen begann, wie eine Salome, verlor dieses Körpertheater in meiner Erinnerung sehr rasch an Gewalt: es

Hamlet.

blieb das Artifizielle seines Sprechens, das Künstliche, bei dem
jede Längung eines Vokals, jede gedehnte Pause, jede hochge-
zogene Silbe mit Bedeutung aufgeladen war. Hochgerätselt
und nicht zu enträtseln.
    Und dann kam Hölderlin. Bruno Ganz »at his best« und
doch ganz schlimm. In Grübers *Empedokles* sprach er die
Hauptrolle. Wieder die minutenlangen Pausen und der affek-
tierte Umgang mit den Hölderlinschen Blankversen. Gewiß
zählte Grübers Inszenierung zu den aufregendsten, den kühn-
sten Theatererfindungen der siebziger Jahre, allein, Ganz war
überfordert und kultivierte das Falsche: Er knurrte, verglaste
die Sätze, oder er schrie sie forciert aus sich heraus. Die
Spannung aber schaffte er nicht. Trotzdem verstanden wir
Grübers geniale Aufforderung: zu warten und zu hoffen.
    Danach kam der Film. Ganz war nicht wiederzuerkennen.
Am ehesten noch in Eric Rohmers *Marquise von O.* als Graf F.:
ein sehr verinnerlichter, sehr leidender, sehr empfindsamer

deutscher Jüngling. Aber schon in Wim Wenders' *Der amerikanische Freund* hatte er etwas hinzugewonnen. Bruno Ganz als Jonathan, als leukämiekranker Bilderrahmer, der sich fangen läßt aus Angst und den die Lüge, die ihn korrumpierbar machte, einholt: Jonathan ist todkrank. Ganz' Stimme, die immer ein wenig weich klingt und doch angerauht, so wie sich Flanell anfühlt, sie traf den richtigen Ton für diesen Verführten, Verschlossenen. Ein Jahr später Handkes Film *Die linkshändige Frau*. 1979 dann ein anderer Jonathan, in Werner Herzogs *Nosferatu*-Neuverfilmung; 1980 in Kurt Gloors *Erfinder*; 1981 in Volker Schlöndorffs Born-Verfilmung *Die Fälschung*. 1983 *In der weißen Stadt* von Alain Tanner: Bruno Ganz spielt Paul, den sanften Aussteiger, den Verweigerer.

Inzwischen aber hatte Ganz wieder angefangen, Theater zu spielen. 1982 präsentierte er sich in Klaus Michael Grübers Inszenierung (noch einmal) als Hamlet: ein Melancholiker, ein schwermütiger Prinz, den eigentlich nichts mehr aus der todessehnsüchtigen Schwermut reißen kann. Schon gar nicht Ophelia. Es war, als hätte Bruno Ganz sich nicht verändert, auch nicht bei seinem Oberon, zwei Jahre später. Ein Nachtalb im Fledermauskleid, dem Baudelaireschen Albatros nicht unähnlich, flatterte er durch Botho Straußens, von Peter Stein bepflanzten bundesrepublikanischen Stadt-*Park*. Wieder war dieses schmachtende Jünglings-Singen von Ganz da, dieses Verzögern der Pausen, das Dehnen der Vokale. Manieriertes Sprechen.

Ganz könnte also heute als (schlechteres) Pendant zu Libgart Schwarz gelten, hätte er nicht 1986 in Grübers *Prometheus*-Inszenierung in der Salzburger Felsenreitschule bewiesen, daß ihm der Typ des an sich selbst zweifelnden Jünglings nicht mehr genügte. (Zuvor noch sahen wir ihn 1985 in der *Fremdenführerin*, in Luc Bondys Botho-Strauß-Inszenierung, wo er es noch nicht ganz schaffte, zum Haß, zur Wut dieses genasführten Lehrers vorzustoßen, wenngleich er bereits erwachsener, ernsthafter, gröber geworden war und die Figur individuell anging, ihr nicht ein Kleist- oder Hölderlin-Sprach-

Prometheus.

mäntelchen umhängte.) Mit *Prometheus* tat Ganz den bisher
wohl größten seiner Theaterschritte. Er wurde ein Mann, stark
und rebellisch, eigensinnig. Ich hatte gefürchtet, er würde den
Titanen – der, für seine Menschenliebe von Zeus bestraft, an
einen Felsen im »Grenzland der Erde« geschmiedet, leidet und
gegen den Gott aufbegehrt – verkleinern, reduzieren auf einen
leicht wehleidigen, larmoyanten Phantasten. Ganz jedoch demonstrierte Kraft und eine ungewöhnlich neue Nuancierungs-
kunst in der Behandlung der wahrlich vertrackten Handke-
schen Sprache (er hatte die Neuübersetzung als Auftragswerk
für die Festspiele geschaffen).
    Schon das sechsmal in den vier Anfangszeilen wiederkeh-
rende »Und« stieß er heftig heraus. Das »weh, weh« klang mit
dem grellen offenen Vokal fürchterlich, eklig. Wie im Stakkato
trennte er sich von den Worten, die Prometheus' Leid beschreiben. Wie in einem Jubelgesang pries er die prometheischen
Taten. In diesen Momenten war Ganz' Titanensproß ein Groß-

*Oberon und
Titania. Bruno
Ganz und Jutta
Lampe auf der
Suche nach Men-
schen im bundes-
republikanischen
Park. Peter Stein
inszenierte Botho
Strauß.*

maul, das gedemütigt noch trotzte, das mit Wut und dem
Wissen von Zeus' möglichem Sturz den Kampf aufnahm mit
dem Gott. Prometheus, Sohn der Erdmutter Themis, der Pro-
phet, der Über-Titan, der Herausforderer Gottes: Ganz fand
den Eigensinn, den Hochmut dieser Figur. So, daß die Sympha-
tie für diesen Provokateur sich mischte mit unserer feigen
Bewunderung für einen, der sich traut, was nicht erlaubt und
was wir nicht wagten.

Ganz, an den Felsen geschmiedet, die Haare aus dem Gesicht gekämmt, nur ein Tuch um den nackten Leib geworfen,
er mußten ohne Körperzeichen auskommen. Alles, was er
äußerte, war Sprache. Alles, was wir in seinem weißge-
schminkten Gesicht sahen, war der Wille, sich dem Gott zu
widersetzen. Ganz kam ohne falsche Innerlichkeit aus, er
verließ sich nicht auf seine erprobten Mittel, sondern wagte
sich weit vor: in eine neue Dimension des Sprechens. Wahrscheinlich ist er einer der wenigen jüngeren Schauspieler, die

noch sprechen können und so wie Benrath darauf bestehen, daß der Schauspieler nicht nur Körper-, sondern vor allem ein Sprech-Instrument ist.

Am Ende des Jahres sahen wir ihn dann als Tüftler Heinrich Beck in der Sinkelschen Fernsehserie *Väter und Söhne*: Ganz verteufelte den Mann nicht, der zum Wohl seines Unternehmens mit den Nazis gemeinsame Sache macht; der sich nicht verweigert, nicht rebelliert, als seiner Bitte, man möge die jüdischen Direktoren der I.-G.-Farben schonen, nicht entsprochen wird. Beck zerbrach, zerschlug das Labor, besoff sich. Aber er blieb – trotz allem – ein sympathischer Kerl. Ganz denunzierte ihn nicht. So als sei er, der Schauspieler Ganz, sich selbst nicht sicher, wie er wohl gehandelt hätte in jenen Jahren zwischen 1933 und 1945, versuchte er Verständnis für diesen Wissenschaftler zu erspielen. Und er schaffte es.

Ganz, dessen Peer ein Ereignis war, Ganz, der mit seinem Prometheus wohl endgültig Abschied genommen hat von den jugendlichen Träumern – schließlich war er 1986 schon 45 Jahre alt –, er wird jetzt wohl die älteren Männer für sich finden (müssen). Denn da sich, so meinte er in dem anfangs zitierten Interview, sein Leben »eben nicht im Leben erfüllt«, sondern er angewiesen sei auf die Objekte, »die ich auf der Bühne herstelle oder im Film«, werden wir sein Altern und also sein Zweifeln, sein Begehren, sein Wüten, die Äußerungen eines erwachsenen, erfahrenen Menschen, nun in seinen Kunst-Figuren sehen – und hören.

Helmut Griem:
Ein Sonnyboy, kein Sonnyboy

So wie er aussieht – groß, blond, blauäugig, sinnlich, stark –, müßte er eigentlich blöd sein. Schön und klug paßt nicht zusammen, wir wissen es, schließlich mögen wir unsere Vorurteile. »Haben Sie Glück bei den Frauen?«, fragte Michael Graeter den Beau, der gerade in Käutners Maupassant-Verfilmung *Bel ami* als Titelschönling deutsche Hausfrauen verzückte. Griem antwortete: »Es gibt nicht die Frauen, nicht die Studenten, nicht die Kommunisten. Es gibt Frauen, bei denen ich Glück habe.«

Helmut Griem ist nicht blöd. Im Gegenteil: er gehört wohl zu den gebildetsten deutschen Schauspielern (studierte in seiner Heimatstadt Hamburg Philosophie und Literaturwissenschaft) – und zu den couragiertesten. Ich meine damit nicht allein sein politisches Engagement, das sich unter anderem darin äußerte, daß er mit den Berliner Studenten auf die Straße ging, der APO das Geld des ihm verliehenen Berliner Kunstpreises überwies und sich 1969 für die sozialdemokratische Wählerinitiative engagierte, ich meine auch seine Entschiedenheit in der Theaterarbeit. Er war es, der den neu berufenen Kammerspielintendanten Dieter Dorn dazu bewog, mit Peter Weiss' letztem Stück, *Der neue Prozeß*, seine erste Spielzeit zu eröffnen, weil er die gesellschaftliche Botschaft dieses Stückes, dessen literarische Mängel ihm durchaus bewußt waren, für wichtig hielt und hält. Er war es, der aus dem dreibändigen Mammut-Werk *Die Ästhetik des Widerstands* eine szenische Lesung kompilierte und sie mit Schauspielerkollegen aufführte. Und es war Griem, der sich offen gegen das Regie-

Der Major von Tellheim und Minna von Barnhelm. Helmut Griem und Cornelia Froboess.

theater aussprach und sich damit nicht eben viele Freunde machte: Er forderte für Schauspieler das verbriefte Recht, Regisseure ablehnen zu dürfen und beklagte sich, nachdem er 1981 die Kammerspiele verlassen hatte, zu denen er später wieder zurückkehrte: »Heute ist der konzeptionelle Faltenwurf, den ein Regisseur über die Inszenierung legt, wichtiger als so was Altmodisches, wie ein Schicksal darzustellen. Im Theater erfahre ich im zunehmenden Maße mehr über die Haltung von Regisseuren als über die darzustellenden Figuren. Wenn Psychologie aus dem Theater verbannt wird zugunsten von bildhaften Einfällen, dann interessiert mich das nicht mehr so sehr. Mich wundert nur, daß das so viele Schauspieler mit sich machen lassen.«

Später – Ernst Wendt, dem die Kritik wohl auch gelten

sollte, hatte die Kammerspiele verlassen – band sich Griem von der Spielzeit 1983/84 an wieder fest an dieses Haus. Er wollte spielen und Regie führen. Bis heute haben wir keine Arbeit von ihm gesehen, dabei war der Anspruch, den er für sich als zukünftiger Regisseur formulierte, doch recht hoch und wert, verwirklicht zu werden – so gering er ihn auch selbst einschätzte.»Ich will für mich den Versuch unternehmen, mal wieder richtig mit Schauspielern zu arbeiten«, sagte er der Münchner»Abendzeitung«,»vor allem die Jüngeren, die vom Regisseur in irgendwelche tollen Bilderfindungen gestellt werden, lernen doch nichts dabei, die werden doch nur benutzt. Ich glaube, da muß wieder Aufbauarbeit geleistet werden, sonst verschwindet unser Beruf schließlich ganz, und wir haben nur noch Bildererfinder. Als Regisseur setze ich die Meßlatte für mich also relativ niedrig an. Es gibt ja schon genug, die nicht mal 1,50 Meter im Hochsprung schaffen, aber immer zwischen den Sternen herumfliegen wollen.«

Helmut Griem, der seine größten Bühnenerfolge mit Hans Lietzau schuf, dem er von München, wo Lietzau Oberspielleiter am Residenztheater war, nach Hamburg folgte und nach Berlin, achtet seinen Beruf wie ein Handwerk. Obwohl er nie Schauspielunterricht genommen hat, von der Kabarettbühne »Hamburger Buchfinken« weg-engagiert, gleich am Lübecker Schauspiel die jugendlichen Charakterrollen übernahm, geht er mit seinem Körper so bewußt um wie wenige andere.

Deshalb schätzten ihn die Filmregisseure. Jene, die den deutschen Faschismus be- und verarbeiteten, besetzten Griem als deutschen Typ. Wir sahen ihn als blasierten SS-Mann Aschenbach (*Die Verdammten*), als sensibel-schicken Nazi-agenten (*Voyage*), als bisexuellen Lebemann, als Sonnyboy Maximilian von Heune (in *Cabaret*) und als Gardemaß-Adju-tanten Dürkheim (in Viscontis *Ludwig II.*). Er spielte diese Männer gern, denn die Beschäftigung mit der jüngsten deutschen Vergangenheit ist ihm wichtig, nicht nur in Dokumentarsendungen, sondern eben auch in diesen Unterhaltungsfilmen. Er wußte, daß die Ästhetik dieser Filme es ihm schwer machte, sich kritisch über diese Zeit zu äußern, aber er bevorzugte diese Form wohl nicht zuletzt, weil ihm die Regisseure die Darstellung eines Schicksals abforderten.

Auch andere, die ihn nicht als blauäugigen deutschen Herrenmenschen festlegten, gaben ihm die Möglichkeit, seinen psychologisierenden Stil, dieses emotionale Spiel weiterzuführen, das ihm die Theaterregisseure nach Lietzau meist versagen wollten. Griem arbeitete mit Schlöndorff, Vojtech Jasny (Bölls *Ansichten eines Clowns*), Geissendörfer, Sinkel, Jeanine Meerapfel (*Malou*) und Heide Genée, in deren Film *Stachel im Fleisch* Griem ganz und gar nicht erlesen oder edel war, sondern begriffsstutzig, tolpatschig und rührend.

Ich sah Helmut Griem zum erstenmal in Hamburg als Philoktet in Hans Lietzaus Inszenierung, die 1969 am Münchner Residenztheater Premiere hatte. Damals war er schon 37 Jahre alt – und keiner wollte es glauben.

Griem hüpfte und hinkte auf einem Bein, schob sich durch den Raum, die schräg ansteigende Inselfläche von Jürgen Rose rauf und runter. Ein Wahnsinniger, ein Betrogener, der die Menschen haßte, ingrimmig und übergroß, und sie zugleich suchte, weil er sie brauchte. Er boxte sich durch die Lügen in die menschenverachtende Verzweiflung, niemandem mehr trauen zu können. Griem krallte sich an die Worte, spie sie aus, entwickelte einen abenteuerlichen, aber immer verständlichen Sprach-Wahnsinn, was bei Müllers Werk keine kleine Leistung war. Danach erlebte ich ihn 1970 als Richard II. Ivan Nagel erschien Griems König damals »zu gut«, er kritisierte an der Abdankungsszene, daß der Schauspieler »einen blondhaarigen blauäugigen Germanenchristus« gab, »statt den König zu geben, der die Christusrolle gibt«. Mir gefiel der unköniglich-elegante, ein wenig verspielte, ein wenig versnobte Richard. Danach übernahm Griem die Titelrolle in Hamptons *Menschenfreund* in der ersten gemeinsamen Arbeit mit Dieter Dorn, und 1970 war er ein wunderlich ungewöhnlicher Lopachin. Lietzau wertete den Kaufmann auf, der den Kirschgarten ersteigert, der den Untergang des Hauses Ranjewskij plant und

Lenny und Ruth. Helmut Griem und Jutta Hoffmann in Thomas Schulte-Michels' Inszenierung von Harold Pinters Die Heimkehr.

zugleich, weil er die Gutsbesitzerin verehrt, retten möchte, was zu retten ist. Kein Parvenü, kein proletarischer Aufsteiger trat in den Salon, sondern ein hilfsbereiter, sehr kluger Macher, nicht am finanziellen Vorteil interessiert, sondern an der Verwirklichung seiner Ideale. Keine Lustspiel-Type, ein Mensch.

In Berlin gab Lietzau ihm gleich darauf den Prinzen von Homburg, Dorn ihm die Claire: Griem in Rosa, Griem als Genetsche Zofe. Jahre später, 1976, ist Griem wieder in München und feiert als Tellheim in Dorns Lessing-Inszenierung einen ungewöhnlichen Erfolg. Er spürte die Lebenskrise dieses Mannes auf, die Leere nach dem Krieg. Griems Tellheim kokettierte nicht mehr mit seinem Los, er warf es aggressiv und angewidert jedem vor die Füße. Finster, den Blick zurückgerichtet, litt er, während Minna (Cornelia Froboess) sich fröhlich über ihn lustig machte. Er stand da, die zerschossene linke Hand in einem Lederverband, die Arme am Körper herunterhängend, wie willenlos, Weste und Rock aufgeknöpft, die Perücke derangiert. Er starrte ins Nirgendwo: Tellheim suchte die Ehre, die Vergangenheit, das Soldatenglück. Es schien, als erkannte er in diesen langen Minuten, wie sinnlos dieses Kämpfen, wie leer dieser Ehrbegriff plötzlich geworden war.

Griems Tellheim sah müde aus, und doch spürten wir, welche Wucht, welche Gewalten in diesem Körper rumorten. Ähnlich erlebten wir Griem als Strindberg in Per Olov Enquists *Nacht der Tribaden*: sehr bewegungsträge und zugleich nervös fahrig. Er sprach entsetzlich langsam die Tiraden des Kollegen-, Frauen- und Selbsthassers. Sehr leise mit großen, beinahe minutenlangen Pausen, in denen sich die Emotionen des Mannes aufstauten, um dann in Worten sich zu entladen, aber ganz emotionslos. Was diesen Mann antreibt, umtreibt, äußerte Griem in einer ungewöhnlichen Gelassenheit: als Gesten- und Sprachkontrapunkt zur innerlichen Unruhe.

Kein Abschied ohne Wiederkehr. 1983 war Griem wieder da, nach Theaterabstinenz und viel Filmarbeit. Als Bein zum Klotz, als schöner, eitler, narzißtischer, komödiantischer Bois d'Enghien in Feydeaus Komödie, inszeniert von Dorn. Als Herr K. in *Der neue Prozeß*: sympathisch, mitleiderregend und sehr spontan, als grimmiger Spötter Thersites in *Troilus und Cressida*, als hübscher, lernwilliger Chauviprofessor Higgins in *My Fair Lady* und als Lenny in Pinters *Heimkehr*.

Eigentlich war dieser Lenny ein Schwein, smarter Zuhälter, gerissener Aufreißer. Griem beherrschte das Gebärdenvokabular des Anmachens. Im Bademantel begrüßt der miese Sonnyboy die Frau seines Bruders und macht ihr gleich den Pfau, erzählt Imponiergeschichten und prahlt mit jeder Bewegung. Ein unsicherer Narziß, angewiesen auf den raschen Erfolg. Doch der bleibt ihm an diesem Abend versagt, erst später legt Ruth ihre Hand auf seinen Hosenschlitz. Griem begriff und äußerte den Mann als eine Kraftmaschine, einen Protz, der vor Wildheit und Zerstörungswut, vor Gier und Geilheit hätte

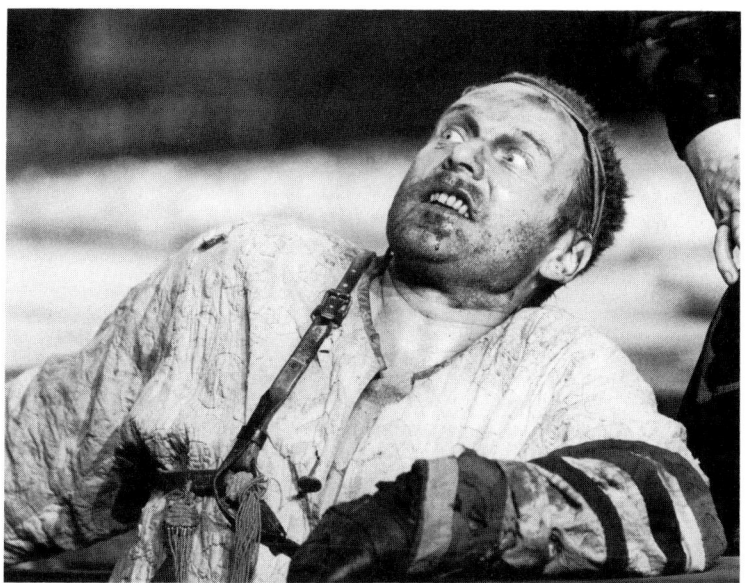

Thersites. In Dieter Dorns Troilus und Cressida-*Inszenierung.*

platzen müssen, wäre nicht sein Körper Gefäß, all die Emotionen zu speichern und sie bei der nächstbesten Gelegenheit in Bewegung umzusetzen. Seine Beine wurden Blitzableiter, die Füße trippelten wie bei einem Boxer, die Arme schlenkerten. Manchmal bannte er die Ausbrüche, staute sie auf wie ein Akkumulator. Dann saß er verkrampft zusammengekauert auf den Treppenstufen, scheinbar ruhig. Aber es arbeitete in ihm mit derselben Heftigkeit wie zuvor. Die Gesichtsmuskeln verspannten sich, die Lippen preßten sich zusammen, wurden dünn, die Augen hefteten sich stier auf einen fernen Punkt. Sie blitzten nicht. Es blitzte in ihnen.

Griem hat recht: er ist ein Schauspieler, der seine Figuren nicht entwirft, nicht nach einem Bild gestaltet, sich wohl ebensowenig vom Regisseur in eine bestimmte Erfindung des jeweiligen Menschen drängen läßt. Er arbeitet an deren Psyche, versucht ihr Verhalten aus dem Unbewußten heraus zu

*Ferdinand de Bois
d'Enghien überlegt,
wie er Lucette
Gautier, den Klotz
am Bein, loswerden
kann.*

erfassen. Er begründet mit seinen Haltungen und dem Sprech-
rhythmus seelische Vorgänge, selbst jene, die das Verhalten
der Figuren früh schon, also vor Beginn des Stücks, geprägt
haben. Griem nimmt seine Figuren nicht ein, er identifiziert
sich nicht mit ihnen. Er versteht sie. Sein Spiel ist vor allem
eine intellektuelle Annäherung.

Gerade die aber verweigerte uns Griem als Faust in Dorns
Ausstattungs-Goethe 1987. Griem war ein alter und ein junger
Schreihals. Weder die Sehnsucht des Alten verstanden wir,
noch die Lebensgier des Jungen. Das Menschendrama schon
gar nicht. Ein grantliger Dorfschullehrer wird, man weiß nicht
warum und schon gar nicht weshalb, zum geilen Gierling, der,
den Flachmann in der Hose, den Vers auf den Lippen, monoton
leiernd, sehr beliebig sich von Mephisto rumschleppen, ab-
schleppen läßt: zur Hexe und zum Engel, zu Maria Nicklisch
und Sunnyi Melles.

Er verstehe nicht, hatte Griem doch gesagt, als er die Kammerspiele zum zweiten Mal verließ – 1966 schon war er einem

Angebot Boleslaw Barlogs nach Berlin gefolgt –, wieso sich
Schauspieler von Regisseuren soviel bieten ließen. Wenn er es
doch weiß, warum hat er sich selber soviel bieten lassen?
Warum hat er sich für diese ganz unpsychologische, bilderrei-
che, aufgemotzte Inszenierung zur Verfügung gestellt?
Ich bin ganz rasch nach dem *Faust* wieder heimgekehrt zum
Pinter. In Thomas Schulte-Michels' sensibler Inszenierung
sah ich dann wieder, was dieser Schauspieler beherrscht, welche Spannungen er aufbaut, wie ökonomisch er mit seinen
Mitteln umgeht. Kurz: wieviel er versteht von dem schwierigen Handwerk des Schauspielens.

Als Grund für seine letzte Rückkehr nannte Helmut Griem
seine Verbundenheit mit Dieter Dorn: »1970 habe ich ihm
beim *Menschenfreund* die Steigbügel gehalten, jetzt will ich
den Sattel, in den er sich hier schwingt, auch mit festhalten.« –
Nibelungentreue ist Helmut Griem sicher zuwider. Deshalb
sollte er in Zukunft nicht nur den Sattel festhalten, sondern
Steigbügel und Zaumzeug kontrollieren, bevor er noch einmal
irgendwo mitreitet. Sonst verliert er den Beruf. Und zwar im
Galopp.

Carla Hagen: Keine Königin – ein Narr

1957 war sie die meistbeschäftigte deutsche Filmschauspielerin. Sie nahm jedes Angebot an, war Göre und Trampel, mal frech, mal blöd. Sie schämte sich dessen damals nicht; und auch heute bekennt sie sich noch zu dem Schund, obwohl sie froh ist, daß man diese Streifen (hier paßt das Wort mal) nicht wiederholt, oder wenn, dann zu Nachmittagszeiten für Kinder. Sie ist selbstbewußt. So, wie sie vor 30 Jahren wußte, »daß ich eines Tages ernste Rollen spielen werde«, so weiß sie heute, was sie kann. Und sie kann viel, nur fehlt es an Gelegenheiten, es zu beweisen.

Zuletzt spielte sie am Wiener Akademietheater die Poncia in García Lorcas *Bernarda Albas Haus*: resolut, kräftig, nicht unwitzig – und ganz entschieden auf der Seite jener, die lieben, sich befreien wollen. Zuvor sahen wir sie am Münchner Residenztheater, auch in einer Hans-Lietzau-Inszenierung, in Shakespeares *Lear*.

Carla Hagen als Narr: ein geschlechtsloses Wesen in viel zu weiten Kleidern, einen hohen, mit bunten Federn geschmückten Hut auf der Glatze. Sie war einem Weisen ähnlicher als den beiden Spielern Wladimir und Estragon, die andere Regisseure in dem Narren entdeckt hatten. Denn sie suchte in diesem Text weniger die Sinn-Leere, das Ende, als vielmehr die Hoffnung in einer hoffnungslosen Zeit. Dieser Narr glaubte zwar nicht ernsthaft daran, daß es jemals gerecht zugehen wird in dieser Welt, doch von der Zuversicht wollte er nicht lassen. Er mochte nicht resignieren, den Glauben an Erlösung nicht aufgeben. Allein an der Rampe sitzend, den Hut in der gelb behandschuhten Linken, reimte er traurig, so frohgemut, wie

Der Narr und der König. Carla Hagen und Martin Benrath.

es ihm seine Selbstüberredung gerade noch ermöglichte:
»Wenn, wenn, wenn...«. Ein Narr, zärtlich, verlegen, zuweilen auftrumpfend, weil er sich klüger wähnt, als es sein Herr
ist. Ein Narr, der Lear alles war: Freund, Mutter, Kritiker und
spöttelnder Ratgeber. Bis zu jenem Zeitpunkt, wo er sich
empfahl, sich »am Mittag« schlafen legte. Mit einem Liedlein,
dem eigenen Leid abgetrotzt, ging er, schlich sich aus dem
Leben, ließ den alten Lear, der »vor der Zeit« gealtert war,
nämlich bevor er weise geworden, allein zurück.

Carla Hagen zeigte keinen Entertainer, keinen Clown, sondern einen treuen, traurigen Gefährten des unglücklichen
Königs, der sich an seinem Kleid die Tränen trocknete. – Das
war eine der schönsten Szenen dieser Aufführung: Martin
Benrath und Carla Hagen, zwei Schiffbrüchige in einem tosen-
den Meer, im Gewitter verloren.

Vier Jahre zuvor, 1980, hatte sich Hans Lietzau, ihr Mann,
mit einer brillanten Kleist-Inszenierung als Generalintendant
der Staatlichen Schauspielbühnen von Berlin verabschiedet.

Carla Hagen spielte in jenem *Zerbrochnen Krug* die Frau Marthe. Eine Wütende, die, um den Scherbentopf lamentierend, die Familienwelt entzweischlug. Ihre lange Beschreibung der Bilder auf dem geliebten Geschirr wurde bei der Hagen zu einem Amoklauf. Eine Klage in vielen Tonarten des Abscheus, der Enttäuschung, der Wut, der Hilflosigkeit. Bitter, nicht komisch. Wir erlebten eine einfache Frau, die um Gerechtigkeit stritt und ihr Kind eben um jener Gerechtigkeit willen aufs Spiel setzte. Keine Furie, nein, ein Weib, das zu Opfern bereit war, selbst ihr eigen Fleisch und Blut verklagte, damit die Welt, in der sie sich sicher wähnte, wieder ganz würde.

Die richtige Rolle für Carla Hagen, die nichts so schwer erträgt wie Ungerechtigkeit, Falschheit und Intrige. Sie kämpft dann gar für Menschen, die ihren Einsatz eher als Bürde denn als Hilfe empfinden. Kritik, die sie für sachlich, für gerecht hält, erträgt sie hingegen gern. Sie wünscht sie sich sogar. An Fritz Kortner, mit dem sie 1962 zum erstenmal zusammenarbeitete, schätzte sie eben jene Fairness, pries öffentlich an diesem gewiß nicht bequemen Künstler, »daß er mir meine faulen Zähne ohne Betäubung zieht«.

Dieses Bekenntnis legte sie 1967 ab, vor der Premiere von Kortners *Fräulein Julie*-Inszenierung an den Münchner Kammerspielen. Carla Hagen wurde damals als Köchin Kristin gefeiert, ebenso wie als Maria in Kortners *Was Ihr wollt*-Interpretation zuvor. »Kortner«, so meinte sie, »hat mir den Blick geöffnet, hat mich geführt, hat mir alles abverlangt. Es tat manchmal sehr weh, aber ich verdanke ihm sehr viel.« Ähnlich äußert sich Carla Hagen auch über Hans Lietzau, dem sie von München über Hamburg nach Berlin gefolgt war, und mit dem sie in den letzten Jahren gastierte: in Wien, Zürich, München und bei den Salzburger Festspielen. Nur selten vertraute sie sich anderen Regisseuren an, sie war starke Künstler gewohnt.

1983 sah ich sie in Stuttgart. Günther Krämer, früher bei Lietzau, inszenierte Tschechows *Möwe*. Carla Hagen als die

Der Engel und Proëza. Carla Hagen und Sibylle Canonica.

Schauspielerin Arkadina. Sie war nicht die Dame, die Salon-schlange, der weitgereiste Star, den wir aus anderen Aufführungen kennen.

Die Hagen ist in jeder Rolle auf eigenwillige Weise immer bürgerlich. Weshalb ihr wohl auch die Claire in Lietzaus *Zofen* 1969 nicht so recht gelang; und ihr Engel im Salzburger *Seidenen Schuh* 1985 gleichfalls eher matt, wenngleich nicht falsch, geriet. Damen der Gesellschaft – und sei es auch nur der Demimonde – liegen ihr so wenig wie Königinnen oder Himmelswesen. Nicht etwa, weil sie zu plump wäre, sondern weil sie zuviel Witz, Schalk, Schläue besitzt und ein wenig dreist ist. Sie hat Charme, aber kein Herrschaftsgebaren, was zumindest Engel, gekrönte Häupter und Zofen, die sadistische Machtkämpfe lieben, doch besitzen sollten.

Dennoch schaffte es Carla Hagen, die Tschechowsche

Schauspielerin für sich zurechtzubiegen, ohne das empfindliche Gleichgewicht des Stücks dafür zu opfern. Sie spielte die starke Frau, die Patronin, die Künstlerin am Ende der Karriere, die unnahbare Mutter, die ihren Sohn nicht erwachsen werden läßt und sich von ihrem Liebhaber, dem – bei dieser Konstellation besonders schwach wirkenden – Schriftsteller Trigorin, nur deshalb demütigen läßt, weil sie sicher ist, daß sie seinen Coup in den ihren verwandeln wird. Der Schuß wird zum Eigentor. Kratzbürstig, ironisch, witzig und mit beiden Beinen in Rußland und in Paris: keine Dame, eine Frau, die verführt, weil sie den Männern alles ist: Liebhaberin, Mutter und Freund.

Carla Hagen ist eine Komödiantin. Man muß sie nur lachen hören – auch über eigene Fehler –, um das zu begreifen. Offen, ohne falsche Aufgesetztheit prustet sie los und verwirrt, weil sie immer spielt und wenig wirklich ernst nimmt. Sich selber am wenigsten.

Carla Hagen ist groß in den Rollen der Kleinen. Ich bedauere, ihre Maria nicht gesehen zu haben. Sie muß wundervoll gewesen sein. Denn diese Frau war ihr Fach, so wie es jetzt wohl Hauptmanns, O'Neills, Schillers und Lessings Muttergestalten wären. Was könnte sie daraus machen! Wenn man sie nur ließe und sie nicht jeden Regisseur, der ihr ein Angebot machte, messen würde an Barlog, der sie 1959 vom Boulevard ans Schillertheater holte, an Kortner und Lietzau. – Qualität verpflichtet. Und behindert.

Jutta Hoffmann: Es muß wahr sein

Schiefgewachsen, hinkend, häßlich: Fräulein Montag in Peter Weiss' *Der neue Prozeß*. Jutta Hoffmann in Dieter Dorns Inszenierung an den Münchner Kammerspielen. Ein gequälter, mißachteter Mensch, der sich einmal, nachdem er ein Leben lang geschwiegen hat, aufrafft, die Schnauze aufreißt und seinen Schmerz hinausschreit:»Ich spreche für alle geschundenen Leiber«, brüllt Fräulein Montag in die Versammlung. Aufsässig, selbstbewußt, stark. Die Lacher können sie nicht hindern. Fräulein Montag weiß, wovon sie spricht: von Verachtung, Ausbeutung, Lüge und Liebe.

Eine Kritikerin fragte Jutta Hoffmann nach der Premiere, ob Mut dazugehöre, so eine »jämmerliche Underdog-Gestalt« zu spielen. Sie antwortete:»Über häßlich und schön kann man nicht nachdenken – es muß wahr sein.« Ein andermal fragte sie selbst – und hatte für sich schon mit »ja« geantwortet:»Theater spielen hat doch etwas mit Leben zu tun, oder?«

Jutta Hoffmann spielt immer die Wahrheit. Und sie drückt sich nie vorbei am Leben ihrer Figuren. Die Frauen, die sie interpretiert – ob Prinzessin, Herzogin, Bäuerin, ob Intellektuelle oder Schwachsinnige –, entwickeln sich auf der Bühne, während der Aufführung. Jutta Hoffmanns Spiel ist auf abenteuerliche Weise offen. Sie zeigt Entwicklungen in Worten und Haltungen, sie fixiert die Figuren nicht. Es ist, als kennte sie weder deren Weg noch deren Ziel. Sie vollendet nicht, sie stellt Menschen in ihrer Komplexität vor. Wir sehen – Theater hat mit Leben zu tun – ihre Vorzüge, ihre Mängel, ihr Zögern und ihr Davonpreschen, ihre Aggressionen und ihre Ängste. Jutta Hoffmann zwingt die Zuschauer nicht auf *einen*

Denkpfad. Sie läßt ihnen die Möglichkeit, sich zwischen die
Vorgänge, die sie spielt, zu drängen; sich während der Aufführung mal für oder gegen eine Figur zu entscheiden. Wahrscheinlich, so vermute ich, ist sich Jutta Hoffmann nicht
einmal selbst immer sicher, wie sie die Frauen finden soll.
Finden – in des Wortes doppelter Bedeutung: erreichen und
beurteilen. Sie trifft sie stets, aber sie maßt sich nie eine
Wertung über sie an. Diese Ambivalenz ihren Rollen gegenüber, diese Offenheit bedeutet bei Jutta Hoffmann aber eben
nicht, daß die Zeichen, die sie gibt, vage oder ungenau sind. Im
Gegenteil: scharf, entschieden, deutlich zeichnet sie, nur eben
in jeder Szene, in jeder Situation, in die ihre Figur gerät, neu.
Deshalb überrascht sie: in *Was ihr wollt* als Olivia, die stolz,
traurig, arrogant um ihren Bruder trauert. Nichts, niemand
vermag sie aus diesem Schmerz zu reißen. Auch der Narr,
Peter Lühr, nicht. Seine Witze erheitern sie nicht; doch sie
schätzt seinen Scharfsinn, denn er verträgt sich mit ihrer
Skepsis. Wie Jutta Hoffmann, die Haare streng gekämmt und
zu einem Knoten gebunden, die linke Schulter nackt, die Arme
müde herabhängend, den Kopf zu Peter Lühr wendet, ihn
ansieht, die Mundwinkel leicht herabgezogen, betrübt und
doch spöttisch, so als wolle sie diesem alten Mann bedeuten,
daß er doch sehr wohl wissen müsse und weiß, wie wenig
einem Menschen zu helfen ist, der sich nicht helfen lassen
will, das erkärt diese Olivia besser, als es ihre Worte tun: sie
hat sich vergraben in ihr Unglück.

Und doch wird diese Frau überrumpelt. Nicht von dem
Knaben Cesario – er ist nur der Anlaß –, sondern von einem
Gefühl, das sie für verblichen hielt: Ungläubig, beinahe schokkiert beobachtet sie, wie sie begehrt: Liebe und Leben. Wie
eine Krankheit, wie ein Fieber nimmt Leidenschaft diese Frau
in Besitz. Wir sehen, wie sie sich zuerst noch wehrt; dann sich
dieser Emotion hingibt und schließlich das Feuer, welches sie
zu verzehren droht, noch schürt. Mit der gleichen Entschlossenheit, also fanatisch, mit der diese Olivia sich verloren gab,
kämpft sie nun um Gewinn. Jutta Hoffmann offenbart das

Fräulein Montag in Peter Weiss' Der neue Prozeß.

Extreme dieser Frau: sie will alles, absolut. Den Schmerz und die Lust. Beides nur Futter für ein hungriges Herz. Ihre Krankheit: die Sehnsucht nach dem Übermaß. Kein Wunder, daß sie, nachdem sie Cesario (die verkleidete Viola) verloren hat, die Beute hat lassen müssen, mit dem Ersatz nicht zufrieden sein kann. Wieder ist sie traurig, zu zweit, vereint, allein.

Eine andere Traurigkeit: Jutta Hoffmann als Helma in Botho Strauß' *Park*, ebenfalls von Dieter Dorn inszeniert. Helma, bei Jutta Hoffmann ist sie eine Außenseiterin, der Schwarze Peter in einem Quartett, in dem die anderen drei auftrumpfen, das falsche Spiel um Liebe, Sex und Karriere beherrschen. Helma mag keinen Partnertausch. Sie ist altmodisch. Sie ist treu und hält zu ihrem Mann Wolf, der am Ende, ein Strauß'scher Spuk, nur noch sprachlos sein Vaterland Deutschland vergöttern

Leonore von Este. Die Hoffmann in Dieter Dorns Inszenierung von Torquato Tasso.

möchte. Die Hoffmann, auf einem Stuhl sitzend, zusammen-
gesackt, niedergeschlagen, kraftlos, will bleiben, trotzdem.
Helma ist eine Durchhalterin, ein Kamerad für dick und dünn
und eben deshalb leicht auszunutzen. – Diese Frau, die zu
Beginn, als der Talisman-Wahnsinn um sich griff, knarrig,
abweisend, schlagfertig maulte, zieht nun entmutigt, verlassen Bilanz: Nichts geht mehr. Sie können einander nicht in die
Augen sehen, einander nicht die Hände reichen. Die Hoffmann
spielt diese Verlassenheit anrührend, aber nicht rührselig.
Einsam auch die Herzogin Leonore von Este. Jutta Hoffmanns erste Rolle im Westen. Dieter Dorn hatte die Schauspielerin 1982 für seine *Torquato Tasso*-Inszenierung bei den
Salzburger Festspielen aus Ostberlin geholt und später mit an
die Kammerspiele genommen. Damals, im kleinen Salzburger
Landestheater, sah ich die zarte Vierzigjährige zum erstenmal
auf der Bühne. (Kinogänger kannten sie schon, zum Beispiel als
Hedda Gabler.)
Jutta Hoffmann: unmodisch schön, zerbrechlich, keusch
und wundervoll im Leid. Wie leer dann ihre Augen blickten,
als schauten sie nach innen; wie langsam-hoffnungslos ihre
Gesten vorwärts drängten. Jeder ahnte an diesem Abend, daß
diese Frau Torquato Tasso am ähnlichsten ist. Beiden gemeinsam in dieser Inszenierung ist die Unfähigkeit, sich zu integrieren, zu täuschen, mitzuspielen, wenn das Spiel falsch ist.
Und die unerfüllte, unerfüllbare Sehnsucht nach einander.
Die Hoffmann gab das Innere dieser Leonore preis: die
Krankheit Melancholie. Nicht die grundlose Traurigkeit jedoch, die manchmal damit gemeint ist. Das Leiden an der
Liebe macht diese Frau schwermütig. Scheu, leise, zart, erhaben: all das war die Hoffmann; und all das nie affektiert, nicht
ausgestellt als Manier. Sie entwickelte diese Figur behutsam,
enthüllte bedächtig die Seele der Frau. Auch in ihrer Art zu
sprechen. Selten habe ich Goethes Text so heutig, so unter-
kühlt gehört und zugleich so erfüllt von Melos, von der klaren
Schönheit der jambischen Blankverse. Den Schlagabtausch der
beiden Leonoren, diesen Kampf entschied Jutta Hoffmann für

sich, weil sie nie forcierte, nie sich von Gisela Stein herausfordern ließ, die Leonore zu *geben.* Ganz, uneingeschränkt war Jutta Hoffmann bei dieser Leidenden, aber nicht egoistisch Unzufriedenen. Nicht etwa wie jene russischen Starschauspielerinnen, die noch beim Schlußapplaus die Heroinen mimen, nicht zurückfinden aus dem Stück in die Wirklichkeit – Jutta Hoffmann ist zu klug, um sich zu verlieren. Aber man spürte, daß sie nie an das Publikum im »Grübelloch«, so nennt sie den Zuschauerraum, dachte. Diese Vergegenwärtigung einer menschlichen Seele war einer ihrer schönsten, wahren Augenblicke. Niemand, der bisher vielleicht noch zweifelte, verstand nun mehr, warum Manfred Wekwerth, Ruth Berghaus' Nachfolger als Intendant beim Berliner Ensemble, Jutta Hoffmann nicht beschäftigen wollte. (Übrigens hat auch die Hoffmann diese Diskriminierung nie verstanden, zuerst auf Rollen gewartet, dann wurde sie »ein bißchen verrückt« – und schließlich kam Dorns Angebot...)

Jutta Hoffmann: keine Verliererin. Ihre Figuren sind es oft – so etwa die Herzogin von Malfi, die Jutta Hoffmann in Hamburg, am Schauspielhaus verkörperte. Der Fall von Liebreiz in die dumpfe, hohle Leere. Eine Klage.

Und noch eine Klage. *Yerma,* von Zadek in München inszeniert. Ein zerquälter Mensch. Gleich im ersten Bild einer stummen, vom Regisseur erfundenen Szene, erzählt Jutta Hoffmann die Geschichte dieser Frau. Qual und Weh, nicht so geliebt zu werden, wie sie es sich wünscht. Juan, ihr Mann, mag sie als schwesterliche Freundin, ist jedoch (sexuell) zufrieden mit sich und seiner Herde. Er will nicht mit ihr schlafen, ersehnt sich nicht das Kind, das ihr als die einzige Daseinsberechtigung gilt.

Im Sommerkleidchen, die langen Ponyfransen fallen ihr bis zu den Brauen, bleich, bekümmert, wie in einem Traum versunken, hockt sie auf der Bühne. Langsam schleicht ein Schäfer zu ihr, in den leeren Spielraum. Er geht, ein Kind an der Hand führend, auf die Schlafende zu. Es ist Victor, der einzige

Mensch, den Yerma liebt und dem sie sich, allein aus Furcht, ihre Ehre zu verlieren, nicht erklärt, nicht hingibt. Victor schaut die Frau an, bis sie endlich seinen Blick erwidert. Nein, nicht schmachtend – die Hoffmann ist nie kitschig –, sondern suchend, ängstlich und nur ein wenig froh. Während sie sich finden in diesen langen sehnenden Momenten, ohne miteinander zu sprechen, ohne einander zu berühren, kriecht das Kind durch Victors Beine hindurch, unter den Stuhl und wieder ans Licht, durch die gespreizten Beine von Yerma. Müde, zufrieden legt es den Kopf in deren Schoß. Der Traum von einer Geburt, der Traum von einer Liebe. Jutta Hoffmann scheint vor Glück zu glühen.

Sie zieht den linken Schuh aus, wippt mit dem nackten Fuß. Über ihre entblößte rechte Schulter schaut sie – ein bißchen angewidert, ein bißchen stolz, sehr selbst- und siegessicher – auf Thomas Holtzmann. Der steht hinter ihr, eine Zigarre in der Linken, den hölzernen Krückstock in der Rechten. Geschäftsbeziehungen werden aufgenommen. Ruth will die Herrschaft im Haus übernehmen. Um den Preis wird noch gefeilscht. Keine Frage, so, wie Jutta Hoffmann dasitzt, wird sich Ruth durchsetzen. Die Männer, die Pinter in *Heimkehr* beschreibt, sind zwar Schweine und benehmen sich wie tollwütige Eber, aber was ist schon männliche Rohheit, wenn sie auf weiblichen Intellekt stößt?

Wie Jutta Hoffmanns Ruth Lenny austrickst, den smarten Zuhälter im Bademantel, ist ein schauspielerisches Capriccio: Er prahlt mit Gebärden, erzählt Imponiergeschichten, macht ihr den Pfau und tänzelt wie ein Boxer im Ring, während sie, ganz ruhig auf einem Stuhl, ein Glas just dort plaziert, wo Lenny sich geil, gierig hinwünscht. Sie will das Glas tauschen gegen seinen Körper. Aber das geht dem Macho zu weit. Er will wollen, nicht sollen. Also verweigert er sich. Und deshalb läßt sie das dünne rosa Regenmäntelchen, das aussieht wie ein Präservativ, ganz obszön schillert, nicht auf den Boden gleiten. Erst später sehen wir, was sie darunter trägt: ein knappes, gelbes Kleidchen. Ruth schätzt diesen Fummel, nicht

Mißtrauisch: Frau Brigitte ist dem Teufel auf der Spur. Jutta Hoffmann in Dieter Dorns Inszenierung von Kleists Zerbrochnem Krug.

weil sie darin demonstrieren kann, wie schlank, wie schön sie ist, wie alabastern ihre Haut, sondern weil sie signalisieren kann, was ihr fehlt. Selten zuvor verriet die Hoffmann mit ihrem Körper mehr als in dieser Aufführung, in der die Worte unwichtig waren, die Bewegung zur eigentlichen Sprache wurde. Jutta Hoffmann streichelt ihren Arm, zupft am tiefen Ausschnitt, damit die Krümel vom Gebäck, während sie hinabrieseln, ihren Körper kosen. Sie preßt ihre Hüften an Lenny, als sei das Tuch fort, ihre Hand auf seinem Hosenschlitz. Diesmal wünscht sie sich an den Ort ihrer Begierde.

Jutta Hoffmann läßt uns nicht im unklaren, aber sie verrät Ruth nicht an ein Klischee. Nicht Nutte, nicht Schlampe, nicht Biest. Bloß eine Frau, die es sich leisten will, ihre Wünsche zu offenbaren, seien sie auch noch so pervers in den Augen jener, die Ähnliches zu äußern sich nicht trauen. Aufregend-unverschämt ist die Haltung dieser Frau; doch die Bemerkungen und Abmachungen werden zum Natürlichsten, Unschuldigsten von der Welt. Die Amoralität wird als einzig möglicher Gegenentwurf zur Rationalität erklärt. Die Hoffmann spielt – wieder –, als schaue ihr niemand zu. Nichts ist äußerlich, auf Wirkung aus. Ihre herausfordernden Blicke (ihr Augen-Spiel ist immer das Aufregendste an ihr!), der Biß in ein Gebäck, der Wasserstrahl aus ihrem Mund: all diese Aktionen entstehen aus einer großen Ruhe, einer entspannten Gespanntheit. Jutta Hoffmann produziert wie kaum eine andere Schauspielerin Spannung in ihrem Spiel durch Weglassen. Allein durch ihr Da-Sein. Sie ist ein Glücksfall – auch an Professionalität. Dabei bezeichnet sie sich selbst als Autodidaktin. Sie wisse nicht, sagte sie einmal, was man für diesen Beruf lernen könnte. Wichtig seien vor allem das Interesse für Menschen und Phantasie, die durch Beobachtung genährt werde.

Ich wünschte, viele Schauspieler beobachteten Jutta Hoffmann. Dann würden sie danach entweder genauer zu arbeiten versuchen oder aber ihren Beruf aufgeben. Schließlich müßten sie erkennen, daß Jutta Hoffmann nicht Charaktere spielt, sondern Menschen in Situationen; daß sie, statt ein fertiges Bild abzuliefern, das Modell verkörpert: das Original. Es lebt; und es ist wahr. Und wer glaubt, für Jutta Hoffmann sei all dies Routine, sie habe ihre Haltungen, Töne, Gesten drauf, müsse sie nur abrufen, der irrt. Bei den Proben zum *Park*, so bekannte sie, habe sie nichts verstanden von dem Text, habe den Trenchcoat naßgeweint und heulend die Probe verlassen. – Theater hat was mit Leben zu tun.

Thomas Holtzmann:
Das Gesicht hinter der Maske

Der Steckbrief: 190 Zentimeter groß, schlank, auffallend kräftige Backenknochen, lange gerade Nase, blaue Augen. Spricht hochdeutsch, knarrig. Name: Thomas Holtzmann. Am 1. April 1927 als Sohn eines Hamburger Redakteurs und einer Münchnerin in München geboren, begeisterte sich Thomas Holtzmann schon als Pennäler für das Theater. Mit 20 nahm er Schauspielunterricht; mit 24 debütierte er im Münchner Ateliertheater als Jason in Anouilhs *Medea*. Dann ging er in Engagements nach Schleswig, Nürnberg, Saarbrücken, Köln und Berlin. Schließlich kehrte er nach München zurück, erst ans staatliche Residenztheater, später an die städtischen Kammerspiele. Ein *erster* Schauspieler.

Holtzmann, kein Zweifel, ist dazu prädestiniert, die Herren zu spielen, die Herrscher über ein Königreich oder über eine Bruchbude. Und er spielte sie, die Prinzen, die Könige, die Haustyrannen. Aber seit ich seine Arbeit verfolge, seit Anfang der siebziger Jahre, gefällt er mir am besten, wenn er die Gefoppten, die Malträtierten interpretiert. Männer, die im Augenblick der größten Erniedrigung Größe beweisen und zu Malen werden für die Verlogenheit und die Gemeinheit all derer, die meinen, recht (getan) zu haben.

Thomas Holtzmanns Malvolio, sein Hermokrates sind aus solchem Holz geschnitzt. Arme Wichte, die, verführt, das Leben wittern und wie Hunde auf der Fährte bleiben; vor Gier nicht mehr wahrnehmen, daß sie der falschen, der gelegten Spur folgen, schnurstracks in die Falle. Holtzmann lenkte diese beiden Einsamen in die schwindelnde Höhe der Lächerlichkeit, in der sie sich einrichten, festsetzen, wohlfühlen.

*»Ihr alle seid eitle,
alberne Geschöpfe:
ich bin nicht eures-
gleichen.« –
Malvolio in gelben
Strümpfen.*

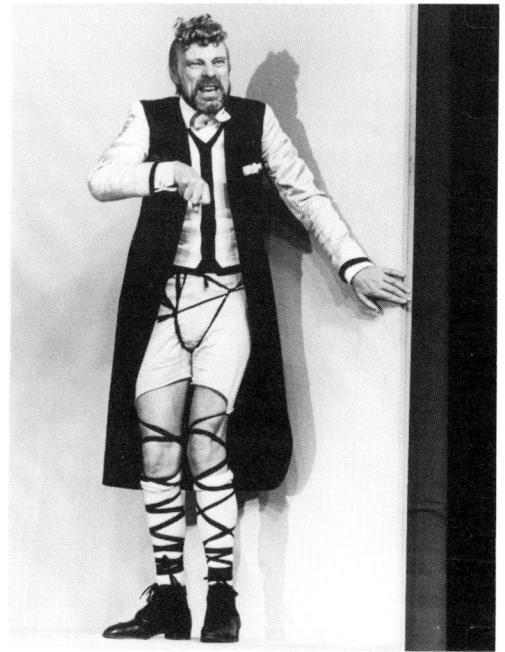

Plötzlich aber ist es aus. Sie stürzen ab in eine Realität, die sie erniedrigt. Doch es gibt nichts zu lachen über diese Pfauen, die als Gockel enden, gefedert, nackt. Der Mensch, von Menschen verachtet, bestraft für seine Hybris (oder auch nur für einen nicht geduldeten Spleen), wird bei Holtzmann nicht zum Spottbild, er erhöht ihn zu einer Ecce-Homo-Größe.

Sehen wir uns den Malvolio in *Was ihr wollt* an: ein schöner, ein eitler Mann. Einer, der sich besser dünkt und besser benimmt als die anderen im Hause seiner Herrin Olivia. Ein vorbildlicher Haushofmeister. Vielleicht eine Spur zu blasiert und zu effimiert, zumindest, was seinen Körperkult angeht. Zieht der Herr von Welt wirklich des Nachts ein Haarnetz über? Rafft er den seidenen Morgenmantel über dem scharfen kurzen Schlafanzughöschen wie Königinmutter den Reifrock? Wie dem auch sei; ein lauterer Mensch, der nur eines nicht ausstehen kann: den Pöbel, die Rüpel – und seien sie im Suff

Max markiert den Starken. Thomas Holtzmann mit Jutta Hoffmann und Wolfgang Pregler in Pinters Heimkehr.

auch noch so geistreich. Er kann, mag über den Narren nicht lachen, nicht mal lächeln. Und über die dreiste Zofe der Gnädigen, über Maria, über ihren Liebhaber, Sir Tobi, und dessen Freund muß er sich gar ärgern. Erstens stören sie seine Nachtruhe, zweitens machen sie sich über ihn lustig, und drittens bringen sie Unordnung in das von ihm perfekt geführte Haus. Mag sein, er nimmt das alles zu ernst; mag sein, er ist zu arrogant, aber womit hat er es verdient, von allen verachtet, von allen mißbraucht zu werden?

Olivia hetzt ihn dem jungen Knaben hinterher, ihrer Flamme, damit er ihm ihren Ring bringe – und naturgemäß, schließlich ist er nicht mehr der Jüngste, gerät Malvolio aus der Puste, hechelt, nachdem er ihn endlich eingeholt hat, wie ein Hund. Die anderen aber treiben es noch schlimmer mit ihm. Und warum? Nur weil er es wagt – wagen muß, qua Profession –, ihnen das Grölen von Gassenhauern zu verbieten.

Furchen ziehen sich in Holtzmanns Gesicht, das selbst im

entspanntesten Zustand aussieht wie eine Gebirgslandschaft. Die Augenbrauen werden Gipfelketten; die Augäpfel Vulkane: er ist wütend. Aber das sehr elegant. Holtzmanns Malvolio verliert nicht die Kontenance. Gerade diese Stärke stachelt Maria auf, sich zu rächen. Sie will diesen Mann endlich schwach sehen. Nichts besser, als ihn dort zu packen, wo alle zu haben sind: bei ihrer Eitelkeit und ihrem gar nicht so geheimen Wunsch aufzusteigen. Sowohl in der Gunst der Menschen, denen sie zugetan sind, als auch in ihrer gesellschaftlichen Position. Malvolio geht auf den Leim. Vermessen wie er ist, glaubt er dem Trug, die Herrin liebe ihn heimlich. Deshalb befolgt er die Anweisungen, erscheint, ein blondes Lockenkrönchen auf dem Schädel, in engen gelben Hosen, die Strümpfe kreuzweise geschnürt und das Geschlecht eindrucksvoll drapiert. Holtzmanns Malvolio karfunkelt die schöne Olivia, Gisela Stein, an. Er äugelt sanft, lächelt verliebt und flötet in höchsten Tönen wie ein Kastrat. Malvolio, glückselig, ein bißchen entrückt, glaubt sich am Ziel: im Herzen und im Haus der Geliebten.

Als er dann später aus der Kiste purzelt, in die ihn seine rüden Widersacher eingesperrt hatten, ist er vernichtet. Ein Shylock, gedemütigt. Aber er flieht in Dieter Dorns Inszenierung nicht das Glück der anderen. Er leidet still – daneben. Malvolio: Sinnbild des Unglücks.

Sehen wir uns den Hermokrates im *Triumph der Liebe* an: Gelassener, sozusagen weltmännisch-französisch, trägt Pierre Marivaux' Geschöpf die Schmach, das Pech, sich im Alter, nach einem Leben in Entsagung, Jahren, geopfert der Bildung, auf so etwas Unsicheres, Trügerisches wie die Liebe eingelassen zu haben. Aber täuschen wir uns nicht, Hermokrates, der in Liebe zu Aspasia, die eigentlich Leonida heißt, entbrannte, sich fur sie Rouge auf die Wangen und Noir auf die Wimpern schmierte, seine Bibliothek verbrannte und am Ende leer dasteht, ohne Lektüre, ohne Liebe, der schließlich nur noch tonlos flüstern kann »Welch seltsames Abenteuer« und danach, an eine Säule gelehnt, verstummt: er ist zerbrochen. Was soll ihm Leonidas Trost, sie überlasse sein Herz seinem Verstand, da sei »es in guten Händen«?

Auf dem Wege zu diesem Ende – vom Bücherwurm, der seinen Körper nicht kennt und nicht die Leidenschaft, zu der er fähig ist, zum düpierten Dandy – durchmißt Holtzmann mit der Gestalt des Hermokrates in wenigen Stunden ein Menschenleben. Wird, erst ein Greis, zum pubertären Knaben, zum Twen, zum Liebhaber und schließlich wieder zum alten Mann. Da packt er Agis, Hermokrates' Ziehsohn, der Leonida heiraten wird, bei der Weste – doch er vergißt sich nicht. Er räumt kampflos das Feld für den Jüngeren, den Erfolgreichen.

Thomas Holtzmann, der zuweilen bei seinen Menschendarstellungen an die Grenze der Karikatur gerät (zum Beispiel als Monsieur Léon in Anouilhs Orchester oder als Wedekindscher Kammersänger, immer dann, wenn er sich auf seine Holtzmann-Mittel verläßt und brilliert mit der kantigen Stimme, dem kantigen Kinn), ihm gelang in dieser Inszenierung, von Luc Bondy geführt, das Abenteuer, ein ganzes Leben zu spielen – die Sehnsucht nach der Insel Kythera darzustellen und die Verzweiflung, dieses Ziel der Wünsche aller nicht erreicht zu haben. Kythera bleibt der menschenleere Glücksort der Phantasie.

Marivaux' Triumph der Liebe ist ein Maskenspiel, doch Holtzmann zeigte die Maske und das Gesicht. Dazu noch die Verwirrung, plötzlich nicht mehr unterscheiden zu können zwischen wahr und falsch. »In jedem Menschen gibt es sozusagen zwei: einen, der sich zeigt und einen der sich verbirgt«, behauptete Marivaux. Holtzmann offenbarte beide – und so ist sein Hermokrates weder als Pfau noch als Esel lächerlich.

Maske und Gesicht: Holtzmann als Haustyrann in Harold Pinters Heimkehr, 1986 von Thomas Schulte-Michels an den Münchner Kammerspielen inszeniert. Hinter der Fassade des siegreichen Max, der überheblich, arrogant, süffisant, schlitzohrig und mit Altherrencharme die Schwiegertochter zur Beischläferin gewinnt, sie schlabbrig geil bittet: »Küß mich!«,

Thomas.

scheint bei Holtzmann der Verletzte, der Gescheiterte auf. Die dicke Zigarre, der Stock – Phalluszeichen, Symbole der Männlichkeit. Wir sehen, daß er so stark nicht ist, wir erfahren es auch. Max: einer, der anders aussehen will als er ist. Verstellung auch bei Holtzmanns Antonio Montecatino in Dieter Dorns *Torquato Tasso*, inszeniert für die Salzburger Festspiele. Auf der einen Seite ein nüchterner Realpolitiker, der sich nicht sonderlich mühen muß, um den jungen Tasso zu vernichten. Auf der anderen Seite spürt man, daß dieser Antonio, der so scharf denkt und formuliert, höchst verletzlich und sensibel ist. Der macht sich selbst nichts vor, nur den anderen. Er weiß, daß seine Zufriedenheit nicht das vollkommene Glück ist, nachdem auch ihn einst verlangte. Zwar trumpft er mächtig auf mit seiner Lebensüberlegenheit, mit seinem Charme; mokiert sich ironisch, schadenfroh über Tassos unbeholfene Kindlichkeit. Aber Holtzmann verbirgt nicht Antonios Unzufriedenheit, seine Enttäuschung, nirgendwann in seinem Leben so umschwärmt, so umsorgt, so geliebt worden zu sein wie dieser schwache Knabe.

Wieder zwei Gesichter: Thomas Holtzmann in Dieter Dorns Verweigerung einer Inszenierung, in Goethes *Iphigenie*, 1981. Der Mann, der fordert und bittet, Thoas, der Barbar, der Grieche sein möchte. Holtzmann machte hörbar und in der Bewußtheit, mit der er den Zwang in seinem Gesicht widerspiegelte, nicht roh sich mit falschen Worten Iphigenies ruhiger Ablehnung zu widersetzen, auch sichtbar, wie sehr dieser Thoas sich beherrscht, um Iphigenie würdig zu sein. Dieser Mann verweigert sich und seine Sprache; sucht, mit sich kämpfend, verschlossen nach den richtigen Worten, von denen er hofft, daß sie die geliebte Frau höre, als seien es heimatliche – und die dennoch seinen Machtanspruch nicht schwächen sollen. Holtzmanns »Gesang« war spröde, brüchig, stockend, selbst in den Momenten des Aufbrausens mischte sich in den Forte-Zorn enttäuschte Verletztheit im Pianissimo.

Und früh schon, 1973 in Berlin, eine Körper-Maske, die totale Verkleidung: auf der Suche nach der Wahrheit der Lüge.

Ein blonder Lockenkopf, riesige Ohrringe, ein dekolletiertes Seidenkleid: Holtzmann als die Gnädige, in Jean Genets *Zofen*, von Dieter Dorn im Berliner Schloßparktheater herausgebracht. Sie rauschte herein, elegant, schön, geschmeidig – und knarrte los. Karena Niehoff befand damals, daß Holtzmann »derart angepaßt in die weiblichen Bewegungen«, so stark »in den weiblichen Bewegungsfundus hineingekrochen« sei, daß man gleich eine Frau hätte spielen lassen können: »Es ist zuviel Täuschung dabei!«

Thomas Holtzmann mag Maskenspiele. Noch bei den simpelsten Gemütern der Weltliteratur entdeckt er hinter der glatten Oberfläche den Knacks, den Bruch, die Nahtstelle – hinter der Maske das Gesicht. In großer Ruhe, selbstverständlich stößt sein Spiel zum Wesentlichen vor.

Es ist nicht, was scheint. Diese Lektion erteilt Holtzmann auch als Theseus in Alexander Langs Inszenierung der Racineschen *Phädra*. Er dröhnt wunderbar – wie ein Politiker auf Wahlkampfreise, dem Wort und Gewalt zur Verfügung stehen, bloß leider keine Gedanken. Hohl und leer ist, was er sagt, aber es klingt nach was. Theseus wirft zwar mißmutig den Kaffeetisch um mit dem goldenen Mokkatäßchen, aus dem er zuvor galant genippt hatte, aber selbst sein angewiderter Zorn ist keine spontane Erregung, ist nicht echt, sondern kalkulierter Auftritt vor sich selbst: Maske. Denn bevor er gewalttätig wird, nimmt er den Tischschmuck auf seinen Schoß, ein Reiterstandbild von sich, Symbol erstarrter, immer noch gültiger Größe. Theseus ist bei Holtzmann Despot *und* Popanz. Was er mit Worten äußert, konterkariert er mit seinem Körper. Theseus jammert zwar über den Tod seines Sohnes, aber der Blick und die Haltung verraten seine Zufriedenheit, den Widersacher, der sein Reich verschenken wollte, los zu sein.

Thomas Holtzmanns Karriere? Er hat bereits in jungen Jahren mit den wichtigsten Regisseuren gearbeitet: Mit Barlog, Lietzau, Dorn. – Ein *erster* Schauspieler, dessen große Kunst es ist, in jeder Figur die zwei Menschen zu entdecken, die sich darin verbergen, die Maske und das Gesicht.

Marianne Hoppe: Das Leben – ein Spiel

»Glücksmomente sind, wenn du das Gefühl hast, heute hast du richtig gespielt.« Das klingt, als sei Marianne Hoppe nur auf der Bühne glücklich, oder bei Filmaufnahmen. Sie möchte es gern so. Aber so ist es nicht. Ihre »Profession« – dieses Wort schätzt sie, und noch mehr, was an Arbeit, an Wissen dahintersteckt – mag ihr wichtig sein, das Leben jedoch bedeutet ihr mehr. Und wenn jemand Leben und Spiel vereint, täglich, in jedem Moment, dann ist es Marianne Hoppe. Immer, wenn sie sich beobachtet weiß, tritt sie auf. Wer sie je hat über ihren Sohn sprechen hören oder über ihr Haus in Scharam; wer mit ihr spazierengegangen ist, nicht nur so zum Vergnügen, durch Parks und über Hügel, sondern dabei war, wie Marianne Hoppe Besorgungen macht, Flugtickets tauscht, entschieden den Seniorenpreis fordert oder selbst für geringe Beträge nach einer Rechnung fragt – »Für die Steuer, na, Sie wissen schon« –, der ahnt, daß diese Frau nicht die Bühne braucht, um »Glücksmomente« zu erleben.

Marianne Hoppe braucht nur Zuhörer, Bewunderer, Publikum. Selbst aus der Bestellung einer Schachtel Zigaretten improvisiert sie einen Auftritt. Nun könnte solch eine Szene – Marianne Hoppe und ich laufen einer Serviererin hinterher, durch lange Hotelgänge, bis wir im Spülraum vor einem Automaten stehen, der, die Hoppe hatte das nicht glauben wollen, wirklich keine Gauloises ausspuckt – albern, unangemessen sein. Die Hoppe könnte, wäre sie nicht eine Schauspielerin, die ihre Wirkungen und die Angemessenheit oder Falschheit von Bewegungen, Haltungen sehr wohl – selbstbewußt, kritisch – einzuschätzen vermag, zickig, neureich, affektiert wirken.

Madeleine in Marguerite Duras' Savannah Bay, in Berlin inszeniert von Heribert Sasse.

Doch *so* interpretiert wohl niemand diese Auftritte. Marianne Hoppes Offenheit, ihre Noblesse, ihre Erziehung: sie sind Schutz. Die Hoppe mögen manche für maniert halten. Sie ist es nicht. Sie ist eine Dame, allerdings eine mit einer ganz unprätentiösen frappierenden Frechheit. Sie besitzt so etwas wie eine berlinerische Chuzpe. Und eine Koketterie, die zum Beispiel aus ihrer Schlamperei – sie gesteht sie sich und anderen sofort ein – noch eine Tugend macht oder aus einem schlechten Abend eine Katastrophe.

Marianne Hoppe war in Berlin, sie spielte die Madeleine in Duras' *Savannah Bay,* eine traumverlorene, erinnerungssüchtige Frau, die mit dem Leben nicht zurechtkommt und ihre Gedanken lebt, weltvergessen, entrückt, ein wenig wie Elsa, bevor Lohengrin, vom Schwan gezogen, als Retter bei ihr erscheint. Dieser Madeleine erscheint kein Retter. Sie braucht auch keinen. Nicht wirklich. Denn Madeleine war Schauspielerin. Ihr Leben auf der Bühne ist ihre Erinnerung. Die Bühne ist ihre Gegenwart. Die Bühne ist ihr Leben.

Emilia Galotti,
Gustaf Gründgens
inszenierte 1935 am
Staatstheater
Berlin.

Immer wieder erzählt Marianne Hoppe die Geschichte, wie sie 1916, ein fünfjähriges Kind, auf dem väterlichen Gut Felsenhagen in das Arbeitszimmer ihres Vaters geht, einen Moment zuhört, wie sich die Herren unterhalten und dann in eine Pause hineinsagte: »Marianne Hoppe heißt dies Kind«. – »Deswegen«, erklärt sie heute, »kann ich auch so schwer was über mich aussagen, weil ich dauernd das Gefühl habe, ich habe das alles irgendwo gesehen.« Das Leben – ein Traum; das Leben – ein Spiel.

Mit 17 besteht Marianne Hoppe die Aufnahmeprüfung am Deutschen Theater, Max Reinhardt gibt ihr einen Anfängervertrag. Mit 19 geht sie – »ich finde, es mußte sein« – in die Provinz, nach Frankfurt zu Hellmer, alle 14 Tage hat sie Premiere. Mit 21 ist sie bei Otto Falckenberg an den Münchner Kammerspielen. Dann dreht sie Filme, wird berühmt und reich, 1936 entscheidet sie sich gegen Filmangebote, gegen das Werben der Berliner Volksbühne für Gustaf Gründgens und das Preußische Staatstheater. Hier feiert sie ihre Triumphe.

Jürgen Fehling arbeitet mit ihr, Wolfgang Liebeneiner – und immer wieder Gustaf Gründgens, ihr Mann. Sie spielt die Lucile in *Dantons Tod* (1936), die Viola in *Was ihr wollt* (1937), die Emilia (1937), die Schillersche Jungfrau von Orleans (1939, Regie: Lothar Müthel), die Minna (1939), die Antigone (1940, Regie: Karl Heinz Stroux), die Turandot (1941) und, letzte Rolle vor Kriegsende, 1944 in Jürgen Fehlings Inszenierung von Sudermanns *Johannisfeuer* die Marikke.

Nach dem Krieg blieb sie Gründgens, dem Regisseur und Intendanten, treu, trennte sich aber von ihrem Mann Gustaf. 1947 spielte sie mit Gründgens in Düsseldorf die Elektra in Sartres *Fliegen*. Es war die deutsche Erstaufführung dieses Textes; und wer dabei war, schwärmt, als könne sich so ein Wunder nicht wiederholen. Ein ähnliches Wunder muß die Hoppe als Leonore von Este in Gründgens' *Torquato Tasso*-Inszenierung gewesen sein, 1949 in Düsseldorf. Sie war 1950 die Blanche Dubois im Schloßparktheater Berlin, 1958 die Kassandra in Hans Lietzaus Euripides-Inszenierung der *Troerinnen* (Bearbeitung von Mattias Braun), die Elisabeth in Harry Buckwitz' *Maria Stuart*-Interpretation für die Bad Hersfelder Festspiele 1963; war Gertrude; Iokaste; Winnie; die Generalin in der Deutschen Erstaufführung von Thomas Bernhards *Jagdgesellschaft*. 1974 in Berlin die Frau von Kauenhofen und 1981 die Gußwerksbesitzerin in *Am Ziel*.

Mit knorriger, spröder Stimme beginnt sie im Halbdunkel zu sprechen. Der riesige, hellblaue, lichte Raum mit der Stuckdecke und dem blauweißen Kachelboden verrät viel von dem ehemaligen Stil bei den Gußwerksbesitzern – und zeigt den Niedergang. Karl-Ernst Herrmann hat das hohe Zimmer fast nicht möbliert. Es ist kalt, hier kann sich nur wohlfühlen, wer dieser Kälte gewachsen ist oder sie mit Cognac vertreibt. Hier sitzt Marianne Hoppe und redet. Nicht oft hat mich eine Stimme so fasziniert wie an diesem Premierenabend im Salzburger Landestheater, erlegen dem Zauber, der von Händen ausgeht. Wenn die Hoppe ihr Kind (Kirsten Dene) fragt, etwas auf dem Klavier zu spielen, dann spricht die Hoppe dieses

Mutter und Tochter, die Hoppe und die Dene in Am Ziel.

»Spielst du uns etwas vor?« keineswegs fordernd, eher bittend. Doch hinter dem Korbstuhl schickt die linke Hand das Mädchen an das verstimmte Piano wie eine Magd an den Ofen: »Troll dich gefälligst!«, sagen die fünf Finger. Der Dichtergast

der beiden Frauen, den sie mitgenommen haben in ihr Haus
am Meer, hat diese Geste übersehen. Und kaum ist die Tochter
weg, wird die Mutter, wird Marianne Hoppe zum jungen
Mädchen, das schamlos flirtet, entschlossen, diesen Mann der
verliebt-schüchternen, hilflos-stummen Tochter wegzuneh-
men. Natürlich schafft sie's. Keck, kindlich, aufgedreht, ein
bißchen enthemmt vom Cognac, den sie aus einem Wasserglas
trinkt, macht sie den Armen an. Die Hoppe gurrt und lächelt
und kämpft und sinniert und streitet.

Ungezählt viele Töne hat sie für ihren vierstündigen Monolog; Färbungen, Nuancen für die immergleiche Durchtrie-
benheit, die kindische Zankerei, die Eifersucht, den Machtanspruch und die selbstverliebte Koketterie. Die Hoppe win-
selt und brüllt, Angst und Stolz werden Ton. Langsam wird
die Zunge müde. Der Cognac, den diese Frau braucht, ihren
»Lebensmechanismus« durchzustehen und in Betrieb zu halten, wirkt. Bernhards Alte war eine der »Knacks-Damen« –
so nennt Marianne Hoppe diese Frauen, die sie in den letzten
Jahren auch im Fernsehen spielte. Sie nimmt sich ihrer an,
weil sie – weder die Nicklisch, noch die Gold oder die Wes-
sely haben das – die Strenge, die Unverschämtheit beherrscht.

Marianne Hoppe, gewiß, sie konnte Sensibelchen sein, man
schaue sich nur die *Romanze in Moll* an und versuche, nicht zu
heulen, aber ihre Härte, ihre Strenge, ihre mondän-herrische,
preußisch-sachliche Ausstrahlung prädestinieren sie für die
Gebrochenen, für gefallene Heldinnen. In sich und in ihrem
Spiel vereint sie stets die Extreme: sie ist Blanche Dubois und
Hexe; Schlange, die verführt und tötet; Mutter, die liebt und
egoistisch zerstört. Kraftvoll in jeder Rolle.

Auch in ihren Lesungen, bei denen jeder besonders deutlich
beobachten kann, wie die Hoppe arbeitet. Ich denke dabei
nicht zu allererst an ihr Goethesches Märchen, mit dem sie
nicht bloß in Deutschland bewundert wird, sondern an ihre
Lesung von Thomas Bernhards »Knacks-Texten« – so würde
die Hoppe sie wohl nennen.

Sie setzt ein wie Carlos Kleiber. Noch in den Applaus
hinein, an der Rampe stehend im dunkelblauen Hosenanzug,
die blonden Haare betont wirr, die blauen Augen strahlend,
klar, wach, neugierig, aber nicht naiv, sondern angriffslustig-
gespannt, spricht sie ein Zitat aus Kleists Aufsatz *Über das
Marionettentheater*, jene Passage, die Thomas Bernhard zum
Motto seiner *Jagdgesellschaft* wählte:»Ich erkundigte mich
nach dem Mechanismus dieser Figuren, und wie es möglich
wäre, die einzelnen Glieder derselben und ihre Punkte, ohne
Myriaden von Fäden an den Fingern zu haben, so zu regulie-
ren, als es der Rhythmus der Bewegungen oder der Tanz
erfordere.«
Mit frühen Gedichten beginnt Marianne Hoppe. Die Finger der linken Hand graben sich in den Ballen, recken sich
aufrecht, fliegen mit dem ausgestreckten Arm in die Höhe,
ekstatisch, fallen herunter, abrupt, legen sich, als habe die
Hoppe sie gewaltsam beruhigt, nieder auf einen Buchdeckel.
Hand und Finger wirken müde, während nun die Stimme
zu erschreckend kräftigem Leben sich aufschwingt: hart,
metallen, oft im Stakkato, zerschneidet die Hoppe die
Sätze. Zerstörungsarbeit, zynisch, gewaltsam, sadistisch.
Schön.
Hörbar wird bei der Hoppe, was zuvor Germanisten nur
klug analysiert und dann beschrieben haben: Der musikali-
sche Aufbau von Bernhards Texten, der Rhythmus, die Phra-
sen, die Pausen. Besonders aufregend, weil extrem – so etwas
fordert Marianne Hoppe heraus, und das mag sie –, die Aus-
züge aus *Wittgensteins Neffe*. Langsam, manche Pause deh-
nend, als trüge sie eine Fermate im Schriftbild, beginnt Marianne Hoppe die Bernhardsche Verrücktheitsarie, treibt sie
voran zu einem zungenbrecherischen Prestissimo, Fortis-
simo. Sie nimmt die Übertreibungsherausforderung des Über-
treibungsspezialisten an. Mißt ihr Können an dem seinen.
Radikal stellt sie Wort neben Wort, als seien es Felsen, als
müsse sie ein Sprachgebirge schaffen, das die Zuschauer zu
Umwegen zwingt oder dazu, den steilen Pfad über Gipfel zu

Doña Honoria und Don Baltasar. Ernst Schröder und Marianne Hoppe in Hans Lietzaus Claudel-Inszenierung von Der seidene Schuh.

nehmen. Denk-Stürme will sie provozieren, gefährliche, denn der Sturz in Abgründe ist möglich.

Der Höhepunkt dieser Lesung, 1985 im Mozarteum – und wer dabei war, wird davon reden wie jene Zuschauer 1947 nach den *Fliegen* –: die Schlaflosigkeitsaufzeichnungen des neuen Erziehers aus *Zwei Erzieher*. Kunst-voll, eben nicht manieriert-künstlich variiert sie die Variationen. Sie verführt den Zuhörer zum Lächeln, wenn sie klar und scharf, ironisch gefärbt, Verachtung und Lebenshaß vereint, um ihn dann, eben mit der Erkenntnis, daß es darüber doch nun wirklich nichts zu lachen gibt, schmerzlich zu verletzen. Während die Hoppe freudig Bernhards Chiasmen feiert, beschreibt ihr linker Arm einen Halbkreis in der Luft, die Finger werden Fächer. Bernhards Attaché an der französischen Botschaft würde diese Bewegung wohl mit einem »Hélas« kommentieren.

Letztes Wort in Kleists *Amphitryon*. Ach, wir sähen die
Hoppe allzu gern öfter, doch sie versagt sich, den jungen und
den alten Regisseuren. Aber sie liest. Hoffentlich auch wieder
einmal Fontane, damit man sich an ihrem Witz, ihrer Reak-
tionsschnelle freuen und ihrer Hand zusehen kann, wie sie
fliegt; wie der Zeigefinger zu eigenem Leben erwacht, sich
reckt, krümmt, als müßte er den vier anderen Konkurrenz
machen. Und Peter Lührs linker Hand noch dazu. Das sind
unsere Glücksmomente mit Marianne Hoppe.

»Die sprachliche Kraft ihrer preußisch-nüchternen Diktion, gleicherweise fähig zum Ausdruck leidenschaftlicher
und zarter Empfindungen wie zur Formulierung klügster und
schwierigster Denkvorgänge, wie auch zur trocken und gei-
stesgegenwärtig gesetzten Pointe kennzeichnen die Hoppe in
unverwechselbarer Weise als eine Darstellerin in einsamer
Höhe über dem flächigen Routinebetrieb des Theaters«,
schrieb Hans Lietzau, als Marianne Hoppe 1986 der Kultur-
preis der Akademie für bildende Künste in Berlin verliehen
wurde. Lietzau war es auch, der als einer der wenigen Regisseure in den letzten Jahren mit Marianne Hoppe gearbeitet hat.
1985 in Salzburg, die Hoppe in Claudels *Seidenem Schuh:*
eitel, kokett, stark. In ihrer liebsten Rolle: als Schau-Spielerin.

Ignaz Kirchner: Fieser, zarter Außenseiter

Das letzte Mal bin ich Ignaz Kirchner auf dem Flughafen von Wien begegnet, am Nachmittag nach der Uraufführung von George Taboris *Mein Kampf.* Ich hatte gerade meine Kritik nach München telephoniert, einen Jubel über Kirchners Leistung. Ich gratulierte ihm. Und er, die müden Augen hinter den runden Brillengläsern, lächelte, er senkte den Kopf, beugte den Rücken und errötete.

Ignaz Kirchner wirkt im Privatleben wie auf der Bühne immer etwas linkisch, immer schüchtern, immer eine Spur unterwürfig. Wenn er ins Café Demel kommt, meint, wer ihn nicht kennt, dieser Mensch habe sich verlaufen und könne wohl nicht den kleinen Braunen zahlen, der an diesem Ort ja auch wirklich soviel kostet wie in anderen Kaffeehäusern eine ganze Thermosflasche Schwarzer.

Der »Münchner Theaterzeitung« vertraute Ignaz Kirchner 1982 nach den ersten Auftritten an den Kammerspielen an, er identifiziere sich mit allen seinen Rollen: »Auch mit den Negativfiguren. Wenn einem das nicht gelingt, sollte man's bleiben lassen und aus der Produktion aussteigen.«

Dieses Bekenntnis überraschte nicht, denn Ignaz Kirchners Spiel hat immer jene Intensität, die entsteht, wenn einer sich ganz und gar einfühlt. Manchmal spielt er, als sei er berauscht, als tauche er in der Figur unter. Dann erschrickt man, weil man fürchtet, er könnte womöglich aus dieser ekstatischen Versenkung nicht wieder zurückfinden. Dieser Schauspieler ist gefährdet wie Walter Schmidinger, denn er sucht wie dieser die absolute Nähe zur Rolle.

In den Bremer Aufführungen, in seinem ersten Engagement,

Hitler streichelt Schlomo. Ignaz Kirchner ist Schlomo.

habe ich ihn nie erlebt. Mir begegnete Kirchner zum erstenmal 1982, als er im Werkraum der Münchner Kammerspiele Wilhelm Reichs Riesenmonolog *Rede an den kleinen Mann* sprach. Er präsentierte auf der großen, fast leeren Spielfläche den erstaunlich harm- und bedeutungslosen Text mit großer Verve. Ich verstand zwar Kirchners Engagement nicht, weil mir diese Jeremiade über die alle Zeiten und Völker überdauernde feige Dummheit des gemeinen Mannes, dieser Reichsche Hymnus auf sich selbst, läppisch schien (und scheint). Aber was Ignaz Kirchner aus dem gedankenschlichten, anklagenden Text machte, war außergewöhnlich. Er schleuderte ihn uns mit allen Schattierungen entgegen. Mal aggressiv böse, mal ironisch und überheblich, mal mild, mal höhnend variierte er, immer so, als müsse er den Reichschen Frust zugleich mit dem eigenen sich aus dem Hirn werfen und uns an den Kopf, damit wir aufwachten, zur Besinnung kämen.

Im gleichen Jahr spielte er in Dorsts *Merlin* den bösen und dabei ganz natürlichen Mordred, den Ossip in *Platonow* und den Orlando in *Wie es euch gefällt* bei Ernst Wendt: Einen verqueren, seltsamen, betrübten Jungen, der sich verrannt hatte, der fürchtete zu lieben, der Angst hatte vor Emotionen und Hingabe und sich hinter dem Begriff Liebe versteckte. Er balgte sich zwar wie wild und ganz ungelenk für Rosalind. Nur warum er dieses Mädchen begehrte, ob er es überhaupt je wirklich besitzen wollte, ob er es überhaupt liebte, blieb unklar. Ignaz Kirchners Orlando mißtraute dem Glück. Ein trauriger Clown, eine Jammergestalt.

Dann verließ Ernst Wendt, der ihn nach München geholt hatte, die Kammerspiele, und Kirchner folgte ihm. Dieter Dorns Theater schätzte er – offensichtlich – nicht sehr.

Später wurde George Tabori auf ihn aufmerksam. Ihre gemeinsame Arbeit wurde zu einem Glücksfall. Zuerst machten die beiden zusammen Walter Jens' *Troerinnen* (1985), danach sahen wir Ignaz Kirchner in Taboris genialer Inszenierung eines sehr schwachen, aber gutgemeinten Stücks von Harald Mueller.

Totenfloß, 1986 an den Kammerspielen – Ignaz Kirchner war Itai. Der Kopf verbunden, der Oberkörper nackt, der Blick unendlich müde, hilflos wütend: das Opfer. Zart, bewegend war seine Darstellung. Er öffnete uns, ohne daß es eines Bombenkrachs oder diverser Atompilzdias bedurfte, allein durch sein Körper- und Gebärdenspiel die Ohren und die Augen für die Endzeitangst des jungen Manns, der weiß, daß er stirbt und sich dennoch über den Untergang täuschen möchte. Immer wieder brach er aus seiner passiven Rolle erregt aus, doch war er stets zu schwach, um brutal zu werden. Sein Aufbegehren gegen den alten Kuckuck, der diesen letzten Knall durch sein Schweigen, seine Kritiklosigkeit mit angezettelt hatte, es war bei Itai Selbstüberwindung.

Im Mai 1987 – auf dem (ersten) Höhepunkt der Waldheim-Affäre, als eine Umfrage in Österreich ergab, daß 18 von 100 auf die Frage, ob es einem Nichtjuden schwerfalle, einem Juden ohne Widerwillen die Hand zu reichen, mit »Ja« antwor-

*Itai, Ignaz Kirchner
in George Taboris
Totenfloß-Inszenie-
rung.*

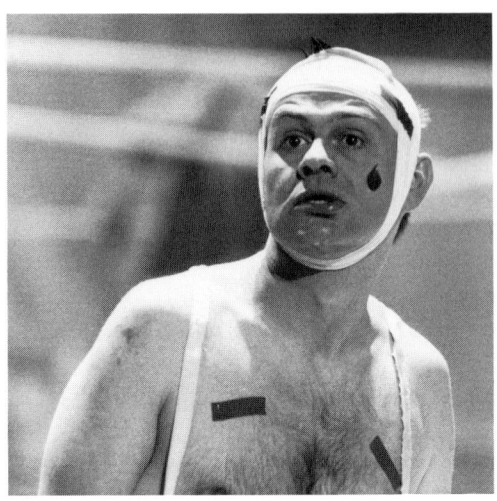

teten – war Ignaz Kirchner Schlomo Herzl, der in einem
seltsam liebevollen Verhältnis dem unreifen, hysterischen
Macht- und Mutti-Bubi Hitler zugetan ist. Wie Mime den
Siegfried bekocht, pflegt Schlomo den jungen Hitler, putzt ihm
gar die Schuhe. Tabori zeigte Haß-Liebe, zeigte Henker und Opfer, ver-
strickt, verloren. Und er entlarvte als beschönigenden Wahnsinn den utopischen, schlomoschen Überlebensglauben, Kultur könne Verbrechen verhindern. Schlomo, der Lügner,
Schlomo, der Dichter, der Überlebenskünstler, der nur noch
zynisch, spöttisch über die eigene Vergangenheit, den Mord an
seiner Mutter und seinem Vater sprechen kann, wenn er nicht
an der Wahrheit verzweifeln will. Schlomo, der in sein Buch,
dessen Titel er schon weiß, nämlich *Mein Kampf,* nur einen
Satz zu schreiben vermochte, den Märchenschluß: »Und wenn
sie nicht gestorben sind, dann leben sie noch heute« – er irrte.
Seine Liebe zu Hitler wurde ihm schlecht gelohnt.
    Ignaz Kirchner war Schlomo. Schlomo, der Intellektuelle,
der Angsthase, der Gottesfürchtige (kaum denkt er nur an
Kamasutra, dröhnen in seinem Kopf schon die göttlichen
Straftrompeten); Schlomo, Hitlers Ersatz-Mammi, das Op-

Alessandro de Medici und Marchesa Cibo. Ignaz Kirchner und Cornelia Froboess. Thomas Langhoff inszenierte an den Münchner Kammerspielen Alfred de Mussets Lorenzaccio.

fer, das nicht zum Märtyrer taugt und nicht zum Verfolger. Schlomo, der Liebende, Hitler verfallen und dem deutschen Gretchen. Ignaz Kirchners Schlomo wetzte zwar das Rasiermesser genüßlich am Ofenrohr (eine Clownsnummer, wundervoll!), rannte auch noch auf Hitler zu, den er zuvor eingeseift hatte. Entschlossen sprang er auf die Rückenlehne, grapschte nervig, brutal nach der kurzen Hitler-Nase, setzte dem Widerling die Klinge an die Kehle. Aber ach, er schaffte es nicht, Schlomo nahm Adolf nur die mickrigen Bartstoppeln, nicht das Leben. Ein Barbier war er, ein Philosoph, aber kein Mörder. Schlomo liebte die Menschen zu sehr. Alle.

Ignaz Kirchner schlurfte wie der Ewige Jude. Wir sahen einen, der an 2000 Jahren Verfolgung litt. Doch seinen Stolz hatte der Jude noch nicht ganz verloren, nur die körperliche Kraft, sich zu wehren. Er, der Intellektuelle, spielte statt

dessen mit Worten, täuschte den fiesen Gegner mit Denk-
schläue und lockte ihn in Formulierfallen. Er freute sich
schelmisch über jede gelungene Lüge. Schlomo rettete sich
durch und in die Sprache. Auch wenn am Ende – und wir
spürten, daß Schlomo dies sehr wohl wußte – nicht das
Wort zählt und richtet, sondern die Tat.
Kirchner zerknitterte sein Gesicht immer wieder neu,
immer wieder anders. Ekel, Langeweile, Enttäuschung, Zy-
nismus, Trauer, Geilheit und Zuneigung warfen verschiedene Falten auf seiner hohen Stirn. Seine Hände, die durch
die Luft wirbelten, kommentierten beredt, was der Mund
verschwieg. Sprach Ignaz Kirchner, dann hörten wir den
schon besiegten Juden, trotzig, aufmüpfig murmeln. Und
wenn er weinte, dann glaubten wir, Schlomo weine die Tränen aller Juden, die in den Pogromen erschlagen, in den
Konzentrationslagern vergast worden waren.
Am Ende der Uraufführung eine Tabori-Improvisation,
denn der Autor und Regisseur war für den erkrankten Hugo
Lindinger als Koch Lobkowitz eingesprungen. »Iß, Schlomo«,
sagte Tabori zu Kirchner, »das gibt Kraft. Wenn die Schonzeit
vorbei ist, werden wir die Kraft brauchen.« Ignaz Kirchner, der
zuvor zum Kaddisch, dem Totengebet, den Rest des von Nazi-
schergen als Zeichen für den bevorstehenden Judenmord ge-
schlachteten Huhns gesäubert hatte und es zur Ruhe betten
wollte, er nahm ein Stück Fleisch, biß hinein und würgte. Es
war entsetzlich.
Wenn man sich nicht identifizieren könne, dann solle man
es lassen...
Als sich Ignaz Kirchner verbeugte, als ihm der Jubel entge-
genschlug, konnte er sich nicht freuen. Wahrscheinlich fürchtete Schlomo die Menschen dort unten. Wahrscheinlich fragte
er sich, ob vielleicht nicht auch welche applaudierten, die ihm,
Ignaz Kirchner, anonyme Briefe geschickt hatten, ihm
wünschten, er werde »verauschwitzt«. (Das Wort gibt es – und
es gibt Menschen, die es schreiben.)
Die Sensibilität dieses Schauspielers ist so ungewöhnlich

wie seine Kunst. Und das Erstaunlichste ist, daß er die Wanderungen zwischen sich und seinen Figuren bisher so unbeschadet überstanden hat. Wahrscheinlich rettet ihn seine professionelle, intellektuelle Arbeit an jeder Rolle davor, mit den Menschen, die er spielt, mit den ausgegrenzten, gedemütigten (Ver-) Zweiflern unterzugehen.

Jutta Lampe:
Verliebte Jungs, verliebte Mädchen

»Meist versuche ich, aus eigener Erfahrung bei der Arbeit zu schöpfen: diese Empfindung der Figur kenne ich, dieser Gedankengang ist mir nicht fremd, diese Ängste, diese Sehnsüchte sind mir bekannt...« Jutta Lampe im Gespräch mit Volker Canaris 1978. Damals spielte sie an der Berliner Schaubühne, zu deren Gründungsmitgliedern sie 1970 zählte, in Peter Steins Inszenierung von *Wie es euch gefällt* die Rosalind. Sie traf mit dieser Methode, Menschen auf der Bühne zu gestalten, sozusagen nachzuempfinden, an eine Grenze. Wie sollte sie dabei auch auf Erfahrungen bauen können. Ein Mädchen, das sich als Junge ausgibt, der so tut, als wäre er ein Mädchen. Es gab keine einfache Möglichkeit der Identifikation. Jutta Lampe mußte tricksen. Sie tat's virtuos.

Die elisabethanische Hofdame geht in den Wald. Die Beine in hohen, derben Schaftstiefeln, auf dem Kopf einen alten Schlapphut. Dieser Wald ist kein historischer, nicht einmal ein geographisch fixierter Ort, sondern ein Dschungel der Gefühle. Hier trifft Rosalind, verkleidet als Ganymed – ein kluges, fixes Kerlchen, grad so, wie es in Becketts Zeitung gesucht wird –, auf Orlando. Es macht ihm/ihr Spaß, den Mann auszubuffen und dabei mit der verlorengegangenen, der neugewonnenen und der wiederzugewinnenden Identität zu jonglieren. Das Spiel funktioniert zuerst genau so, wie dieses verkleidete Fräulein es geplant hat. Doch allmählich fesseln die Lianen dieses Emotions-Urwalds das Zwitterwesen Rosalind/Ganymed. Daß es sich daraus befreit, dafür hat Shakespeare gesorgt. Daß es aber am Ende nicht nur sich selbst wiederent-

»Es gibt Masken, bei denen es schwierig ist, sie nicht für ein Gesicht zu halten.« *(Marivaux)* Leonida, verkleidet als Phokion, hält Leontine im Arm. *Jutta Lampe und Libgart Schwarz in Luc Bondys Schaubühnen-Inszenierung von* Triumph der Liebe.

deckte, sondern zugleich die Liebe fand, die zuvor eher eine
unbestimmte Laune, ein Schwärmen war: das verdankten wir
Jutta Lampe.

Verliebte sind die Mädchen und Frauen der Lampe immer.
(Denn sind nicht auch die alte Labichesche Léonida, die junge
Botho Straußsche Lesbe verliebt, vernarrt?) Und die Hosen des
Ganymed blieben nicht ihre einzige Camouflage.

1985 sahen wir sie wieder als Jungen, wieder als Prinzessin
im *Triumph der Liebe*. Leonida hieß sie und gab sich als junger
Studiosus aus, der auf den Namen Phokion hörte und zuweilen
als ein Mädchen auftrat, das sich Aspasia nannte. Die Täuschung diente dazu, unentdeckt den geliebten Mann zu prüfen
und schließlich zu erobern.

Als Leonida endlich am Ziel, als sie Agis gewonnen, zieht
Jutta Lampe die Jacke aus und die Schuhe und seufzt leise
»Uff«. Leonida ist froh, daß das Ränkespiel vorüber. Aber
zugleich scheint sie zu ahnen, daß das schwer errungene Glück
wohl schon wieder verloren ist. Denn sie hat es sich durch
Trug erlistet.

Jutta Lampe trickste auch hier, in Luc Bondys Marivaux-
Inszenierung. Sie verwandelte sich ebenso rasch, ebenso virtuos wie zuvor von der Rosalind in den Ganymed nun in gleich
drei Personen, wobei ja nur die eine, Leonida eben, eine Identität besitzt, zumindest zu besitzen glaubt. Aber weil die Lampe
zugleich der Junge ist und das andere falsche Mädchen, deshalb
verliert plötzlich auch Leonida ihr Selbst.

Was ist das für ein Luder, das durch seine Verstellungskün-
ste alles in Frage stellt: die Worte, die Wahrheit, die Liebe.
Letztlich formulierte und demonstrierte die Lampe mit ihrer
Darstellung die Unmöglichkeit des Menschen, je mit sich im
Einklang zu leben, eins und einig zu sein. Was Leonida als ihre
Identität ausgibt, ist – wenn überhaupt – nur die Vorstellung,
eine Utopie davon. In Wahrheit herrscht in ihr ein Chaos:
männliches Denken in einem Frauenkörper, der wiederum in
seinen Gebärden das wahre *und* das falsche Gefühl gleicher-
maßen perfekt und glaub-würdig äußert. Phokion verführt

»Im großen und ganzen weiß ich wohl, daß die Menschen falsch
sind.« (Marivaux) Leonida und Agis, die Lampe und Ernst Stötzner.

Agis ebenso wie Hermokrates, mit den gleichen Mitteln, der
gleichen Unbedingtheit. In dem einen Fall ist das Gefühl echt,
das sie offenbart, im anderen vorgetäuscht.

Es ist wundervoll anzusehen, wie Jutta Lampe in allen drei
Rollen glaubhaft, ganz ist; wie sie sich in Sekunden verwandelt. Von der liebenden Leonida in die falsche Aspasia, in den
freundschaftlichen Studenten, in den heuchlerischen Galan
Phokion. Sie gewinnt artig den Freund und behext unartig die
Frau; sie verlockt Mann und Weib. Ein Cherubino d'amore.
Nur klopft dieser nicht an jede Tür, damit man ihm, dem
narzißtischen Kind, das Herz öffne, weil es von allen gleicher-
maßen begehrt werden will. Jutta Lampes Cherubina ist listi-
ger, selbstsicherer. Sie braucht nicht die Zärtlichkeit aller, sie
hat's nur auf einen abgesehen. Stellen sich ihr aber andere in
den Weg, so reißt sie diese gleich mit fort und deren Herzen, an
denen ihr überhaupt nicht liegt, dazu.

Mit Witz, Charme, Chuzpe und einem grandiosen Gespür
für die Situationen, in die sie sich begeben, führt Jutta Lampe
alle drei. Bis Leonida ihren Agis hat. Aber hat sie ihn?

Eine Gratwandrerin ist Jutta Lampe in ihrem Menschen-
spiel immer. Nicht weil sie soviel kann, also das Handwerk
beherrscht und anwendet, sondern weil sie in jeder Rolle bis
zur extremen Äußerung vorstößt. Das ist ebenso reizvoll wie
gefährlich – für sie und uns. Denn wagte sich die Lampe zu nah
an ihre Figuren, hielte sie nicht noch bei der dichtesten Anver-
wandlung Distanz, dann würde kitschig, was gefühlvoll gedacht war, dann würden die Blößen, die sie ihnen gibt, zur
lächerlichen Karikatur.

Das Besondere an der Lampe ist diese Leichtigkeit, der
Schwebezustand, in den sie ihre Frauen (und Männer) bringt
und hält. Ohne je zu forcieren, ohne daß man je merkte, wie
schwer es ihr zuweilen fällt, in jeder Aufführung mit ihrer
Figur dort zu sein, wo sie sein will, nämlich in der Harmonie
mit ihr (und seien es auch drei in einer), gewinnt die Lampe die
Freiheit, Individuen nach ihrem Bild zu formen. Doch sie
besetzt diese Menschen nicht. Wir entdecken die Ganzheit im

Disparaten, erleben einen Menschen, nicht das Bild, das sie von ihm entwirft.

Jutta Lampes Spiel wird beseelt und zugleich intellektuell kommentiert durch die Dialektik ihres Vorgehens: sie reflektiert die Historizität der Rolle, und zugleich mißt sie sie an den eigenen Erfahrungen. Das heißt, sie bringt ihr Bewußtsein und ihre gesellschaftliche Rolle mit ein. Es ist immer wieder zu bemerken, daß sie – ebensowenig spielwütig wie die Stein, aber komödiantischer als diese – die Figuren mit dem kritischen Bewußtsein des bürgerlichen Theaters erst einnimmt und dann erfüllt mit den eigenen Erfahrungen. Deshalb scheinen ihr alle diese Frauen so nah, selbst jene, die ihr sehr fern sein müßten wie die Labichesche Trockenpflaume, die – seltsam – auch Léonida heißt. 1973, damals war Jutta Lampe gerade 30 Jahre jung, hatte sie sich in Steins Sparschwein als alte Frau verkleidet. Wieder stand die Lampe an solch einer Grenze: sie hätte diese alte Schachtel verraten, den Lachern preisgeben können. Sie tat es nicht. Sie hütete sich klug davor, die Frau, die heimlich Heiratsanzeigen aufgibt und noch immer auf ein (sehr) spätes Glück hofft, als komische Charge zu traktieren. Sie keifte zwar, glotzte doof, fuchtelte und bewegte sich wie eine leckgedonnerte Fregatte. Aber hinter dieser Schaubudenfassade des alten Mädchens mit dem ausgestopften Hängebusen sahen wir immer wieder, wenn die Lampe still wurde, einwärts gekehrt vor sich hindämmerte, welcher Schmerz in ihr wütete. Die Lebensgier tobte unter dem züchtigen Reifrock; die Rage, vergessen worden zu sein, watschelte durch die Räume. Jutta Lampe mag die Figur bis ins Lächerliche verkleinert haben, aber sie schützte sie davor, ausgelacht zu werden.

Ebensowenig abgeschmackt war ihre Solveig in Peer Gynt, obwohl immer die Gefahr besteht, aus Ibsens wartendem Mädchen entweder eine Heroine zu meißeln (was sie nicht ist), oder eine tranige Heulsuse zu kneten. Die Lampe ergraute, erblindete, vergreiste, aber kitschig wurde sie nie. Nicht einmal als sie sich den Peer endlich auf den Schoß legte, ihn an

sich preßte wie einen Schatz, den man ihr gestohlen und nun
endlich zurückgegeben hatte. Die Lampe traf den Ton. Jede
Gebärde erzählte von Liebe und dem Opfer, das diese bringt,
wenn sie wahrhaftig ist.

Ihre Ophelia in Klaus Michael Grübers *Hamlet* war ebenso
wahrhaftig: kein Mägdelein, weinerlich und süß, sondern ein
Geschöpf, dessen Stolz verletzt ist und das im Wahn verzweifelt. Noch hold und schon ordinär. Die Lampe fand das Mädchen, das mutwillig zerstört, sich nach Liebe sehnte und nur
benutzt wird. Sie war von unendlicher Anmut und zugleich
düster und stark.

Mit dem geringsten körperlichen Aufwand gelingen Jutta
Lampe die aufregendsten Gebärdenzeichen. Ich erinnere mich
an ihre Sonja in Andrzej Wajdas *Schuld und Sühne*-Inszenie-
rung. Ein rothaariges, frommes, sanftes Mädchen, das die
Lazarus-Geschichte auswendig kann, das zum Himmel
schaut, als wäre dieser Blick, den wir von so vielen Bildern, aus
so vielen schlechten Aufführungen und Filmen kennen, das
Natürlichste auf der Welt. Das stumme Flehen um Gnade und
Vergebung (für Raskolnikow), ihm fehlte die Eitelkeit der
sonntäglichen Kirchgängerinnen und die Süßigkeit der Devo-
tionalienmaler.

Dann plötzlich erkennt dieses Mädchen, daß Raskolnikow ein Mörder ist. Langsam hebt Jutta Lampe den einen Arm und streckt in gefaßter Ruhe den Zeigefinger aus, der schließlich nach langen bangen Sekunden auf den Mann zeigt. Die andere Hand hält den Mund zu, damit der Erschreckensschrei nicht gellt. Dann rast sie auf ihn zu, umarmt ihn wild. Die Worte fliehen diesen Körper, stockend, furchtsam und doch aufgeregt. Sonja keucht, atemlos. Sie liebt. Wir sehen es, vernehmen es. Sie wird bei dem Mörder bleiben, obwohl sie ihn auch jetzt nicht zu Gott wird führen können. Aber die Lazarus-Geschichte wird sie weiter sprechen – wie ein Gebet.

Nun könnte man glauben, Jutta Lampe vermöchte nur die Sensiblen, die Introvertierten, die Sanften zu spielen, die, um an das Ziel ihrer Sehnsüchte zu gelangen, zur Liebe sich stark erdreisten, sich verkleiden und Ränke schmieden. Und vielleicht noch die Enttäuschten. Aber das stimmt nicht. Die Lampe kann auch sehr erotisch sein, frech, ordinär und witzig. Ihre Punk-Lady, ihr Baby-Doll-Püppchen, ihre Fernsehmoderatorin mit dem falschen Lachen und dem richtigen Spruch drauf in *Kalldewey, Farce,* sie haben's gezeigt. Und ihre Genetsche Hure Vertu war nicht nur rassig, sie beherrschte die Kunst der Verführung, geizte nicht mit Reiz.

Auch in diesen Rollen hatte die Lampe also Erinnerungen gefunden und sie höchst professionell mit einer verblüffenden Leichtigkeit in die Figuren integriert. Kirsten Dene vergrößert ihre Gebärden, Libgart Schwarz verlangsamt und Jutta Lampe verkleinert. Zwar wirkt bei ihr selten etwas verhuscht, weder die Körperzeichen noch ihr Sprechen, doch kreiert sie ihre Rollen eher flüchtig, vorsichtig. Sie malt die Rollen wie ein Aquarell, durchsichtig und unendlich zart. Sie trägt nicht dick auf. Selbst als sie aus dem Bühnenhimmel herabrauschte in Peter Steins Inszenierung von Botho Strauß' *Park,* als sich Titania nackt zeigte, mußte sie nicht auftrumpfen. Sie war einfach da: eine Göttin.

Die Lampe, Rokokofräulein, Shakespeareknabe, militante Lesbe: sie bringt sich ein, aber eben so behutsam, daß man

zuweilen glaubt, sie probiere noch in der Aufführung ihre
Mittel aus. Natürlich ist es nicht so. Aber daß man ihr eine
solche Spontaneität zutraut, beweist, wie lebendig ihre Figuren sind, wie sehr sie die fremden Geschöpfe aus ihren histori-
schen Bedingtheiten löst, ohne diese zu verleugnen, und ihnen
zugleich das Lebensgefühl und das Denken des ausgehenden
20. Jahrhunderts mit auf den Weg gibt.

Jutta Lampe überrumpelt uns mit diesem Prozeß, wir sehen
ihn nicht mehr, wir müssen ihn mühsam rekonstruieren. Es
ist immer so, als hauche sie just an diesem Abend, an dem wir
sie erleben, der Figur dieses doppelte Leben ein.

Hugo Lindinger: Die Pracht der Komik

Nicht auf einer Bühne erlebte ich Hugo Lindinger zum ersten Mal, sondern in einem Café. Draußen im Sonnenschein, zu Füßen der leuchtend ockerfarbenen Theatinerkirche, bestellte er Kaffee und Krapfen. Die Bedienung, womöglich eine Norddeutsche, verstand nicht, fragte nach. Lindinger – ich kannte ihn vom Fernsehen – spitzte die fleischigen Lippen so sehr, daß das Dreifachkinn sich straffte und orderte »Berliner Ballen«. Die Anfangskonsonanten hatten Explosionskraft. Das Fräulein verschwand. Lindinger prustete, der Bauch hüpfte. Die Bestellung als Theater-Coup.

Hugo Lindinger spielte nie die Hauptrollen, weder an den Staats- und Stadttheatern noch in den kleinen privaten Komödienhäusern. Lindinger holen sich Regisseure, wenn sie eine kleine Rolle besetzen wollen. Gewiß, dieser Schauspieler ist der Wirt, der barocke Pater par Excellence. Er wurde umjubelt als verschmitzt-verständiger Pater Dubaton in Anouilhs *Monsieur Ornifle*, als Bernhard-Wirt im *Theatermacher*; gewiß sind die sogenannten kleinen Leute, Shakespeares Esel oder Nestroys gutmütiger Schafskopf Spund, bei ihm besser aufgehoben als die Könige, die Intriganten, die Machtmenschen oder gar die Liebhaber. Aber Lindingers Qualität, seine Komik, die nie zur Klamotte, zur Revuenummer bewährter, erfolgreicher Tricks herabsinkt, sondern sich in jeder Rolle neu und anders entwickelt – so daß er den Dubaton und Lessings Klosterbruder ganz verschieden anlegen und interpretieren kann, ohne sich und seinen speziellen Ton zu verleugnen –, diese Qualität bleibt fehleingeschätzt und unterbewertet, nutzen die Regisseure sie nur zur Aufwertung von Chargenrollen.

Ein Wirt. Was für ein Wirt! Hugo Lindinger und Traugott Buhre im
Theatermacher.

Lindinger ist mehr wert. Die Pracht seiner Komik und seine
ungewöhnliche Präsenz, die Wachheit, die Spannung in diesem eher gemütlich, fast plump wirkenden Körper machten
sich Schweikart (1973 im *Nathan*), Hans Lietzau und Claus
Peymann zunutze. Doch auch sie wagten nicht, was Peter
Palitzsch 1971 tat: er gab Lindinger eine Herren-Rolle. Palitzsch, der Becketts *Warten auf Godot* am Württembergischen Staatstheater inszenierte, wußte, daß Lindinger Thea-
ter-Räume besetzt und sie, solange er darinnen verweilt, zuhörend nur, nicht aufgibt. Hugo Lindinger spielte Pozzo.
     Unter der Überschrift »Überlebensgroß Herr Pozzo« be-
schrieb Reinhard Baumgart in der »Süddeutschen Zeitung«
Lindingers Kunst: »Sobald er dastand, schien er den vorher
gähnend großen Raum in sich aufgeschluckt zu haben. Die
Bühne war jetzt nur noch ein gut beleuchteter Schaukasten
und in ihm dieser kleine, dicke Mann und riesige Schauspieler,
der wie unter dem Vergrößerungsglas und in Zeitlupe eine

Kunstfigur aufbaut. Lindinger spielt sein theatralisches Kolleg
über das Seelenleben der Herrschaft mit genauen, abrupt von
Satz zu Satz umschlagenden Tonlagen, mit ständigem Be-
leuchtungswechsel auf dem Gesicht. Eben noch ganz eine
Bulldoggenschnauze, hart bellend, serviert er im nächsten
Moment schon wieder Bonhomie, wirbt um Nachsicht, um
Zustimmung, braucht viel Liebe. Die Freude an höheren Din-
gen und Stimmungen malt sich sanft und aufrichtig verlogen
in sein Gesicht, doch der Verlust eines einzigen Gebrauchs-
oder Besitzgegenstandes bringt wieder den mimischen Wetter-
umschlag, reißt seine Augen fast zurück ins Hirn vor Entsetzen. Lindingers Kunst macht nichts natürlich und nichts nur
virtuos. Sie zeigt etwas, unnatürlich vergrößert, auf einer
fürchterlichen Maske, die ihre eigene Bewegung noch genießt.
Als dieser Pozzo die Bühne verlassen hat, hinterläßt er die
gleiche Leere, in die er eingefallen war, doch jetzt, ja jetzt
fühlte sie sich leerer an.«

Solche Kunst, die Figuren – ohne das realistische Spiel dabei
aufzugeben – zu stilisieren, zu überhöhen, um zu verdeut-
lichen, daß die wie zufällig hingeworfenen Worte, die wie
spontan verlorenen Gesten Denk-Haltungen, Macht-Zeichen
sind in einem bestimmten gesellschaftlichen Mechanismus,
prägt auch Lindingers Wirt vom »Schwarzen Hirsch«.

Die grauen Haare kurz, der stämmige, wohlbeleibte, aber
nicht wabbelige Körper aufgerichtet, die Hemdsärmel aufge-
krempelt: Lindinger hört Traugott Buhre, dem Theatermacher
Bruscon, zu. Oder auch nicht. In jedem Fall: ein Paar. Der Wirt
läßt sich beleidigen, beschimpfen. Er schweigt, schließlich
locken die Miete für den Tanzsaal, in dem Bruscon mit seiner
Familie sein Stück »Das Rad der Geschichte« aufführen will,
und der Umsatz nach der Vorstellung. Kunst macht durstig,
hofft der Wirt. Er sagt fast nichts, aber Lindinger reagiert heftig.
Der Körper signalisiert Überraschung, Abwehr, Entrüstung,
Verachtung. Hugo Lindingers Gesicht, das fest und gutmütig
wie das einer gealterten Putte, wird furchig, als braue sich
zwischen den Stirngräben und dem geöffneten Karpfenmaul

das Gewitter zusammen, das am Ende losdonnert. Die Augen
stechen, bohren. Arme und Beine erstarren geradezu solda-
tisch, als Bruscon alle Österreicher als Nationalsozialisten
beschimpft. Und dann wieder – herrlich! – löst sich der
Krampf, die Miene wird heiter. Lindinger prustet in sich hinein
und dann aus sich heraus. Freude quillt aus den Augen, tränen-
reich.

Dieser Mann lacht nicht nur über Bruscons Sottise, begabte
Schauspieler seien so selten wie ein »Arschloch im Gesicht«,
er weiß, daß Bruscon zu jenen seltenen Exemplaren gewiß
nicht zählt. Hugo Lindinger machte die stumme Rolle zum
Ereignis. Nachdem er halsstarrig, unterwürfig, triumphierend,
clever, gelassen Bruscons Philippika und sein versponnenes
Schauspielergerede überstanden hat, serviert er Frittaten-
suppe. Nicht unterwürfig, nicht beflissen, sondern stolz und
geschäftstüchtig.

Noch ein Wirt, wieder fleißig, wieder kulant: Lindinger in
Horvaths *Italienischer Nacht*, 1971 im Münchner Residenztheater. Ein Wirt mit miesem Gewissen, denn er bedient Linke
und Rechte zuvorkommend gleich. Wieder stilisierte Lindinger die Figur zur Überlebensgröße. So, daß man sie zwar
auslachen konnte, aber nicht ohne zugleich zu erschrecken
über die eigene naive Dummheit, dieses Ungeheuer aus dem
Jahr 1930 zu unterschätzen.

Hugo Lindinger, der gebürtige Salzburger, der zuerst als
Buffo arbeitete, war bei Hilpert in Göttingen, bei Gründgens
und Stroux in Düsseldorf, dann am Münchner Residenztheater
engagiert. Er spielte in Hans Lietzaus Inszenierung von Claudels *Der seidene Schuh* und bekam dafür von Joachim Kaiser
das Lob »glaubhaft komisch«; er witzelte in Michael Hampes
Fledermaus (1970 im Münchner Nationaltheater), und
K. H. Ruppel freute sich über seinen »unverzagt possenreiße-
rischen Frosch« mit dem »wienerischen Ton«; er mußte sich
in Kurt Meisels Turgenjew-Inszenierung von *Ein Monat auf
dem Lande* 1966 »übertrieben drollig und trottelhaft« als
Galan üben, was Urs Jenny erregte. Und immer wieder sah

man Lindinger auf den Bühnen von Münchens Boulevard-
Häusern. Die Regisseure der großen Häuser hatten ihn vergessen.
Erst Claus Peymann – und später George Tabori – entdeckten
ihn wieder. Hugo Lindinger wurde Burgschauspieler: ein starker Wirt, ein kecker Peter Squenz in Alfred Kirchners Shakespeare-Inszenierung, der Koch in Taboris *Mein Kampf.*
Er starb am 10. Januar 1988 in Wien.

Susanne Lothar:
Pummel mit verletzter Seele

Susanne Lothar zählte auch zu den »Wunderkindern«, die die Zeitschrift »Theater heute« in ihrem Jahresheft 1986 kürte und denen sie einen Artikel widmete. Anfang der fünfziger Jahre geboren, Tochter des Schauspielerehepaars Hanns Lothar und Ingrid Andree, entschloß sich Susanne Lothar erst nach reiflicher Überlegung zu diesem Beruf, den sie einer Journalistin vor wenigen Jahren als »schwer« beschrieb, denn man müsse »voll dahinterstehen, um etwas von sich hergeben zu können«.

Was gibt Susanne Lothar von sich her? Ihren Körper. Sie leiht ihn jungen Mädchen, die scheitern, die schmerzhaft an die Grenzen ihrer Sehnsüchte und Begierden stoßen.

Wer sie als debile Marga in Tankred Dorsts Film *Eisenhans* gesehen hat, war erstaunt, wie sich diese Schauspielerin verändern kann. Aus der jungen, sehr hübschen Dame, war ein häßliches Kind mit fettigen, strähnigen Haaren geworden, das plump und unbeholfen auf dem Kirchweihfest tanzte, zu dem der Vater es geführt hatte. Susanne Lothar: ein Klotz, sperrig wie ein Möbel. Und doch auf seltsame Art grazil, kindisch-täppisch, agil.

Auf dem Heimweg von diesem Dorffest tollt sie übermütig kindlich mit dem Vater, steckt ihn an zu Streichen – oder waren es nicht eher schon Tollheiten? Die beiden durchstechen die dünnen Plastikhäutchen, die die Bauern über ihre Gewächshäuser gespannt hatten. Dorsts sensibles Zeichen dafür, was Eisenhans danach im Hühnerstall mit seiner Tochter treiben würde. Doch Susanne Lothars Marga ist kein Opfer. Sie führt ihren Vater nicht nur durch den Wald heim, nachdem

Die Leute im Dorf
reden von Inzest.
Schroth, genannt
Eisenhans, und
seine Tochter
Marga. Gerhard
Olschewski und
Susanne Lothar in
Tankred Dorsts
Film Eisenhans.

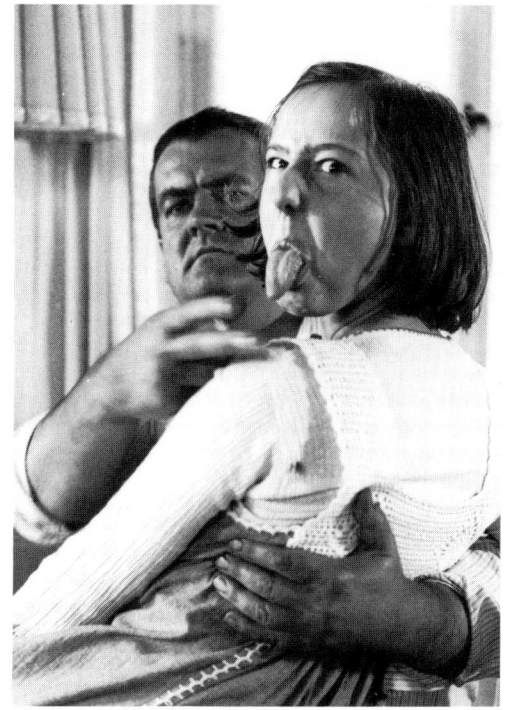

sie ihm einen Eimer über den Kopf gestülpt hatte, sie verführt ihn zu sich selbst. Er fühlt, daß er sich das Kind nehmen *muß*.

Marga, das dicke Baby mit den zuweilen timiden, manchmal hellwach blitzenden, argwöhnischen Augen, ist eine Verführerin, die weiß, was sie will. Unberechenbar berechnend
will sie eben das: den Vater als Lieb-Haber. Sie spielt die
kindliche Sehnsucht, in den Arm genommen zu werden, *und*
die Gier, geliebt zu werden wie die anderen Mädchen in ihrem
Alter.

Marga kokettiert mit den Männern: mit Eisenhans und mit
Habek, dem Voyeur, für den sie im Männerklo den Rock lüpft.
Sie tut's, weil sie sich mit ihrem Frauenkörper wehren will
gegen die Demütigung, wie ein dummes Tier behandelt zu

werden. Ihre Nacktheit, ihre Hingabe bedeuten Aggression, Marga ist nicht blöd; sie ist verletzt.

May auch. Susanne Lothar in Sam Shepards *Liebestoll*, 1986 in Stuttgart, am Württembergischen Staatsschauspiel – wieder in einer Inzestgeschichte. Eine junge Frau, gutaussehend, störrisch, kantig, liebt ihren Halbbruder, den sie nicht lieben darf.

Susanne Lothar hockt vornübergebeugt auf einem zerwühlten Bett. Sie starrt vor sich hin, in sich hinein. Gleich im ersten Augenblick entdecken wir an diesem Geschöpf, das in den nächsten Momenten toben wird, sein Ende: Vom Schmerz vernichtet, hat sie nichts mehr zu gewinnen, nichts zu verlieren. Ihre Ausbrüche ähneln den letzten Konvulsionen Sterbender. Wie eine Erynnie stürzt May auf den Bruder, zerrt ihn an den Armen, bei den Haaren, schlägt ihn und kreischt, explodiert. Aber schon in der nächsten Sekunde fällt sie müde, kraftlos zusammen, nicht etwa niedergeprügelt von dem Mann, dem sie gehören will, sondern getroffen von der plötzlichen Einsicht, daß diese Kämpfe, mit der sie die Liebe (zurück)gewinnen will, sinnlos sind. Jetzt beginnt sie, Liebe zu winseln. Der Umschwung wirkt bei Susanne Lothar keineswegs wie eine taktische Nummer, im Gegenteil: der neue Ton, die neue Gebärde sind Ausdruck der Körperlichkeit dieser May. Sie hat ihre Energie vertobt, aber nicht ihren Willen: Sie ahnt längst, wie nichtig all ihre Anstrengungen sind, trotzdem rast und schluchzt sie.

Auch das Gretchen liebt in Jürgen Flimms *Faust*-Inszenierung nach dem Motto: trotzdem. Das herbe, schon lebenskluge Fräulein der Susanne Lothar weiß schon sehr bald, daß aus dieser Liebe ihr kein Erdenglück erwächst. Dennoch verliert sie sich in ihrem Sehnen, in ihrem Begehren. Marga nicht unähnlich – Cordelia verwandt. Susanne Lothar spielte sie in Flimms *Lear*. Die verstoßene Königstochter, ebenso zart wie kämpferisch, hört nicht auf, den Vater zärtlich zu lieben, ganz bewußt ihm auch in der Ferne nah zu sein. Sie läßt nicht von ihm.

May, Liebestoll.

Es ist viel zu früh, vorhersehen zu wollen, wohin sich Susanne Lothar entwickeln, wohin sie die Arbeit führen wird. Aber mir scheint heute, daß sie den schmerzensreichen Mädchen bisher am meisten, am entschiedensten von sich gegeben hat. Zumindest körperlich. Sie gewährt uns ganz selten nur einen Blick in die Seelen ihrer Geschöpfe. Das kann sie (noch) nicht.

Selbst ihre Marie in Jossi Wielers *Woyzeck*-Inszenierung 1986 in Stuttgart geht sie von außen an, spielt eine Getriebene, deren Körper sich weigert, das Leben hinzunehmen, das ihr vorgezeichnet ist. Sie will es anders. Den Freiern drängt sie sich auf, flieht den Woyzeck. Aber hier wie dort hält sie es nicht aus: sie will die Nähe, die sie sucht, gar nicht. Sie strampelt dagegen, kindlich garstig, zapplig. Eine Kratzbürste aus Gram.

Kratzbürstig muß auch ihre Viola gewesen sein. Werner Burkhardt schrieb damals, sie habe »als Frau ihren Mann« gestanden: »ein Zwitterwesen im Pierrot-Kostüm, verwundbar«. Das war 1985, am Hamburger Thalia-Theater.

An diesem Haus hatte Susanne Lothar mit 19 Jahren debü-
tiert: ein Kind. Dann verließ sie mit Mutter Andree Hamburg.
Sie gingen gemeinsam nach Köln, spielten bei Flimm. Oft
standen sie zusammen auf der Bühne: einmal als zwei Freundinnen, das Lesbenpaar K und M in Botho Strauß' *Kalldewey,
Farce.* Später spielte Susanne Lothar in Wien, neben Rehberg die
Klara Hühnerwadel in Giesings Wedekind-Inszenierung von
Musik; und schließlich sahen wir sie bei Ivan Nagel in Stuttgart. Dort wollte sie mit Zadek arbeiten, denn, so bekannte sie
einmal, Regisseure seien ihr wichtiger als Stücke. Zadek bekam das Hamburger Schauspielhaus, und Susanne Lothar
nahm vorlieb mit Zinger und Wieler, bekam die May und die
Marie. Nach diesen beiden Produktionen kehrte sie nach
Hamburg zurück, das sie eigentlich nicht verlassen hatte. In
Stuttgart war sie Gast, nicht einmal eine Wohnung wollte sie
dort nehmen. Nun ist sie (endlich) bei Zadek und spielte
zuallererst in Mamets *Edmond:* ein Peep-Show-Mädchen, eine
Bordellchefin, eine Kellnerin. Susanne Lothar scheint die Sie-
gerinnen, die Glücklichen nicht zu mögen. Irgendwann, möglichst bald, möchte ich sie als Emilia Galotti sehen.

Peter Lühr: Der Zauberer

»Ich bin nicht sehr dafür, daß meine sehr laienhaften Ansichten über meinen Beruf in die Öffentlichkeit dringen.« Peter Lühr ist diskret und untertreibt. Er ist Hamburger. Und er ist ein Zauberer. Einer, der nicht verraten möchte, wahrscheinlich nicht einmal erklären könnte, wie und womit er zaubert. Wer also Lührs Kunst begreifen, verstehen möchte, der muß wie ein Chemiker Proben nehmen und versuchen, die Mischung herauszufinden, die den Zauber ausmacht. Lühr als Narr in Dieter Dorns *Was ihr wollt*-Inszenierung. Ein Mann im Regenmantel. Nein, nicht Wilsons »man in the raincoat«. Und doch auch der: jemand, der einsam ist unter vielen, unverstanden. Weil er mehr weiß vom Leben und der Liebe, die all die jungen Menschen in dieser Komödie an- und umtreibt. Einer, der für Geld hochmütige Langweiler unterhält. Ein Entertainer, der bessere Tage erlebt hat und sich einst nicht bücken mußte nach dem Geldstück, das man ihm jetzt voller Verachtung für seine (niederen) Künste vor die Füße wirft. Ein trauriger, weiser Narr. Am Ende rührt er die Trommel und singt vom Regen, der an jeglichem Tage fällt. Der Regen als Metapher für das ewig Gleiche, das Wiederkehrende: für den dauernden Kampf, das Durchhalten. Auch für das Spiel.

Kein Zweifel, dieser alte Komiker ist Mittelpunkt der Aufführung, in der Dieter Dorn den Leidenden, den Lebensängstlichen seine inszenatorische Sympathie schenkte. Warum eigentlich? Weil Lühr mit seinen Händen zaubert.

Lühr zeigt nicht bloß mit dem Zeigefinger auf Menschen und Probleme, er nimmt in gravierenden Fällen den kleinen Finger hinzu, der bei ihm so lang und schön ist wie bei anderen

Männern der Ringfinger. Wenn er dem »Tugendmäuschen« Olivia den Katechismus lehren will, legt er den Zeigefinger (immer den der linken Hand) sehend, vorausschauend unter das linke Auge, behutsam. Natürlich zieht er nicht das untere Lid herunter, sein Auge weitet sich von selbst zu gespannter Aufmerksamkeit. Wenn er erklärt, aufklärt: dann wird aus Daumen und eben diesem Zeigefinger ein rundes O. Omega: der Schluß. Und wie Lühr aufgibt: Gerade hat Olivia (Gisela Stein) dem Narren unmißverständlich bedeutet, daß seine Witze alt geworden; daß die Leute sie nicht mehr mögen, da erhebt Lühr, am Boden vor der Herrin sitzend, den Arm, winkelt ihn an, hält ihn aufgerichtet parallel zu seinem Oberkörper und läßt dann die Hand langsam nach außen fallen, die Finger dicht aneinander. Die Handfläche ist leer, kein Stäubchen gibt es daraus wegzublasen. Sein Witz ist ihm ausgegangen. Er ist am Ende. Zwar hat er schon im nächsten Moment ein neues Bonmot parat, doch dieser Narr weiß längst, daß er aus der Mode, daß jeder Hanswurst größeren Erfolg hat als er. Die Hand: Zeichen der Niederlage.

Das hebräische Wort für Hand, »jad«, bedeutet gleichzeitig auch »Macht«. Sie ist ein königliches Symbol. Lühr wird das wissen. Und daß ausgestreckter Zeigefinger und aufgestellter kleiner Finger Segenssymbol sind, wird ihm auch bewußt sein.

Lühr als Merlin in Tankred Dorsts Mythenspektakel. Wieder ein Entertainer, diesmal gar befördert zum Oberspielleiter, eine Position, die Lühr in Leipzig einmal innehatte. Wieder ein Zauberer. Wieder der Zeigefinger, wieder das Omega, wieder diese langen schmalen Hände, die zittrig kokett, verkleidet in violetten Handschuhen, an der silbergrauen Lockenperücke fummeln, den Federputz des Hutes streicheln, fast obszön, und Fummel, Pelzstola zurechtzupfen. Einmal legen sich diese Hände auf beide Ohren, krampfhaft wollen sie verhindern, daß gehört wird, was nicht verstanden sein will. Einmal sind beide Hände hintereinander, gegeneinander gelegt, die Daumen zu beiden Seiten abgespreizt, vor den staunend erschreckten Mund gehalten.

Merlin.

Und Lührs blaue Augen! Flinker als der Gedanke, als das Erschrecken, als die Freude, rascher als alle Worte spiegeln sie wider, was seine Figuren erleben, empfinden. Keck können sie sein, schamlos offen, kupplerisch geil, wie wir es bei seinem Shakespeareschen Pandarus gesehen haben, gierig flimmernd und manchmal ganz matt, aus Abgründen aufsteigend, von schmerzvoll verkrampften Lidern eingeengt, damit die Pupillen nicht mehr erkennen müssen, was der Verstand nicht zu ertragen vermag.

Und dann Lührs Gang. Ich meine nicht die Show-Einlage im *Merlin*, als Lühr zu Tiny Timms Schlager »Tiptoe through the Tulips« sich in die Herzen aller von Dorsts Stück Gelangweilten steppte. Ich meine nicht seine Puffmutter-Parodie, als er sich in schwarzem Mieder, behängt mit vielen roten Federboas durch den Raum schlängelte, schmiegte, so aufreizend, als wolle er nicht nur allen professionellen Transvestiten Konkurrenz machen (die müssen dankbar sein, daß diese Inszenierung so rasch vom Spielplan abgesetzt wurde), sondern auch der verblichenen Marilyn Monroe und der langsam verblassenden Liza Minnelli noch dazu – nein, ich meine nicht die Nummern-Tänze. Lührs federnden Schritt meine ich, dieses Fliegen durch den Raum, das man zugleich fürchtet und ersehnt, hofft, dieser Mann werde abheben, fortschweben, sich lösen vom Boden, von keinerlei Schwerkraft mehr gehalten. Als Merlin und als Pandarus glich er so einem Schmetterling, seine Emotionen trugen ihn.

Er habe vielleicht einen »choreographischen Sinn«, sagt er einmal mit dem ihm eigenen Understatement. Gewiß hat er den. Und daß seine eigentlichen Interessen der Tanz und die Musik sind, daß er als junger Mann tanzen lernte, ist kein Geheimnis. In München fällt er als einer der eifrigsten (nicht professionellen) Konzertbesucher auf. Drei Abonnements hat er; und für die Liederabende der Fassbaender – so scheint es – ließe er wohl gar zu gern auch mal eine Vorstellung ausfallen.

Nun, auch andere Schauspieler setzen ihre körperlichen Mittel bewußt ein, kalkulieren gar mit ihren Wirkungen: die

Merlin.

Hand der Hoppe, auch bei ihr die linke, ist berühmt. Minettis Nuscheln, das fast unverständlich wohllautend-weich, ist es auch, ebenso wie Jutta Hoffmanns Blick, der, so offen, zugleich scheu und stark, hundertfach variiert, doch stets als der ihre erkennbar bleibt. An Peter Lühr und seinem Spiel muß also noch etwas anderes faszinieren. Etwas, das hinausweist über die erkennbaren Äußerlichkeiten, die sich beschreiben lassen.

Peter Lühr ist ein gewissenhafter, ernsthafter Schauspieler. Ein Leben lang hat er an sich gearbeitet und arbeitet noch immer an seiner Kunst; und – fast wichtiger ist dies – er läßt mit sich arbeiten. Besitzt ein Regisseur Professionalität und Kompetenz, so erkennt er ihn an.

Lühr liest jedes Stück, auch das ihm vertrauteste, vor jeder Neuinszenierung wieder. Und, so sagt er, er erlebe es jedesmal neu: »Ich denke mir nichts aus, aber allmählich konkretisiert es sich. An das Einzelne denke ich noch gar nicht. Aber bestimmt denke ich an das Stück, wenn ich an meine Rolle denke.« Und Lühr über Regisseure: »Ich mag gern zuhören, ich kann mich auch gut anpassen; vor allem kann ich viel lernen, was ich nicht alleine schaffe.«

Wenn Peter Lühr spielt, spürt und sieht man, wie sehr er sich mit dem Text, mit jedem Wort seiner Rolle auseinandergesetzt hat. Doch setzt er nicht bloß sein Wissen um, sondern er spielt mit seinen Erkenntnissen. Dies scheint mir die typische Lühr-Kunst zu sein. Lührs Spiel ist also nicht bloß, die gedankliche Interpretation der Rolle überzustülpen und dadurch Menschen zu schaffen (was bei anderen ja schon als große Leistung gelten kann), Lühr macht mehr. Er erprobt sein Wissen *im* Spiel.

Lühr, der Komödiant, nie zufrieden damit, nur die vordergründige Wahrheit der Menschen zu offenbaren, unzufrieden selbst dann noch, wenn es ihm gelingt, die Hintergründe, die Abgründe der Menschen darzustellen: Lühr will darüber hinaus die Fassade und das Innere zugleich brechen. Deshalb wird Lührs Realismus surreal, sein weltvergessener Irrwitz selbstverständlich wirklich. Vollkommen, harmonisch verschmelzen bei diesen Glücksfällen des Theaters, die Lühr uns wie kaum ein anderer fast kontinuierlich schenkt, Idee und Darstellung. Nicht bloß bei Shakespeare und Dorst.

In Dorns *Danton*-Inszenierung gestaltete Lühr aus dem versoffenen Thomas Paine einen beklagenswerten, tragischen Charakter. Dieser Mann sah in Tiefen menschlichen Seins und sagte wahr. Oder Botho Strauß' *Park:* Lühr als Oberon, neben der Nicklisch. Welch ein Paar. Er, der Gott, raste gegen seine Frau, die fremdgeht und verkommt; raste gegen den schwulen Cyprian, der mit dem Gottesgeschenk, den Talismanen, klitzekleinen Glücksbringern, die Menschen nicht zur Liebe, sondern zur Geilheit verführte. Doch häufiger war dieser Oberon sanft, klug, liebebedürftig.

Wer wird vergessen, wie Peter Lühr und Maria Nicklisch, der hochgewachsene Mann mit dem schütteren Haar und die kleine blonde Frau, sich einander nähern. Vorsichtig zärtlich bewegen sie die Köpfe zueinander, bis die Stirnen sich begeg-

Der Narr.

nen. Nase an Nase, wie die Verliebten auf Tahiti, stehen sie da, lächelnd. Dann umfassen sich die Hände. Er nimmt die kleinen in seine großen. Glückselig wieder eins, ein Paar. Ich bleibe dabei: damals Münchens schönstes. Oder in George Taboris Beckett-Inszenierung: Lühr als Estragon. Heruntergekommen, ängstlich, aber vital. Der läßt sich nicht unterkriegen.

Im Sommer 1983 erlebte ich Peter Lühr in Schloß Schleißheim. Er las Liebesgedichte von Pablo Neruda, *Los Versos del Capitán*. Lühr, damals fast achtzigjährig, verwandelte sich zu einem Jungen, der mit der Erfahrung des alten Mannes, des Auch-Enttäuschten, von Trauer ins Schwärmen fiel. Ironisch, heiter, nachdenklich, verletzt und entflammt sang er Liebe. In vielen Geschwindigkeiten, in vielen Tonhöhen. Selbst sein Schweigen atmete Liebe. Regungslos hörte ich ihm zu. Wieder versuchte Peter Lühr »das Unmögliche«, damit, wie Hermann Hesse es formulierte, »das Mögliche« entstehen konnte. Diese

Pandarus.

Direktheit, dieses Engagement für winzige Texte war wohl nur Lühr möglich. Er stößt stets bis an die Grenzen vor, fordert von sich die Vollendung. Und er bedauert es gewiß, wenn er sie nicht erreicht, er sie nicht erreichen kann. Trotz ausgeklügelter Choreographie konnte er mit Alexander Langs *Don Karlos* wenig anfangen, widersetzte sich auch dessen Wunsch nach Entmenschlichung des Großinquisitors. Lühr wollte nicht wohlgeführte Marionette sein und gefiel nun allen, die sich – ihm gleich – Langs konsequentem Konzept verschlossen. Das war kein Verstoß gegen seine Disziplin, die so groß war wie seine Kunst.

Lühr, der am 3. Mai geboren wurde, irgendwann zwischen 1906 und 1908 – sein wirkliches Alter sei seine »Privatsache«, antwortete er, einmal danach befragt –, wuchs auf in einer intakten Hamburgischen Kaufmannsfamilie, machte mit 17 (!) das Abitur, nahm Schauspielunterricht bei Marlé und debü-

tierte 1925 an einem Boulevardtheater, dem Kleinen Lustspiel-
haus in Hamburg. Danach wechselte er, wie alle seine Alters-
genossen, rasch die Häuser, bis er 1938 nach Leipzig engagiert
wurde. Dort blieb er – auch als Oberspielleiter – bis 1947, bis
ihn Erich Engel nach München holte. Am 13. Mai 1947 fing er
an den Münchner Kammerspielen an. Diesem Haus bewahrt er
die Treue, von Gastspielen, wenigen Filmrollen abgesehen.
Hier wurde und wird er gefeiert. Bejubelt wie ein Opernstar.
Doch ganz anders als Domingo nimmt Lühr die Bravos nicht
triumphierend, selbstverliebt und -sicher entgegen. Ein wenig
überrascht, ein wenig kokett, oft schlicht erschöpft wie nach
Troilus und Cressida, als er hastig verkuppelte und mephisto-
phelisch die Schwächen der Menschen ausnutzte, um am
Ende, wieder ein Wissender, auszusteigen aus dem Wahnsinn.
Er ist eher zufrieden, wenn *er* glaubt, es richtig gemacht zu
haben. Für Peter Lühr ist die Berufung Beruf.

Mit dunkler Aktentasche geht er morgens die Maximilian-
straße hinauf zur Probe. Wenige Passanten erkennen ihn. Und
auch die Verkäuferinnen, die ihn manchmal beobachten,
wenn er vor den Schaufenstern der Damencouturiers stehen-
bleibt, schaut und schmunzelt, wissen nicht, daß ein Theater-
könig ihnen die Ehre gibt. Für Peter Lühr ist die Kunst ein
Ausweg, obwohl flüchtig, obwohl vergänglich. Er bedauert das
rasche Vergessen, das Vergessen-Werden nicht, im Gegenteil:
»Was können archivierte Kritiken (mit schwankenden Kom-
petenzen), was gar nichtssagende Unterscheidungen von Erfolg und Nicht-Erfolg später noch bringen? Das alles *war.*
Selbst Photos wollen immer weniger, schließlich gar nichts
mehr zeigen. Tonbandaufnahmen werden geisterhaft, Film-
aufzeichnungen unwahrscheinlich. Das Leben pflanzt sich
anders fort, die Kunst auch. Selbst für die, die als direkte
Verursacher dafür einstehen müssen «

Wer am Morgen weiß, daß er abends Peter Lühr sehen wird,
der kann jubilieren wie Winnie: »Es wird ein glücklicher Tag
gewesen sein.«

Eva Mattes: Entdeckt, aber nicht ergründet

Ich mochte Timy. Wenn mir ganz fad war; wenn es mir nicht einmal mehr Spaß machte, meine jüngere Schwester und die Nachbarskinder mit einem neuen Dramolettchen zu überraschen, in dem mein Kasper sich mit der Großmutter stritt, den Lehrer niedermachte und gegen das Krokodil antrat, dann sah ich *Lassie:* also selten. Timy war Eva Mattes. Das damals zwölfjährige Mächen lieh in den sechziger Jahren dem Buben ihre Stimme, synchronisierte auch Pippi Langstrumpf und David Copperfield. Die Tochter des Komponisten Willy Mattes und der Schauspielerin Margit Symo, die 1939 als Tänzerin in dem Film *Der Postmeister* die deutschen Männer entzückt hatte, arbeitete schon früh für den Film.

1970, damals war sie gerade 16, sah man sie auch endlich: in Michael Verhoevens Anti-Vietnam-Werk *o. k.* Reinhard Hauff wurde auf sie aufmerksam, später entdeckten sie Fassbinder und Franz-Xaver Kroetz. Kroetz war es auch, der sie noch im gleichen Jahr, in dem Fassbinders Verfilmung seines *Wildwechsel* herauskam, ans Theater empfahl. Eva Mattes, die nie Schauspielunterricht genommen hat, sich später eher freundschaftlich von Gerd Kaminski über Sprech- und Atemtechnik ein wenig aufklären ließ, spielte am Hamburger Schauspielhaus die Beppi in der Uraufführung von Kroetz' *Stallerhof*. Ich kenne diese Aufführung nicht, für die Eva Mattes so jubelnde Kritiken erhielt wie niemals später, und deshalb verlasse ich mich auf Reinhard Baumgarts Analyse. Er schrieb im Juni 1972:

»Eva Mattes brachte es fertig, nicht nur eine Figur, sondern, wo immer sie hockte, maulte, strahlte oder kurzsichtig hinblickte, auch die ganze Umgebung dieser Figur mit herzustellen, einen Rummelplatz oder Biergarten, einen Kirchgang im Regen oder Preiselbeerpflücken im schwülen Hochsommer. Da war jemand, dem die Sprache eben nicht nur fehlte, sondern den Sprache auch nicht hinderte, in jedem Augenblick und ohne Umweg offen zu sein für jeden Eindruck und Ausdruck. Diese Schauspielerin stand eine halbe Szene lang vollkommen nackt auf der Bühne, mit einem schweren, plumpen Körper, ohne daß sich auch nur einen Augenblick lang die übliche peinliche Zweideutigkeit aus Scham und ihrer demonstrativen Verdrängung einschaukelte. Nackt, wie ein Körperteil, war auch ihr Gesicht von Anfang an gewesen. Jedes Entsetzen, jede Zufriedenheit war darauf klar, breit, ungehemmt erschienen. Im Stück wird die Beppi behandelt wie der letzte Mensch. Auf der Bühne bewegt sie sich wie der erste: Sie lernt vor unseren Augen stockend und mühsam das Leben wie das Abc.«

Das war der eigentliche Beginn von Eva Mattes' Theaterlaufbahn, obwohl sie zuvor schon an Münchner Privattheatern aufgetreten war, sogar in *Dr. med. Hiob Prätorius*, wo Karl Schumann sie gesehen hat und die kleine Eva Mattes 1976 »ganz allerliebst« fand. Eva Mattes blieb in Hamburg, bis 1979. Sie arbeitete mit Wilfried Minks und mit Peter Zadek, spielte die Jungfrau von Orleans und im Mai 1976 die Desdemona in Zadeks – inzwischen legendärer – *Othello*-Inszenierung. Es war eine starke Aufführung, die ausgepfiffen und frenetisch beklatscht wurde. Zadek hatte einen Affront, ein Novum kreiert, hatte Shakespeares Drama der Leidenschaft und der politischen Ranküne trivialisiert. Jeder Auftritt war ein unkonventioneller Einfall, und keiner davon war Zadek zu albern, zu aufgesetzt, zu gesucht, um ihn sich zu verkneifen. Ich bemerkte (wie andere auch), erst amüsiert, dann widerwillig-gelangweilt die Gier nach Effekten. Und ich sah zwei Schauspieler, die, Wachs in den Händen des Gewaltigen, alle gewünschten Wirkungen herstellten. Ganz unbedarft, ganz natürlich, gelassen: Ulrich Wildgruber und Eva

Desdemona und Othello. Eva Mattes und Ulrich Wildgruber bei Peter Zadek.

Mattes. Dieser *Othello* war ein Theaterhappening, eine Shakespeare-Show, Theater-Zirkus. Mittendrin: Eva Mattes. Eine wampige Desdemona, ein schönes Stück Fleisch. Sie räkelte sich im Bikini am Strand, ließ sich photographieren; hüpfte splitternackt über die Bühne, gab sich dem äffischen Mohren hin, dem potenten, strammen Kerl, dem seine Schwärze mit dem Schweiß von der Haut tropfte. Desdemona mochte es, wenn der ihr in den Busen biß. Aufgebracht vor Lust, warf sie geil den Kopf nach hinten, daß die Haare flogen – und schrie. Die Nacktheit wurde das Mattes-Prinzip, ihr heruntergezogenes Sprechen Markenzeichen. Damals stand sie in allen Gazetten, gab bereitwillig Interviews, widersprach sich ebenso locker wie unverschämt.

Sie arbeitete weiter am Theater, aber der Film wurde ihr immer wichtiger. 1978 war sie in Fassbinders *In einem Jahr mit 13 Monden* und in Werner Herzogs *Woyzeck* zu sehen; 1979 in Claus Hubaleks *Union der festen Hand* und in Peter Lilienthals *David*, 1980 in Helma Sanders-Brahms' *Deutschland, bleiche Mutter*.

1981 spielte sie in Percy Adlons *Céleste* eine ganz uneitle, zärtliche, opferwillige Frau. Die schwarzen Haare gescheitelt und zum Knoten gebunden, bis zum Hals angezogen, proper und sauber, wirkte sie weder exzentrisch noch verführerisch. Eine aufmerksame, kraft- und gefühlvolle Hausangestellte aus einfachsten Verhältnissen nahm sich devot, mütterlich-schwesterlich, eines dekadenten Genies an. Eva Mattes traf den Ton, die Ruhe, die Genügsamkeit dieses schlichten Gemüts. Ohne Allüre, vorsichtig, so, als könnte Forschheit den Rhythmus des Filmes ebenso beschädigen wie das Gleichgewicht dieser Frau aus dem Lot bringen, näherte sie sich Céleste – und wurde zu ihr. Die Mattes war nicht wiederzuerkennen.

In den achtziger Jahren kehrte sie zu Peter Zadek ans Theater zurück, spielte zuerst (1981) eine wilde Widerspenstige in Berlin. Den Riesenradhut auf dem Kopf, ließ sie

Marie.

nichts unversucht, damit sich alles um sie drehte. Sie
schaffte es. 1984 – inzwischen wieder in Hamburg, bei Zadek: Eva Mattes typgerecht besetzt, reißerisch in einem
Reißer, als bisexuelle Kämpferin Joanne. Ordinär, vulgär –
und selbstsicher. (*Verlorene Zeit* hieß das Stück, und der
Titel gab dem Abend das Motto.)
    Im gleichen Jahr sah ich sie auch an den Münchner
Kammerspielen. In Benjamin Korns *Woyzeck*-Inszenierung
hatte sie die Rolle der Marie übernommen. Damals schien
sie nach vielen Bühnen-Exkursen und Zadek-Provokatio-
nen wieder bei ihrem Anfang angelangt: die Marie war das
letzte Weib – und die stolzeste Frau. Sie sprach mit Gebärden Widerstand. Wir bemerkten, wie sehr diese Frau an
der Existenz litt, die sie nicht länger hinzunehmen gewillt
war. Ihr Blick forderte heraus, signalisierte nicht etwa hilf-
lose Unterwürfigkeit. In dem eher breiten Gesicht spiegelte sich Verachtung und der Wille, sich zu befreien, die

Enge ihres Da-Seins zu fliehen. Eva Mattes hatte alle äu-
ßerliche Aufgekratztheit verloren und sich mit größter
Sensibilität dieser Marie genähert. Oder – anders formuliert:
Sie hatte sich diesem Wesen anverwandelt. Eva Mattes, die
von sich einmal erzählte, daß sie während der Probenarbeit
die Frau, die sie darstellt, auch in ihrem Privatleben weiter-
spielt, so sehr verbinde sie sich mit ihr, war ganz bei der
Marie.

Selbst als sie 1986 in Zadeks *Wie es euch gefällt* die Rosalind verkörperte, spürte man diese neue Unbedingtheit
der Eva Mattes. Ihr konnte das Zadeksche Tohuwabohu,
die Effekthascherei, nichts anhaben. Gelassen ließ sie den
Zirkus neben sich wüten, ging an ihm vorüber, blieb bei
Rosalind und ihrem Gefühl, ihrem Schmerz, ihrer Sehnsucht.

Eva Mattes ist eine Ausnahmeerscheinung im deutschsprachigen Theater. Sie widersetzt sich beharrlich, irgendwo
eingeordnet, vereinnahmt zu werden – und ist es doch (leider) längst.

So wie Wildgruber, von dem seine Bewunderer behaupten, man könne bei ihm in jeder Rolle die Geburt der Sprache erleben, so wird Eva Mattes als aufregend unprofessio-
nell be- und gehandelt. Aber ihr Körperspiel könnte mehr
leisten als Provokation. Sie hätte auch in der Marie noch
mehr zu entdecken vermocht, wäre sie gefordert worden.
Aber da Zadek zufrieden ist, wenn sie ist, wie sie ist, stößt
sie nie zum Zentrum ihrer Figuren vor, eben auch nicht in
ihrer Büchner-Interpretation mit Benjamin Korn. Sie verliert
sich oft in den Äußerlichkeiten, selbst dann, wenn sie mit
größter Genauigkeit ihre Gebärden findet und fixiert. Man
kann nur ahnen, was sie wohl meinen will, was hinter den
traurig-dunklen Augen stehen mag, was der schlurfige Gang
verstecken oder verraten soll.

Eva Mattes, die Schauspielerin für Zadeks Regietheater –
wie tot das auch immer inzwischen ist –, sie läßt sich auf viel
ein: auf Varieté und Kabarett, auf Risiken und Experimente,

doch sie mißtraut sich. Sie gehorcht lieber und scheint verloren, wenn sie gefordert wird, allein eine Figur zu gestalten. In
einer Zeit, in der allenthalben sich die Schauspieler in den
Staats- und Stadttheatern wieder den ersten Platz vor den
Regisseuren erspielt haben, wirkt sie verloren. Sie muß bewegt, angespornt, geführt werden. Und zu wenige nehmen sich
ihrer an. (Oder vielleicht will sie sich auf niemanden anderen
als Zadek einlassen?)

Doch es wäre an der Zeit, Eva Mattes' Körperspiel weiter zu
entwickeln, mit ihr zu arbeiten, sie zu Neuem herauszufor-
dern. Denn obwohl sie keine intellektuelle, keine sprach- und
sprechgewaltige Darstellerin ist, sie besitzt nicht nur Erotik
und Sex, nicht nur Unverschämtheit und eine sehr direkte
Kraft der Vergegenwärtigung: sie ist zu ungewöhnlichen, radi-
kalen Verwandlungen fähig, begabt, die Seelen der Frauen, die
sie spielt, uns in einem Lachen, einer im Schoß ruhenden Hand
zu entdecken. Wir sahen es an ihrer Marie schon in Ansätzen,
an ihrer Céleste und an ihrem Fassbinder-Double *Ein Mann
wie Eva*. Wer Eva Mattes nur als Typ besetzt und verkauft,
unterschätzt sie und tut ihr unrecht. Sie ist keine »Anti-
Schauspielerin«, als die sie vielen gilt, keine Dilettantin, sie
sollte nicht länger bloß Marionette mit vielen Fäden bleiben.
Was sie wirklich kann, das haben wir alle noch nicht gesehen.

Ulrich Matthes: Gespielte Essays

Das Wort »Star« kann er schon nicht ausstehen, aber noch entsetzlicher findet er es, in den Gazetten als »Jungstar« gehandelt zu werden. Richtig daran ist, daß Ulrich Matthes jung ist. 1986 feierte er seinen 27. Geburtstag. Und ebenso richtig ist, daß er schon (sehr) bekannt ist. Von »Theater heute« wurde er 1986 zum »Jungen Schauspieler des Jahres« gekürt.

Ich sah Matthes 1985 zum erstenmal auf der Bühne, in Düsseldorf. Er spielte die Titelfigur in Joshua Sobols Stück *Weiningers Nacht,* gewiß keinem Meisterwerk. Aber Matthes machte aus Sobols zitatenreichem, sterilen Text eine aufregende Studie über einen Menschen, der mit sich und der Gesellschaft im Widerspruch lebt: Matthes, ein gehetzter, kranker, von Selbsthaß zerstörter Judenjunge. Von der Mama wird er wie ein Kleinkind verhätschelt und zugleich zu Hochleistungen getrieben; vom Vater – der sein Jüdisch-Sein versteckt, sich mit Wagner tarnt und vom liberalen Klima Wiens vor der Jahrhundertwende, also vor Luegers Antisemitismus-Angriffen, täuschen läßt – zur Wagner-Bigotterie gedrängt. Matthes entdeckt in Otto jenen Mystiker, den Weininger-Forscher Jacques LeRider in ihm sieht, einen, »bei dem Antifeminismus und Antisemitismus eine ›Transe‹, ein erotisches Grenzerlebnis à la Georges Bataille, eine Selbsttötung als Untergang zu einer Neugeburt bedeuten«

Asketisch schlank, mit kurzen Haaren, eine runde Nickelbrille vor den hellwachen Augen, ein kleiner Schnauzbart: Matthes, ein Schwieriger, der sich nicht wohlfühlt in seiner Umgebung und nicht in sich selbst, in seinem Körper. Es sieht

»Der Selbsthaß steht gewiß moralisch höher als die Selbstliebe«,
Otto Weininger in Über die letzten Dinge.

stets so aus, als versuchte dieser Otto in seinen Haltungen, in seinem Gang zu verstecken, daß er ein Homosexueller ist. Alles ist eckig, kantig, hart: unnatürlich. Wenn er Clara, seine Freundin, die von Herzls Palästina träumt, in den Armen hält, dann sieht man die Qual, die ihm die Verstellung bereitet, entdeckt man in seinen Gesten die Abneigung *und* zugleich den Willen, zu schaffen, was ihm nicht gelingen kann: eine Frau zu lieben – noch dazu eine jüdische.

Wie ein Pennäler steht Ulrich Matthes dann da, hilflos, traurig, mit angsterfülltem Blick, sich weit fort sehnend. Sie will ihn, er will sie wollen. Sie löst den Gürtel, er den Vatermörder; sie knöpft die Bluse auf, er das Hemd. Furchtsam beide, betrachten sie einander, zitternd. Sie ahnt, daß ihr Wunsch sich nicht erfüllen, er weiß, daß er sich nicht verführen lassen wird, weil er es nicht zulassen kann. Langsam gehen sie aufeinander zu, auch Otto setzt Fuß vor Fuß. Sie umarmt ihn – und er? Matthes legt seine starre Hand auf Claras Rükken. Der Kuß. Wie Wagners Parsifal die Kundry, so wirft Otto Clara von sich. Die Wunde! Die Sünde! Nur einmal, als er mit Berger am Boden ringt und plötzlich von dessen Stärke schwärmt, langsam mit den Fingern über die Haut des Freundes streicht, zärtlich, für Minuten seine Maske vergißt, ist Otto er selbst. Das Spiel von Ulrich Matthes ist intelligent und dennoch sinnlich. Man spürt, daß er die Menschen, die er auf der Bühne schaffen will, zuvor kennenzulernen versucht, daß er sich mit ihnen auseinandergesetzt, sie analysiert hat. Vielleicht wäre Matthes deshalb als Sturm-und-Drang-Jüngling, als Alles-oder-Nichts-Liebhaber fehlbesetzt. Matthes, dem jungen Denk-Spieler, scheinen eher die Außenseiter-Typen, die sensiblen Intellektuellen angemessen zu sein.

Zum Beispiel der Bernhardi-Sohn Oskar. Wieder ein Jude, einer, der den Widersachern überlegen, ihnen dennoch ausgeliefert ist. Ein Junge, der, klug und stolz, nicht mit ansehen kann, wie der alte Bernhardi gedemütigt wird. Nach langen Augen-Blicken des Einverständnisses, des Trostes, steht Matthes plötzlich auf. Der Jude erträgt diese Heuchler nicht mehr und nicht mehr das Bild des Vaters, der, den beschmierten Mantel über den Kopf gezogen, zur Spottgeburt geworden ist.

Oder Matthes als Kindertyrann in Thomas Schulte-Michels' Inszenierung von Mrożeks *Tango*. Matthes hält auch in dieser Düsseldorfer Aufführung den forcierten Ton, die spitze eckige Gebärde, die Übertreibung durch. Ein altkluger Knabe, der Ordnung bringen will ins liberale, verschlampte Lotterleben der Eltern und Verwandten. – Matthes will zwar »keine Kunstfiguren, sondern Menschen« spielen; gerade in dieser Figur jedoch entdeckt er die Künstlichkeit, die Un-Menschlichkeit, den Yuppie.

Auch als Heinrich in Tankred Dorsts *Heinrich oder Die Schmerzen der Phantasie* mißtraut er der Direktheit. Matthes als 16jähriger Pimpf, der von Heldenruhm träumt – und das

Heinrich oder Ein Pimpf wird erwachsen.

Leben kennenlernt im Berliner Salon seines Onkels Dr. Dr. Plinke. Mit neugierigen Augen saugt dieser Heinrich auf, was er sieht, hellhörig. Ihm entgeht nichts: Er wird erwachsen.

Matthes' Spiele sind Denk-Etüden. Und das bedeutet, daß sein Körper, seine Diktion sich nicht verselbständigen. Kein anderer junger Schauspieler geht so sparsam, so gezielt mit seinen Mitteln um wie er. Deshalb bleibt er selbst dann, wenn er nur als stummer Zuhörer in einer Szene dabei ist, wenn er nur mit einem Blick, einer Geste antwortet, kommentiert – wie zum Beispiel in *Bernhardi* – so präsent, so gespannt. Unentbehrlich.

Erst wollte Matthes Lehrer werden, studierte Anglistik und Germanistik, dann nahm er Schauspielunterricht, debütierte im Berliner Renaissance-Theater in Kohouts *Armem Mörder.*

Danach die Provinz: Krefeld-Mönchengladbach. Hier entdeckte ihn Günther Beelitz, engagierte ihn an sein Düsseldorfer Haus und nahm ihn mit nach München, ans Residenztheater. Vielleicht kann Matthes' Karriere eine Erklärung für sein Spiel sein. Er, der schon als Kind am Schillertheater auftrat und im Fernsehen zu sehen war, wollte diesen Beruf zuerst nicht, obwohl die Eltern ihn bestärkten. Er wollte eine akademische Ausbildung und änderte seinen Lebensplan erst nach einigen Semestern. Ulrich Matthes ist kein Komödiant, keiner, der brillieren will. Dieser sehr zurückhaltende junge Mann sucht im Theater nicht die Selbstdarstellung, sondern das Leben – und Gegenentwürfe, sucht die Lüge und die Wahrheit. Ulrich Matthes spielt Essays. Wenn er Regisseure findet, die erfahrener sind als er und ebenso klug, ebenso besessen, dann werden wir gewiß über viele Menschen der Literatur noch bisher kaum Erahntes erfahren.

Sunnyi Melles: Begehrt, begierig

»Es gibt keine normalen Wege überhaupt«, antwortete Sunnyi Melles einem Journalisten, der sie gefragt hatte, ob ihre Karriere »normal« gewesen sei. Sie war und ist es nicht. Der Aufstieg dieser blonden, 178 cm großen Schönen mit dem Marilyn-Monroe-Touch ging rascher als der ihrer Kolleginnen, und er führte sie in eine Höhe, von der andere nur schwindelig träumen können.

Sunnyi Melles wurde am 7. Oktober 1958 in Luxemburg geboren. Die Tochter des ungarischen Komponisten und Dirigenten Karl Melles und der finnischen Schauspielerin Judith Melles (»Eine gute Mischung für eine Karriere«, meint Sunnyi) wuchs in Basel auf. Mit sechs nahm sie Ballettunterricht; mit elf machte ihr die klassiche Hupferei schon keinen Spaß mehr; mit zwölf lernte sie Step- und Jazztanz; mit achtzehn bewarb sie sich um die Aufnahme in die Münchner Otto-Falckenberg-Schule und bestand die Prüfung. Mit zwanzig wurde sie, nach zwei Lehrjahren, geprüft, begutachtet nicht nur von ihren Lehrerinnen und Lehrern, sondern auch von Intendanten, die bei dieser Gelegenheit Vorverträge mit den Schülern abschließen können, denen danach noch ein einjähriges Praktikum (auch als Statisten in den Münchner Kammerspiel-Produktionen) bevorsteht. 17 Intendanten wollten Sunnyi Melles haben. Sie hätte nach Bochum, Düsseldorf, Hamburg, Zürich und ans Wiener Burgtheater gehen können. Aber sie blieb in München.

Sunnyi Melles übersprang das Praktikum-Jahr und wurde gleich das jüngste Ensemble-Mitglied der renommierten Kammerspiele. Zunächst trat sie in Ernst Wendts Inszenierung des

Militante Lesbe – in Kalldewey, Farce.

Kleistschen *Käthchens* auf: als alte Tante. Dann sah man sie in Shakespeares *Sommernachtstraum* als kahlköpfige Elfe und, wieder unter Wendts Regie, als Hure Auguste in *Trommeln in der Nacht.*
1980 spielte sie in Dieter Dorns *Danton* die Lucile. Ein kindliches, scheues Wesen, zerbrechlich, anfällig für die Krankheit Wahn. Ohne falschen Ton verlor sich diese junge Schauspielerin in die Verrücktheit. Damals, nach dem ersten (kleinen) Erfolg sagte sie, gewiß auch ein wenig kokett: »Ich hatte ja unheimliche Selbstzweifel. Nun hab' ich das Glück gehabt, nicht zu versagen. Das darf man nicht selbstverständlich sehen und nun einfach sagen, es geht schon. Ich find's gefährlich, wenn man zu früh gelobt wird. Man sieht sich dann auch unter einem schrecklichen Druck.«

*Verführte Verfüh-
rerin – Emilia
Galotti.*

Die Warnung nahmen die meisten Kritiker nicht ernst – und
lobten weiter: Sunnyi Melles als Objekt der Männerbegierden
auf der Bühne und – wer wollte, könnte es ausschließen – im
Parkett. Zum Beispiel als junge Susn, im Beichtstuhl. Ein
scharfes Gör, das sich mit Worten selbstbefriedigt und damit
nicht nur sich Lust verschafft, sondern auch dem lauschenden
Achternbusch-Pater, der alle möglichen Verrenkungen macht,
seinen erwachenden Trieb irgendwie niederzuhalten, wenn er
denn schon nicht abzutöten ist.
Sunnyi Melles als Emilia Galotti in Thomas Langhoffs
Inszenierung. Atemlos, frierend, nach Luft japsend, rast Sunnyi Melles in den großen Saal. Das weiße Kleid verschmutzt.
Augen, Mund, Gesichtsmuskeln wollen dieser tödlich erschreckten, unglücklichen, verwirrten Emilia nicht mehr gehorchen. Mühsam preßt sie die Worte hervor, stammelnd.
Langsam gewinnt sie Ruhe, nicht Stärke. Die – und einen
entschlossenen Willen – hat sie erst, als sie hysterisch, ener-

»Ich hab' zuviel gebetet« – Sunnyi Melles' Gretchen.

gisch den Vater um den Todesstoß bittet. Zu der Diskussion, ob Emilia den Tod sucht, weil sie eine noch stärkere erotische Bindung an den Prinzen fürchtet, wie seit Goethe immer wieder gedeutet wird, oder ob sie nur die tödlichen Gefahren einer unmoralischen, höfischen Gesellschaft flieht, liefert Sunnyi Melles, die sehr wohl das Hingezogen-Werden zum Prinzen spielt, noch eine neue Variante: Ihre Emilia stirbt aus Gehorsam und weil sie sich schuldig fühlt am Tod Appianis.

Eine andere Lust, keine Liebende: Sunnyi Melles als punkige Lesbe, hauteng in schwarzem Lastex mit Tigerfell-jöppchen in Strauß' *Kalldewey, Farce.* Eine Horror-Sister, elektrisch geladen, ordinär, obszön und doch zutiefst verletzlich.

Dann die Kehrtwende. Sunnyi Melles ist kein Typ, den man besetzt, mit ihr können Regisseure arbeiten, und schon wird aus dem Straßenkind eine Hofdame. Da wippt's nicht mehr mit der Hüfte und dem spitzen Absatz des schwarzen Stiefels:

groß und schön und aufgeräumt, äußerlich. Drinnen im Kopf,
in dem zur Starre, zur Grandezza gezwungenen Körper brodelt
es weiter wie bei Botho Straußens Mieze M. Sunnyi Melles als
Elisabeth in Alexander Langs Münchner *Don Karlos*. König-
lich, kalt wirkt sie und ist in Wahrheit rasch entflammbar. Sie
wartet nur auf den Funken.

Schließlich Sunnyi Melles in Dieter Dorns wohl zu hoch
gepriesener *Troilus und Cressida*-Inszenierung, die auch auf
dem Berliner Theatertreffen zu sehen war. Ein Mädchen, das
selbstbewußt, eitel und ein wenig falsch mit allen Feuern,
allen Männern spielt. Cressidas Treuebruch als Zeichen einer
Sehnsucht, die unerfüllt blieb. Der Sehnsucht, sich selbst zu
leben, zwanglos.

Daneben spielte Sunnyi Melles in Filmen, arbeitete fürs
Fernsehen. »Bei dem Karrieretempo«, meint sie, »wird einem
manchmal ganz schwindelig.« Aber, keine Angst, Sunnyi Melles kommt nicht ins Taumeln. Denn sie ist diszipliniert und
will genau dieses Leben, diese Karriere, dieses rastlose Arbeiten.

Hätte sie sich sonst nach der Cressida gleich in das bislang
wohl größte ihrer Bühnenabenteuer gestürzt? Am Tag vor der
Premiere von Dieter Dorns Münchner *Faust*-Inszenierung traf
ich sie in der Schalterhalle der Kammerspiele. Blaß, einen
grauen Herrenhut auf dem hellen Schopf, holte sie Karten für
die Mutter ab, die aus Basel angereist war, die Tochter zu
sehen. Auf der Stirn prangte Sunnyi Melles ein großes Pflaster.
Was ihr geschehen sei, fragte ich sie. Sie lächelte, verlegen,
doch zugleich eitel und kiekste: »Ich hab' zuviel gebetet.«

Gretchen, dieser bebrillte Blaustrumpf, sucht wahrlich oft
im Gebet Frieden. Aber wie! Sunnyi Melles schnurrt die berühmten, von jedem Zuschauer beherrschten Verse, von der
Ruh', die hin sei, ab, als müßte sie, züchtig vor dem Spinnrad
sitzend, die Worte zu nur einem einzigen drehen, wie die
vielen Fasern zu nur einem Faden. Ein Schmerzenslied, das
manchmal klingt wie Schubert. Nur treibt Sunnyi Melles
diesen Schrei weiter, als es Janet Baker oder Jessye Norman

Cressida macht nicht nur Troilus schöne Augen. (Sunnyi Melles und Peter Herzog).

tun. Wut, Verletzung und die Hoffnung auf Gerechtigkeit blitzen wie Messer in ihrem Gesang.

Dabei ist Sunnyi Melles' Stimme nicht sehr variationsreich, immer ein wenig zu hoch, beinahe piepsig, flach und kieksig. Aber diese Schauspielerin interpretiert weit mehr mit ihrem Körper als mit ihren Tönen. Ihre Augen, die wach und gierig im bleichen Gesicht funkeln, sie verraten, was die Worte kaschieren sollen oder nicht auszudrücken vermögen. Zum Beispiel, daß dieses junge Ding, noch Kind und schon nicht mehr unschuldig, mehr vom Leben und der Liebe weiß, als die anderen ahnen. Wenn sie der lebensgeilen, forschen Marthe (Cornelia Froboess) von ihrem Treffen mit Faust berichtet, dann sehen wir in dem »Du lieber Gott! Was ein Mann nicht alles, alles denken kann!« nicht etwa naive Überraschung, sondern Gier, Lust. Es gluckst aus der Melles; es zieht sie fort von diesem bürgerlichen Ort zu einer Hingabe, die doch so sehr von dieser Welt, aber bei ihr schon außerirdisch ist – hin zu einem Wahn, zur penthesileischen Kampfmaschine.

Eine Rächerin, die im Realitätsverlust wie Kleists Heldin
kein Maß mehr kennt für die Liebe, das Begehren. »Küß mich!
Sonst küß ich Dich!«, schreit sie Helmut Griem, dem Faust
entgegen. Küsse und Bisse sind auch für dieses Mädchen ein
und dasselbe. Und der Tod kein Opfer. Sunnyi Melles findet in
Goethes Gretchen Kleists Kriegerin und Lessings Verführte,
findet und äußert die gleiche Entschlossenheit, die keine Halb-
heiten duldet und alles fordert.

Verliererinnen sind Sunnyi Melles' Mädchengestalten nie.
Sie mögen scheitern, sie mögen sterben – aber sie gehen nicht
unter. Es ist, als wählten sie ihr Los, zahlten für ihr Verlangen,
die Enge, das Gesetz, die Gesellschaft zu fliehen.

Durch Sunnyi Melles gewann Dieter Dorns gestylte, flache
Bilderwelt Tiefe und Gefährlichkeit, weil diese Schauspielerin
das Gretchen (wie die Emilia) bis an den Rand der Erschöpfung
trieb, an jene Grenze, wo die Wirklichkeit endet und der
Irrwitz beginnt.

Sieht man sie anderntags wieder, eine Möhrensuppe löf-
felnd, rätselt man vergebens, woher dieses ein bißchen manie-
rierte, ein bißchen verrückte Mädchen die Kraft nimmt für die
Darstellung der Starken, der Sehnsüchtigen. Und dann erzählt
sie auch noch, daß sie sich eine Familie wünscht und viele
Kinder...

»Es gibt keine normalen Wege überhaupt...« Wahrscheinlich hat sie recht.

Bernhard Minetti: Der Theaterverbesserer

Wie kaum ein anderer Schauspieler wird Bernhard Minetti bewundert, verehrt: Hymnen von Zuschauern, Kritikern, Regisseuren und von Thomas Bernhard. Minetti wurde schon gefeiert, als er, gerade 25 Jahre alt, von 1930 an dem Ensemble des Berliner Staatstheaters angehörte. K. H. Ruppel schätzte 1938, nach der Premiere von Jürgen Fehlings Inszenierung der Hebbelschen *Maria Magdalena*, Minettis »bewegliche schauspielerische Phantasie«, mit der er dem Schreiber Leonhard »eine farbige Vielfältigkeit der Gemeinheit« gebe, »wie man sie an dieser Figur noch nie gesehen hat«; und er schrieb später über Minettis Robespierre, auf der Bühne stehe ein »innerlich gequälter Mensch, der seinen mörderischen Tugendsinn sich selbst immer wieder als Opfer hinwerfen muß«. Aber weder diesen Erfolgen noch seiner Arbeit nach 1945, erst in Kiel, dann in Hamburg, Düsseldorf, schließlich in Berlin, an den Staatlichen Schauspielbühnen, verdankt dieser Schauspieler seinen späten Ruhm. Minetti, während der Nazi-Herrschaft schon einer der allerersten Mimen, dem man Kränze wandt (woran er sich ungern erinnert), wurde *der* Minetti für die Jungen erst durch Dieter Dorn, Claus Peymann, Klaus-Michael Grüber und Thomas Bernhard, obwohl Hans Lietzau ihm nach der politischen Verbannung bereits wieder zu ersten Erfolgen verholfen hatte.

1972: Bernhard Minetti zum erstenmal in einer Peymann-Inszenierung, im Wuppertaler *Lear*. Ein Jahr später sah man ihn in Bremen. Grüber hatte Minetti gewählt als Krapp für seine Interpretation von Becketts *Letztem Band*.

1974: endlich der erste Bernhard-Minetti-Durchbruch.

Zwar hatte Minetti zuvor schon *Jagdgesellschaft* in Berlin gespielt, aber erst die Uraufführung von *Die Macht der Gewohnheit*, bei den Salzburger Festspielen, in Dieter Dorns Inszenierung, wurde zum Triumph. Minetti als Caribaldi. Der Zirkusdirektor, der immer Herr sein will, Knechte drangsaliert. Eigensinnig, egoistisch. Das Forellenquintett will er einstudieren, doch es erklingt nie. Dem Zuchtmeister gelingt es bloß, die mögliche Rebellion von Dompteur und dummem August niederzuhalten; der Schubert bleibt dabei auf der Strecke. Ihn hören wir erst, als Caribaldi, allein, müde und kraftlos, die Noten sortiert und das Radio, ein Vorkriegsmodell, anstellt. Die ersten fünf Takte des Quintetts. Minetti-Blauauge leuchtet. Erfreut, überrascht, überlegen, so als triumphiere er noch nachträglich, es den Blödmännern gezeigt zu haben. Jetzt spielt Casals.

Minettis »Morgen in Augsburg«, diese drei Worte, Seufzer über das Immergleiche, die ewigen Anfänge, die Trostlosigkeit der Provinz, auch über die Absurdität des Lebens, dieses »Morgen in Augsburg«, oft kopiert, ist längst Redewendung geworden; und der Aufnahme in den »Büchmann« widersetzen sich wahrscheinlich nur die Redakteure für Geflügelte Worte. Bernhards schwärzeste Aphorismen will man seitdem von niemandem anders als von Minetti gesprochen hören. Keiner knurrt, knarrt, knörzt wie er: »Wir wollen das Leben nicht, aber es muß gelebt werden.« Angewidert, boshaft, heiser.

Minetti wurde Mode, Mythos, und er wurde plötzlich ein Links-Denker. Spätestens zu Beginn der achtziger Jahre war kein Abendessen, keine Party mehr möglich ohne ein Bernhard-Minetti-Aperçu. Die Yuppies, die damals noch nicht so hießen, überboten sich: »Die Wahrheit ist ein Debakel« zum Aperitif; »Die Weltkörper sind Versteinerungen« zur Mousse au chocolat. Jeder versuchte sich an Bernhards Wort-Capriccios und an Minettis nuscheligem Alters-Singsang, den offenen, dunkel gefärbten, langgezogenen Vokalen.

1976: Bernhard schreibt für Minetti *Minetti*, eine Hommage an den Schauspieler, die Minetti, der »Geistestheaterkopf«, als

»Morgen in Augs-
burg. Die Konzen-
tration darf nicht
nachlassen.«
Minetti-Caribaldi
in Die Macht der
Gewohnheit.

»Hommage an die Schauspielkunst« verstanden wissen
wollte, bescheiden. Aber dann fügte er doch hinzu, er halte es
allerdings »für möglich, daß sich Thomas Bernhard für das
Problem der Schauspielkunst interessiert hat, nachdem er
mich hat spielen sehen«. Richtig daran ist wohl, daß Bernhard
in diesem Porträt des Künstlers als alter Mann nichts Biogra-
phisches aufgenommen hat. Andererseits ist es Minetti dennoch »unheimlich, was Bernhard alles von mir weiß«. Von
Minetti, der sicher ist, als Schauspieler geboren worden zu
sein.

Minetti: Minetti in einer schäbigen, heruntergekommenen
Hotelhalle. Er erwartet den Schauspieldirektor von Flensburg.
(Seitdem kann man jeden erfolglosen Intendanten kränken,
wünscht man ihn sich nach Flensburg.) Minetti, Schauspieler
a. D., zuletzt vor 30 Jahren in Lübeck auf der Stadttheater-
bühne, von wo er, nur weil er sich »der klassischen Literatur

verweigert« hatte, vertrieben worden war, hofft an diesem
kalten Silvesterabend auf den Mann aus der Rumstadt, will der
ihn doch noch einmal den König Lear spielen lassen. »In
Ensors Maske«. Minetti trauert Lübeck nicht nach, schließlich ist die Marzipanmetropole ihm ähnlich verhaßt, wie es
Caribaldi Augsburg war; schließlich hat er seitdem – nicht
unzufrieden, nicht erfolglos – in Dinkelsbühl Gemüse gezüch-
tet und geerntet. Aber den Lear will er trotzdem. Allein, der
Schauspieldirektor kommt nicht nach Ostende. – Ensors
Maske vor dem bleichen Gesicht, läßt Minetti sich auf einer
Parkbank einschneien.

Bernhard Minetti als Minetti: ein pensionierter Schauspieler, den man davor bewahren möchte, in Flensburg den Lear zu
geben. Denn während er in der Ostender Hotelhalle den Shakespeare rezitiert, bekommt man Angst um ihn: der ist dieser
Rolle nicht mehr gewachsen. Minetti spielt das Unvermögen,
aber nicht als Rührstück. Die menschliche Tragikomödie prä-
sentiert er, in der aus Minetti ein Clown wird und aus dem
Clown Minetti. Der Schauspieler überschreitet wieder einmal
die Grenze. Immer dann, wenn er die Menschen findet, sie
durchsichtig, für den Zuschauer erklärbar, verständlich
macht, immer dann – das ist das Paradoxe an seinem Spiel –
scheint es, als verlöre er die Figuren, als schwebe er über ihnen.
»Ich höre mein Ich über mir, entfernt, schwebend, im Raum
existieren«, erklärte er dem Herausgeber seiner Lebenserinne-
rungen, Günther Rühle.

»Die Wissenschaft vom Kopf und den Beinen« – so definiert
Bernhard die Schauspielkunst. Und Minetti ist der Lehrstuhl-
inhaber dieser Disziplin. Zwar ist ihm das Klischee vom Kopf-
schauspieler, vom intellektuellen Bühnenkünstler zuwider, er
sieht sich selbst viel lieber als den Paul Klee unter den Schauspielern, also als einen Naiven, als einen spontanen Künstler –,
allein, wie Minetti mit Worten umgeht, sie variiert; wie er
Sätze phrasiert, als wären es Melodienbögen; wie er – auf
Nietzsches Spuren – die Sprache singt, weil er weiß, daß die
»Symbolik des Tons unvergleichlich mächtiger und direkter«

»Ich weiß, ich bin ungerecht. Ich bin ein Scheusal, ich bin unverbesserlich.« Der Weltverbesserer.

wirkt, als wenn der Gedanke, »Symbol für eine Willenserklärung«, nur gesprochen wird: das beweist seine Gedankenarbeit. Minetti will das Melos. Und ich kenne keine Aufführung, in der er dieses Ziel nicht erreicht hätte.

Minettis Kritiker halten diesen Gesang für Manie, das Nuscheln für unerträgliche Mache. Sie werfen ihm Grimassieren vor. Aber gerade dieser Vorwurf trifft nicht. Denn Minetti macht es sich nicht bequem in seinen Haltungen, in seinen Melodien. Er ist ständig in Bewegung, neugierig auf sich. Er verändert, manchmal nur um wenige Nuancen. Gerade diese Unruhe, diese Differenzierungen von Minetti-Attitüden und -Tönen, sie sind seine Kunst. Wer immer bloß dasselbe von ihm zu hören und zu sehen meint, der schaut Minetti nicht aufmerksam genug zu, den täuscht sein Ohr. Minetti wiederholt sich nicht.

»Heute ist er einfach Nummer eins«, jubilierte Claus Peymann nach der Stuttgarter *Minetti*-Uraufführung. Jeder verstand ihn.

1980: der dritte Bernhard-Minetti-Triumph. *Der Weltverbesserer* hieß das Stück; der Weltverbesserer hieß die Rolle. Minetti scheuchte die wundervolle Edith Heerdegen durch Karl-Ernst Herrmanns hohe Räume. Wer den Schauspieler damals erlebt hat, denkt bei jeder Sauce nur an ihn, wie er, in hohem Stuhle, einem Thron gleich, Hof hielt und, allein auf der Bühne, zu sprechen begann; er rundete jeden Vokal, modellierte jeden Satz, als sei er ein Rezitativ: »Die Sauce süß, süß die Sauce.«

Der Weltverbesserer, der Tyrann. Minetti-Beschreibungen bleiben gern bei ähnlichem Vokabular: hart, störrisch, zynisch, kalt, durchtrieben, fanatisch, aggressiv, eisig – hochmütig. Doch es gibt ja auch noch einen anderen Minetti, den feinnervigen, verletzten, heiter-melancholischen, den zarten Minetti. Sein Faust an der Freien Volksbühne in Berlin war so ein Mann. Ein Greis, der vor der letzten Wanderung, dem Gang in den Tod, noch einmal ausbricht, so als laufe er Thanatos davon. Sehnsüchtig nach der Jugend und doch dem geflügelten Jüngling schon so nah, gierig nach dem Leben, vor dem Abgrund.

Das ist Minetti: Wie sonst ist zu erklären, daß er nicht müde wird zu arbeiten, zu reisen, die Vorstellungen von Kollegen zu besuchen?! Ein von der Kunst, der Schauspielkunst Getriebener ist Bernhard Minetti. Einer, der immer neue Antworten sucht auf die Herausforderungen, die das Leben dem Theater stellt. »Morgen in Augsburg« bedeutet für Minetti, morgen Berlin, Hamburg, München, Paris – wo er so bekannt ist wie kein anderer deutscher Bühnenschauspieler –, bedeutet Aufbruch zu neuen Ufern, Leben.

1985: Minetti spielt den Lear. Nicht in Flensburg. Klaus Michael Grüber inszenierte an der Schaubühne in Berlin. Minettis Lear – ein Theaterbeherrscher. Das Gesicht hager, blaß; die Wangen eingefallen, so, daß die hohen Backenkno-

In Leni Riefenstahls Film Tiefland.

chen hervorstehen; tief, vergraben die blauen Augen, die eher
noch als der Körper reagieren. Stolz, Zärtlichkeit, Überraschung, Grimm, Verachtung: Minettis Augen spiegeln klar
und leuchtend die Gedanken, die Empfindungen dieses alten
Mannes wider, bevor er sie mit Worten, mit Gesten kundtut.
Manchmal funkeln sie (selbst-)ironisch, fast spitzbübisch. Im
Gegensatz zu Peter Lühr, ihm ebenbürtig, ist Minetti sparsam
mit Hand-Zeichen. Er äußert auch die Ver-rücktheit des Lear
fast nur durch seine Sprachbehandlung. Körperliche Wildheit
ist diesem Schauspieler fremd. Wie in seinen Bernhard-Rollen
gab Minetti auch in seiner Faust- und Lear-Gestaltung die
Spannung nicht auf zwischen Kunstfigur und realistischer
Menschendarstellung.
    Davor, schon 1984: der Tellerkünstler Karl in Thomas Bern-
hards *Der Schein trügt.* Wieder eine Bernhardsche Kopfgeburt,
wieder ein alter Mann, wieder für Minetti. Wieder ein Quer-
denker, mürrisch, rechthaberisch, selbstbewußt und böse. Ein

Menschenzerstörer, der – schon um es den anderen zu beweisen – nicht darauf verzichten will, »in kleinen Dosen Philosophie, Extravagantes des Geistes« zu sich zu nehmen.
Und 1986: Noch einmal Minetti am Boden. Noch einmal
den Mäusen auf der Spur. Minetti – zugleich Weltverbesserer und Jongleur – in *Einfach kompliziert*. »Mausgift kaufen«, greint er heiser, aber nicht kraftlos, das bestimmt
nicht. Allein ist er. Minetti. Kein Flensburger Schauspieldirektor wird mehr erwartet; keine Frau kann er mehr trie-
zen, denn sie ist vor langer Zeit schon an Meningitis gestorben. Es gibt keinen Bruder zum Zank und schon gar keinen
Dompteur, keinen dummen August. Nur ein stummes
Mädchen traut sich noch zu ihm, bringt ihm Milch. Der
Theatermacher (den Minetti nicht spielte, sondern Traugott
Buhre), in Filzpantoffeln, schlurft durch die Wohnküche.
Alleingelassen, gedemütigt. Und doch über alle erhaben.
»Die Verzweiflung ausgenutzt – mich aus Verzweiflung
zum Genie gemacht.« So einfach ist das – so kompliziert war
das.
Minetti wird wieder Krapp: genüßlich an einem Stück
Käse nagend, das er vor den Mäusen in der Schublade seines
Tisches versteckt hat, hört er das letzte Band ab. Was wohl?
Minetti liest *Einfach kompliziert*. Minetti freut sich, eitel,
fast schamlos. »Begeistert sie offensichtlich«, gurgelt er. Ein
altes Kind. Ein Narr, ein Weiser, ein junger Schauspieler.
In seinen *Erinnerungen eines Schauspielers* hat sich Bernhard Minetti zwar nicht über seine politische Haltung während des Nazi-Regimes geäußert, obwohl man gern darüber
etwas erfahren hätte, schon weil so viele Gerüchte über sein
Fehlverhalten kursieren: er spekulierte statt dessen eitel, ob
sein Leben und sein Werk vielleicht »für den Himmel« reichen mögen. Daneben aber hat er auch manches Gescheite
über seine Kunst bemerkt und bescheiden als Versuch ausgegeben, was ihm stets gelungen ist: »in den Bernhardschen
Rollen Leben zu zeigen; in jeder Sekunde empfindbares Leben«.

Minetti, der Menschendarsteller, ist auf der Bühne nie zufrieden mit vagen Andeutungen. Er will die Figuren durchsichtig machen, so, daß jeder erkennt, warum sie denken, sprechen, handeln, wie sie es tun. Schließlich, so sagt er, sei er ja »eine Art Seelenverkäufer«.

Wenn Minetti nicht spielt, liest – zum Beispiel Hölderlin –, nicht Galerien besucht (er sammelt Zeitgenossen), dann sieht man ihn im Theater, manchmal in München, mit Tochter Jennifer. Oder er geht auf Fußballplätze. Als Peymann noch in Bochum arbeitete, als Minetti dort noch gastierte, wohnte er im einzig akzeptablen Hotel dieser Stadt, immer mit Blick auf das Stadion des VfL Bochum.

Befragt, ob es wirklich in jeder Generation nur zwei, drei außergewöhnliche Schauspieler gebe, antwortete Minetti nicht »Ja«, sondern: »Das können Sie auch beim Fußball beobachten. Da gibt es Fritz Walter, da gibt es Franz Beckenbauer und nur noch einige. Ganz nebenbei«, fügte er hinzu »auch Beckenbauer kann abstoßend wirken durch sein gewisses Gehabe, das die Leute nicht kapieren.« – Minettis »gewisses Gehabe« ist seine Kunst.

Und der Tod sein Thema. Er spielt – nicht nur mit Bernhards Texten – dagegen an. Wenn es schon »das Beste ist, nicht zu sein, das Zweitbeste, bald zu sterben«, wie Nietzsche Dionysos interpretierte; wenn »Das Geborenwerdenverbrechen/ Nicht zu verzeihen ist«, wie Bernhard formuliert, dann ist Spiel, Vor- und Nach-Spiel, das einzige Überlebens-Vergnügen für den Spieler und die Zuschauer – und vielleicht schon Charons Lohn. Bernhard Minetti hat für diesen Dienst mehr als genug getan.

Jennifer Minetti: Die große zweite Geige

»Hallo?«, rief sie – und niemand antwortete Jennifer Minetti.
Brust raus, Bauch rein: ein resolutes Weib, diese Hauswirtsgattin. Ihr braver Mann konnte einem nur leid tun, hatte er es
doch verpaßt, sich zu erhängen oder vom Zigarettenkauf einfach nicht zurückzukehren, er war Pantoffelheld geworden.
Jennifer Minetti als Frau van der Heydt in der Uraufführung
von Ernst-Jürgen Dreyers deutsch-deutschem Stück *Die goldene Brücke*. Welche Anmaßung, welcher Dünkel, welche
Selbstgerechtigkeit war in diesen zwei Silben, »Hallo?«. Eine
Frage noch – und doch schon Drohung. Die Hände in die
mollige Taille gestemmt, schaute Jennifer Minetti nach dem
Störenfried. Der hatte sich gerade noch rechtzeitig aus dem
Staub gemacht. Wehe, diese Wirtin hätte ihn erwischt. Ein
Satz roter Ohren wäre dem sicher gewesen.
»Ich kann ja verstehen, daß man bei der Liebe die Zeit
vergißt!« Die Haare streng hochgekämmt, gebunden zu einem
kleinen, eher unansehnlichen Knötchen. Der zu groß gemusterte Rock sitzt viel zu eng, so wie die zinnoberrote Bluse mit
dem weißen Jabot. Jennifer Minetti als Marceline in Feydeaus
Klotz am Bein steht mopsig vor dem schwarzen Flügel, der im
Hause der Chansonnette Lucette Gautier den Wohnzimmertisch ersetzt. In der einen Hand hält Marceline, traurige
Schwester der berühmten, umschwärmten Sängerin, eine
Schachtel, in der anderen den dazugehörigen Deckel. Die
Augen suchen die vielen in Goldfolie eingewickelten Pralinen
ab. Nein, Marceline nimmt keine heraus, noch nicht. Denn
genau in diesem Moment, wehmütig, weiß sie, daß sie, noch
dicker geworden, überhaupt keine Chance mehr hat, irgend-

Marceline Gautier in Klotz am Bein.

Colette und Alain, Jennifer Minetti und Helmut Stange in Roland Topors Leonardo hat's gewußt.

einen Mann abzubekommen. Ein häßliches Entlein neben
einer schönen Gans, kein leichtes Leben. Marceline knallt den
Deckel auf den Karton, den Karton auf den Flügel. »Ich kenne
mich da nicht aus«, kommentiert sie für den Diener Firmin
ihren viel zu ehrlichen Ausrutscher über die Liebe, und
plumpst auf das Sofa. Dicke Marceline, liebes Kind. Jetzt ist sie
wieder bei sich. Schnoddrig, immer eine Spur zu laut – und
renitent. Sie wartet auf das Essen mit der Schwester und deren
zurückgekehrtem Liebhaber. Da kann Marceline noch so laut
schreien, daß Hähne schon um vier Uhr morgens wach seien.
Die Nimmersatten im Schlafzimmer hören die Hungrige im
Salon nicht. Was bleibt ihr? – Nur die Pralinen. Jennifer
Minetti stürzt sich auf die Schachtel, wickelt in Windeseile
gierig eine Praline aus, wirft das Papierchen zu Boden und
steckt heißhungrig, als wollte ihr jemand die Trüffelkugel
wegnehmen, die Schokolade in den weitgeöffneten Mund. Bei
der dritten hat sie's schon nicht mehr so eilig. In die Flügel-
mulde gelehnt wie Margaret Price, spreizt sie den kleinen
Finger weit von den anderen – und genießt, wie sie die Schokolade zu den Lippen führt. Das kleine Doppelkinn wabbelt.

Der pralle Busen wippt. Gehalten nur von den zwei Spa-
ghettiträgerchen ihres Glitzerkleidchens, das hauteng, mächtig dekolletiert, kurz unter den Knien endet. Üppig fällt ihr das
blondgelockte Haar ins Gesicht. Jennifer Minetti: die zweite
Geige. Sie heißt Pamela. Im *Orchester* von Doris Schade mault
und kaut und saut sie. Wundervoll. Wie diese Pamela von
ihren Männern röhrt, die sie sich nimmt, wo immer sie ihr
über den Weg laufen. Wenn sie – wie einer ihrer Liebhaber – im
Zugabteil nicht noch rasch Reißaus nehmen können, müssen
sie diesem Vamp unterlegen sein. Wie sie, geil, lüstern und
schamlos offen ihre amourösen Abenteuer feiert, so daß die
erste Geige, die vertrocknete Jungfer Patricia, vor Neid puter-
rot und vor Ärger laut wird und einige Zuschauer gewiß schon
bedauern, eine anständige Frau gefreit zu haben: das macht
Jennifer Minetti an den Münchner Kammerspielen keine
Schauspielerin nach. Ausgerechnet die schüchterne Minetti,

Die erste Geige (Daphne Wagner) hat nichts mehr zu fiedeln: Jennifer
Minetti bittet die Herren zum Tanz.

die, wenn sie mit Vater Bernhard Aufführungen besucht, aussieht wie ein Mauerblümchen und lieber schweigt, als neben
dem »Chef« ein falsches Wort zu wagen, ausgerechnet sie
macht von der Bühne Männer an. Aufreizend setzt sie sich an

die Rampe, kaut unzüchtig auf ihrem Gummi und sucht sich
Männer aus, denen sie dann später, einen großen Strohhut auf
dem Kopf, den »Liebesrausch auf Cuba« im Blut, in der Kehle
und unter dem Geigenbogen, zublinzelt. Die Aufführung war
jugendfrei. Allein, wie die Minetti mit dem Bogen strich, auf
der klebrigen Masse in ihrem Mund herumbiß und den
schwachsinnigen Text dieses Ohrwurms gurrte: ich weiß ja
nicht...
Jennifer Minetti, 1940 geboren, seit 1977 an den Kammerspielen, spielt auch im Ensemble die zweite Geige. Aber welche Freude, wenn sie erklingt. Denn ob Lebedame oder frustrierte Jungfer, ob Bardame mit Papphütchen (in Klaus Pohls
Balkona Bar), ob züchtig stumme Elfe (im *Sommernachtstraum*): Jennifer Minetti befreit Typen aus ihrer Rollen-Enge.
Sie erschafft in noch so kurzen Auftritten Menschen. Sie spielt
Chargen, Nebenrollen, präzis und pointiert, ohne sie je zu
überladen. Effekthascherei ist dieser Schauspielerin fremd.
Selbst in Silvestervorstellungen von Anouilhs *Orchester* gab
sie den Affen im Parkett nicht einen Zucker mehr als den
weniger champagnerseligen Zuschauern im grauen November, obwohl diese Feieraffen ihr beim vierten »Liebesrausch
auf Cuba« gewiß jeden noch so harten Kandis aus der Hand
gefressen hätten.

Maria Nicklisch: Nicht Tee, dann Sherry

Wie sollte ich es anstellen? Sie einfach anzusprechen, wenn sie allein oder mit Freundinnen im »Roma« aß, hielt ich für ungezogen. Sie müßte glauben, unter die Türken gefallen zu sein wie einst als Pechvogel in Pirandellos *Riesen vom Berge* und mich, gewiß höflich, gewiß deutlich, zurückweisen. Über fünf Jahre schon schrieb ich über sie – hymnisch, belustigt, amüsiert – und wußte nicht, ob sie privat ähnlich kokett, ähnlich großbürgerlich arrogant war wie so oft auf der Bühne der Münchner Kammerspiele; ob ihre Stimme so flirrte, gurrte, lachte wie bei Feydeau, Wilson, Dorst. Ob sie die Primadonna war, für die ich sie hielt. – Der Zufall kam mir zu Hilfe. Die Herausgeber der Zeitschrift »Theater heute« baten mich, einen Aufsatz über August Everding zu schreiben. Maria Nicklisch hatte viel mit ihm gearbeitet, als er noch Intendant der Kammerspiele war, also vor den vielen aufsteigenden Umwegen dieses Hans-Dampf-in-allen-Gassen.

Zwei Tage nach meinem Brief ist sie am Telephon. Bedankt sich, jedoch: über Everding möchte sie überhaupt nicht sprechen – mit niemandem. »Aber wenn Sie mich sehen wollen, können Sie mich ja besuchen kommen.« Ich werde eingeladen, »zum Tee«. Die vereinbarte Zeit kann ich schließlich nicht einhalten. Ich rufe sie an, erkläre, entschuldige. Statt um vier um sechs und ein neues Arrangement: »Wenn Sie um sechs kommen, dann nicht zum Tee, dann Sherry.« Das ist die Feydeau-Nicklisch.

1983 spielte sie die Baronin Duverger in Dieter Dorns Inszenierung von *Klotz am Bein*. Eine herrliche Aristokratin, eine galante Gesellschafterin und (auch das noch) eine Frau mit

Baronin Duverger, gefaßt und herrisch,

mag junge Männer. (Die Nicklisch mit Helmut Griem und Marion Breckwoldt.)

Vergangenheit. Einer sehr bürgerlichen, wahrscheinlich. Wie
sonst ist jene Bewegung der rechten Hand zu erklären, mit
der diese Duverger noch kokett und doch schon schamlos
alle ihre (Männer-)Erfahrungen beschreibt; wie sonst ihr tän-
zelnd entschlossener Schritt, mit dem sie den Verlobten ihrer Tochter aufmerksam macht, daß sie erstens noch da und
zweitens keineswegs abgeneigt ist, betrachtet und gestreichelt, womöglich geküßt zu werden? Wie sonst ist die un-
verschämte Chuzpe zu verstehen, mit der diese Frau ihre
Unbildung ummünzt in Überlegenheit: Lange, viel zu lange
redet die englische Gouvernante von Mademoiselle Duverger auf die Mutter ein, um einen freien Nachmittag geneh-
migt zu bekommen. Die Nicklisch hört hin, aber nicht zu,
und schließlich, wir wissen längst, daß Madame der engli-
schen Sprache nicht mächtig ist, stellt sie sich demonstrativ
vor die spindeldürre, hochgewachsene Angestellte und fragt
konsterniert, mit liebenswürdiger Bestimmtheit, zugleich
aber demütigend herablassend:»Warum sagen Sie mir das
alles?«

Die Nicklisch öffnet die Tür. Klein, zart, in einem blauen
gemusterten Seidenkleid, der hohe Türrahmen: Ein Ge-
mälde, gestellt. Sie schickt mich in den Salon, weil sie sich
erst noch um die Blumen kümmern muß. Dann bittet sie
mich, auf dem Sofa Platz zu nehmen, unbedingt in der linken Ecke:»Da sitzen die Herren immer gern.« Statt Tee
Sherry, statt Kuchen Lachsbrot.»Wenn Sie wirklich nicht
darüber schreiben, rede ich gern mit Ihnen, auch über Everding.« Ich verspreche. Und die Nicklisch lacht, hell und aus-
gelassen.

So wie in Robert Wilsons *Goldenen Fenstern*, wo sie wie
eine Elfe durch die Rätsel des Raumes, des Textes und der
Inszenierung lachend huschte, gurrte und das Wort »Schrau-
benzieher« sprach, als müßte ihr der Konsonant »r«, berei-
chert durch ein wohlig dunkles »au« und ein helles aggressi-
ves »ie«, endlich doch noch zu einer Arie geraten. Mit Maria
Nicklischs »Schrrraubenzieherrr« öffnete sich Wilsons wun-

dersames, lust- und angstvolles goldenes Fenster, und aus dem Dunkel drang wie Licht eine Musik zu uns: Das Schraubenzieher-Capriccio.

Das war 1982, Maria Nicklisch war 68 Jahre alt und immer noch bereit, nicht bloß die großen Rollen zu übernehmen, sondern im Kammerspiel-Ensemble, Prima inter pares, zusammen mit ihren Kollegen Experimente zu wagen. Wie keine andere Schauspielerin blieb Maria Nicklisch ihrem Haus treu. Ein Jahr lang nur arbeitete sie am Münchner Staatsschauspielhaus. 1935, damals war sie, am 26. 1. 1914 in Luckenwalde bei Potsdam geboren, gerade 21, wechselte sie an die Münchner Kammerspiele. Sie spielte hier die Ophelia, die Julia, die Cressida. Von 1941 bis 1944 übernahm sie einige Gastrollen am Deutschen Theater in Berlin und am Theater in der Josefstadt. Nach dem Krieg spielte sie an den Kammerspielen sogleich die großen Frauengestalten des modernen Theaters: Die Euridyke in Anouilhs Drama (1947), die Abigail in Arthur Millers *Hexenjagd* (1954), die Blanche in Tennessee Williams' *Endstation Sehnsucht* (1951), die Anastasia in Friedrich Dürrenmatts *Die Ehe des Herrn Mississippi* (1952), die Martha in Edward Albees *Wer hat Angst vor Virginia Woolf?* und 1969 unter Hans Schweikarts Regie die Frau in Dürrenmatts *Play Strindberg*. Sie mag, wie Joachim Kaiser damals schrieb, kein Gegengewicht zu Hans Korte gewesen sein, der dick und derb aufspielte, aber wie diese Schauspielerin die Bosheiten eines häuslichen Vamps – und da zeigte die Nicklisch all die (Ehe-)Höllen, die sie auf der Bühne schon durchlitten und gekostet hatte – mit porzellaner Stimme dem Ehemann an den Kopf schmetterte, daß dort die Scherben Wunden schnitten; wie sie die zartesten Töne für die gröbsten Unverschämtheiten suchte und fand; wie sie lächelte, als Korte wutschnaubend zu bersten schien: »Das Biest kann telegraphieren!« Wer wollte, wer könnte das vergessen?

Wieder eine Geliebte. Am Bett des Sterbenden, gemeinsam mit der Ehefrau auf den Tod des Mannes wartend: Maria Nicklisch und Grete Mosheim in der deutschen Erstauffüh-

Titania.

Titania in den Armen des schwarzen Jungen: »Menschen wissen nichts von der Lust« – Dieter Dorn inszenierte an den Münchner Kammerspielen Botho Strauß' Park.

*Fonsia Dorsey spielt Rommé und gewinnt. Hans-Reinhard Müller
inszenierte Coburns Komödie* Gin-Rommé.

rung von Edward Albees *Alles vorbei.* Wieder ein Biest. Vielleicht ein wenig allzu liebenswürdig demonstrierte die Nicklisch am Anfang die Überlegenheit, sich geliebt zu wissen.
Aber bald schon holte sie die Pfeile aus Albees Köcher, ganz
anmutig wie eine Penthesilea, und schoß sie – sich zuvor auf
das Ziel konzentrierend, als suche sie nach Beileidsworten,
lange schweigend – endlich ab auf die Gegnerin, die längst
schon vernichtet war: »Sie fehlten ihm immer«, sagte die
Nicklisch zurückgenommen, ernst, fast kindlich, die Augen
starr in den Zuschauerraum gerichtet, der Mosheim abge-
wandt. Dann neigte sie den Kopf zur werdenden Witwe, lächelte und fügte hinzu, nicht einmal spitz, eher charmant, so
wie bei einem small-talk: »...ein bißchen...«
   Die Nicklisch bricht die Figuren, die sie darstellt. Selbst in

der realistischsten Inszenierung – und natürlich war August
Everdings Albee realistisch und nicht Totentanz-Ritual –
schafft sie Kunst-Menschen, sucht für ihre Rollen Haltungen,
Töne, die mehr aussagen, als die platte Wiedergabe von Wirklichkeit es täte.

Kunst-Frau pur: Prinzessin Himalaj. Die Nicklisch in Gom-
browicz' *Operette*, 1973, unglücklich inszeniert von Bohumil
Herlischka. Sie trägt einen Lampenschirm über den Kopf gestülpt. Irrsinnig, starrsinnig und (wieder einmal) zart, nein
stärker (schlimmer) noch: süß. Ein Wesen unbekannter Her-
kunft und ungewissen Geschlechts rettet sich durch Gombro-
wicz' wahnwitzigen Text und Herlischkas plumpe Inszenierung. Fast so, als wolle sie endlich im 2. Akt den Eklat (und ich
weiß, daß dies eine Unterstellung ist), flötet die Nicklisch
schließlich dem unruhigen, schon lange unaufmerksamen Publikum müde entgegen: »Es ist irgendwie langweilig.« Recht
hat sie. Der Tumult bricht los. Alle schreien auf einmal: Gegen
den Autor, gegen den Regisseur, gegen den Intendanten, selbst
gegen die Störenfriede. Maria Nicklisch, das Operettenkind in
der Mitten, löscht – erinnere ich mich recht – die Glühbirne
unter ihrem plissierten tortenbeigen Schirm – und geht.

Die Nicklisch geht auf den Boulevard. Sie spielt mit Peter
Lühr Rommé und steigt auf. Sie erklimmt mit Else Quecke,
Helmut Stange und Claus Eberth Tankred Dorsts deutsch-
deutschen Gipfel und spielt mit allen.

In Coburns Komödie *Gin-Rommé* stößt die Nicklisch ver-
blüfft, verschämt, überrascht, höhnisch, triumphierend, verletzend, in allen Variationen dieser Haltungen das Siegeswort
»Gin« heraus und beleidigt ihren Spielpartner, der sie, die
ebenso moralische wie verklemmte Fonsia, beschimpft hat,
mit einer Ungeheuerlichkeit. Ohne Stottern, ohne Zögern,
bloß konsterniert, bemerkt sie: »Nennen Sie mich nie wieder
Idiot. Sie Arschloch!«

In Dorsts Schauspiel *Auf dem Chimborazo*, das wahrscheinlich nur als (böse) Komödie gespielt werden kann,
macht Nicklischs Dorothea in ähnlichem Ton, also mit Un-

derstatement, wohlerzogen, die Freundin zur Sau. Mokiert sich hämisch über die Ameisen in deren Apfelmustopf. Die beiden Söhne nimmt diese Dame, die bessere Zeiten erlebt hat, sich mit Alltäglichem deshalb gar nicht abgibt und stets ein bißchen neben der Wirklichkeit lebt, spricht und denkt (sic!), erst gar nicht ernst.

Die Nicklisch beherrscht den überlegenen, ein wenig ironisch-hochnäsigen Ton. Sie spricht Attacken in vollkommener körperlicher Ruhe: fast gemächlich beginnt sie, dann wird ihr Ton schärfer, oder aber sie schweigt, dann kommt lustvoll, zurückgenommen, der Schlag. Wie eine Welle, die sich scheinbar harmlos dem Strand nähert, dann bricht und endlich die Flüchtenden, die sich nicht mehr retten können, hinwegspült. Eine ganz andere Nicklisch. Eine hingebungsvoll Liebende, eine von der Lieblosigkeit dieser Welt, dieser bundesrepublikanischen Gesellschaft angewiderte Titania in Botho Strauß' *Park*. Dieter Dorn hat Strauß' Königspaar – anders als alle anderen Regisseure – mit Maria Nicklisch und Peter Lühr besetzt, also mit zwei erfahrenen, zwei alten Darstellern. Das war ebenso klug wie gefährlich. Klug, weil das Wagnis, das die beiden Gottheiten eingehen, wenn sie sich aus dem Feenwald in den dreckigen Stadtpark aufmachen, dadurch an Entschiedenheit gewinnt. Weil dieser späte Versuch, wie auch immer er ausfallen wird, damit als der letzte ausgegeben wird. Zudem sind die beiden den anderen nicht allein durch ihren Zauber überlegen, sondern durch ihre Erfahrung. Gefährlich, weil die beiden nun kaum eine Entwicklung durchmachen. Während sie bei Strauß sinken, sich den tüchtigen Deutschen angleichen, ihre Aura verlieren, bleiben sie bei Maria Nicklisch und Peter Lühr seltsam intakt.

Die Nicklisch-Titania endet nicht als aufgetakelte Alte, lüstern, womöglich verhurt. Sie bleibt die Dame, die sie war, als sie in Oberon-Lührs Arme gelehnt, hinter sich die Sterne, vom Himmel herab die (w)irre Menschheit betrachtete. Auf der Erde angekommen, kann sich die Nicklisch freuen wie ein Teenie, wenn sich Titania jemand nähert, den sie verführen

möchte. Der Schalk blitzt aus den Augen, die Wollust sitzt in
den Mundwinkeln. Als beleidigte, zurechtgewiesene Ehefrau
fertigt sie den Mann mit hingeworfenen Beteuerungen, besseren Lügen ab und tut (naturgemäß) Sekunden später doch, was
ihr gefällt: Sie macht Männer an, junge und alte. Am Ende aber
finden sich Titania und Oberon wieder, wissend aus Erfahrung, daß ihre Liebe einzigartig, unersetzlich und wohl uner-
sättlich ist, weil nicht reduziert auf Sexualität.
»Wenn Sie nicht schreiben, dürfen Sie wiederkommen.
Aber Ihre Kritiken lese ich trotzdem nicht.« Titania sieht mich
mit ihren hellgrauen Augen an und lächelt. Bevor sie hinter
sich die Türe schließt, winkt sie mir zu. Eine Zauberin, eine
Verführerin, eine Fallenstellerin, Julia-Cressida-Fonsia-Ti-
tania-Pechvogel-Schrraubenzieherrr: Maria Nicklisch.

Will Quadflieg: Kostbares Fossil

An eine Theatersternstunde mit Will Quadflieg erinnere ich mich sehr genau. Es war 1975, Quadflieg spielte am Hamburger Schauspielhaus Molières *Menschenfeind*, sozusagen ein Alster-Remake der Salzburger Rudolf-Noelte-Inszenierung. Statt Pekny nun Quadflieg in Jürgen Roses Luxusempfangssaal, der in der Tiefe in ein Treppenhaus mündete und in den von links durch hohe Balkonfenster Licht drang. Quadflieg als Partner von Johanna Liebeneiner, als älterer, reifer, kluger Mann neben einem ganz jungen Fräulein, das kraftstrotzend, unverschämt, verletzend nur mit Menschen spielen, nicht ihnen angehören und noch weniger sich ihnen unterordnen will. Der große Mann, der seltsam polterig wirkt, obwohl er ja nie Lärm macht, kämpft gegen den Widerstand der Frau an. Quadfliegs Darstellung ist in keiner Sekunde effektvoll, brillant, eitel. Er packt den Molièreschen Antihelden bei seiner weltverachtenden Klugheit, entwickelt einen Mann, der die Wahrheit weiß, der die Menschen durchschaut hat und niemanden, nicht einmal die Frau, die er liebt – und die behauptet, dieses Gefühl zu teilen –, von der Berechtigung seiner Verachtung zu überzeugen vermag. Dabei geht er ja keineswegs schulmeisterlich vor, sondern druckst herum, sucht nach Worten, durchmißt nachdenkend, nachdenklich den Raum, bevor er zu sprechen beginnt. Der will nicht aus Lust wehtun mit der Wahrheit. Der tut's, weil er nur wahr sein kann.

Quadflieg behauptete von sich, daß er in seinen frühen Berliner Jahren und nach dem Krieg bei Gründgens »mehr in Trance« gespielt habe. 1975 kontrollierte er sein Spiel genau, aufmerksam setzte er Wort für Wort.

Und sprechen kann er wohl wie niemand anderer. Wen es schmerzt, den 1914 geborenen Schauspieler jetzt in schlampig inszenierten Tournee-Aufführungen zu sehen, und wer einmal, zweimal, dreimal Quadfliegs Kunst, nicht die neue, alte Künstlichkeit erleben will, der sollte sich nicht allein Gründgens' *Faust*-Verfilmung ansehen, denn da scheint mir Quadflieg eher matt. Er sollte sich die Schallplatte Nummer 415733-1 aus der Serie Literatur der Deutschen Grammophon kaufen, Quadflieg spricht Thomas Manns *Tod in Vendig*. Was heißt er spricht? Er gestaltet mit dem Sprachkunstwerk ein Sprechkunstwerk. Es geht dem Zuhörer wie Aschenbach, für den ja Tadzios Worte zu Musik wurden. Wieviele verschiedene Töne, welche Rhythmen, welche Tempi stehen diesem Schauspieler zur Verfügung! Wenn Aschenbach Tadzio verfolgt: ein Accelerando. Der Trotz des Künstlers: ein Crescendo. Unterhaltung: ein Duett für eine Stimme. Frage und Replik: Rezitative. Quadflieg setzt Pausen von großer Spannung, sie unterbrechen den Bogen nicht, sie führen ihn weiter, vergrößern ihn. Selbst das hörbare Einatmen – um seine Atemtechnik *müssen* Quadflieg eigentlich alle Schauspieler beneiden – ist bei ihm Gestaltung wie bei Jessye Norman. Aschenbachs Leiden an Tadzio, das echt war, wird nun, weil Quadflieg an den »Eros im Wort« glaubt, ein Leidensgesang. Selbst die Schwüle, die Fäulnis, das Gift des kranken Venedig: es wird Ton, eine brüchige, rauhe Melodie. Quadfliegs Vortrag: eine zweistündige leidenschaftliche Stretta, die Stretta eines alternden Liebhabers, dessen Begehren nie erfüllt wird – eine Stretta in den Untergang.

Wenn Quadflieg nicht mehr sein wird, wenn es nur noch sein Buch, die Erinnerungen *Wir spielen immer* – in denen er versucht zu klären, zu läutern, wie und warum er gearbeitet hat – geben wird und die Filme, die Theateraufzeichnungen, die Schallplatten, dann wird es vielleicht diese Mann-Aufnahme sein, die stärker als alle anderen Zeugnisse erklären wird, warum Quadflieg zu den bedeutendsten deutschsprachigen Schauspielern zählte.

*Mephisto und
Faust, Gustaf
Gründgens und Will
Quadflieg.*

Im Jahr von Quadfliegs siebzigstem Geburtstag klagte
Günther Rühle, damals noch Feuilletonchef der »Frankfurter
Allgemeinen Zeitung«, warum Regisseure alle Risiken ein-
gingen, nur eben dies nicht, Will Quadflieg einzusetzen. Die
Frage scheint eine rhetorische gewesen zu sein, denn als
Rühle Intendant in Frankfurt wurde, als er Quadflieg an sein
Haus hätte holen können, tat er es nicht. Und ich verstehe
ihn.
Quadflieg, der Traditionalist, der Theater-Handwerker, ist
altmodisch, unmodern. Er hat nichts im Sinn mit den Regisseuren, die die Klassiker (und die Modernen) neu entdecken
wollen. Er kann Goethes Sprache nicht sprechen wie einen
Umgangsslang. Er würde nicht als Tasso wieseln und wüten
wie Samarovski. Selbst sein Körperspiel ist strengen, selbstge-
steckten Zielen verpflichtet. Er mag mit Raffinement ein
»Equilibrist seines Faches« sein, wie Rühle schwärmte, aber er
kann dennoch nicht über seinen Schatten springen: er arran-
gierte sich nicht mit dem neuen Theater. Hielt fest an idealisti-
schen Positionen; Schönheit, Geist, Edelmut, Wahrhaftigkeit
sind die Tugenden des Klassizisten Quadflieg, der, als man ihn
nicht mehr wollte, schmollte und später erklärte: »Das Auf-

*Alceste, der
Menschenfeind.*

sagetheater mußte weg. Und ich wurde mit abgeräumt.« –
Aber ganz so war es nicht.

Quadflieg, der sein erstes Engagement 1933 am Theater
seiner Heimatstadt Oberhausen erhielt und 1940, nach Stationen in Gießen, Gera und Düsseldorf, an Heinrich Georges
Schiller-Theater kam, pausierte nur von den späten sechziger bis in die Mitte der siebziger Jahre. Zu dieser Zeit fand er
in Rudolf Noelte einen Geistesfreund, einen, der ihn verstand, der an die Dichtungen glaubte und an das klassische
Bildungstheater. Und daran, daß zuerst das Wort war.

Es überrascht nicht, daß für Quadflieg Josef Kainz das
größte Vorbild ist. Den Schauspieler, der schon nicht mehr
lebte, als Quadflieg geboren wurde, verehrt er so sehr, daß er
im Reisegepäck lange dessen Totenmaske mit sich trug.
»Kainz war für mich wichtig, weil auch er von der Sprache,

vom Wort kam. Es war ja zunächst eine musikalisch-spirituelle Begabung des Sprechens, die mich in den Beruf trieb.«

Vor Noelte, bei George und dann bei Gründgens in Hamburg, hatte Quadflieg alle großen Rollen gespielt, wurde gefeiert überall, auch am Burgtheater und als Filmschauspieler (obwohl er hier bei der Auswahl der Rollen oft seltsam anspruchslos war). Immer war es das Schwärmerische, das Idealistische, das Harmoniebedürfnis und die Harmonieerfüllung, die Kritiker und Publikum an ihm schätzten. Quadflieg lebte (und spielte) so sehr das Ideal, daß er nicht merkte, wie wenig man den gesellschaftlichen Entwicklungen, den Lügen, die im Wirtschaftswunder-Deutschland sich aufeinander türmten, beikommen konnte mit dem hohen Stil, der großen Form, mit der Suche nach Kunst und Ethos als Einheit.

Gewiß ekelte ihn vor der Privatisierung der Texte und der Darstellung, vor der Subjektivität der jungen Regisseure und Schauspieler. Er hatte Formwillen, bestand auf Takt und war für die Theatermacher der späten sechziger und der siebziger Jahre suspekt. Sie hielten seinen Stil für hohl und leer, vielleicht gar für verlogen.

Erst Noelte vermochte es, Quadflieg zu befreien aus der vereisten, vergreisten Künstlichkeit und ihn wieder in den deutschen Theaterbetrieb zu integrieren, ohne dem Schauspieler etwas von seiner Kunst zu nehmen. Er führte ihn zu Menschendarstellungen, die sensibel, einfühlsam, echt waren und dennoch geboren schienen aus Quadfliegs Gestaltungswillen. Noelte und Quadflieg zertrümmerten nicht, sie suchten Menschen – sich dabei auf die allergrößte Perfektion verlassend, auf das Handwerk und die Idee vom Ideal. Und wir sahen sie: den Alceste, den Tyrone, den Hassenreuter, den Michael Kramer. Quadflieg war ein anderer geworden und doch der gleiche geblieben. Er hatte sich nicht aufgegeben – er hatte hinzugewonnen, war nicht mehr bloß glatt, edel, schön, sondern auch abgründig, häßlich, zerborsten.

Jetzt spielte er Zerstörer und Selbstzerstörer, zeigte sie kaputt und degoutant. Stets ohne Übertreibung, ohne sich in der

James und Mary
Cavan Tyrone, Will
Quadflieg und
Maria Wimmer in
O'Neills Eines
langen Tages Reise
in die Nacht. *Deut-*
sches Schauspiel-
haus Hamburg
1975, Regie: Rudolf
Noelte.

Rolle zu verlieren. Kontrolliertheit noch in Tyrones besoffenstem Torkeln, im aufgedrehtesten Getöse und Getön des
Hauptmannschen Theaterprinzipals, im schmierigsten Anwanzen des schwulen abgetakelten Schauspielers (in Charles
Dyers *Unter der Treppe*). Mit den winzigsten Mitteln erzielte
er große Momente der Klarstellung. Souverän und uneitel
entdeckte er in jenen Noelte-Jahren neben der Stimme mehr
und mehr den Körper als sein zweites Instrument, Charaktere
zu zeichnen. Zielstrebig ging er mit Noelte den Weg, den er
sich selbst beschrieben hatte: »Menschengestalter müssen wir
sein.« Oft kam er an, wohin er sich sehnte: die Figuren wahrhaftig lebendig werden zu lassen. Seine Menschen waren gezeichnet von Verlusten, Ängsten, Lügen. Er machte sie nicht
nieder, vereinfachte sie nicht, aber er nahm ihnen den schönen Schein, suchte in ihnen nach den Schattenseiten. Quadflieg hatte den Mut gewonnen, nur noch in Interviews von
»seinem schönen Gesicht« zu sprechen, er enthüllte uns auf
der Bühne ein anderes: eine runde, fette Visage, in der die
kurzsichtigen Augen hinter der Brille verloren trauerten und
die Falten auf der hohen Stirn den Grübler, den Verlierer, den
Gebeugten, Gebeutelten verrieten. Und selbst das rastlose

Rennen, die gebückte Haltung, die Gebärden sprachen von dem Lebenskampf, sprachen Niederlage. Wir wurden Zeugen, wie disparate Männer in einer Welt, die kein Ganzes mehr war und folglich nicht mehr als Ganzes gedacht werden konnte, scheiterten. Noeltes Niedergang wurde auch zu Quadfliegs Ende. Denn so sehr ich wünschte, daß sich noch einmal ein junger Regisseur seiner annimmt – wie es dem älteren Minetti vergönnt war –, ich glaube nicht mehr daran. Jetzt tingelt Quadflieg, brilliert in fünftklassigen Inszenierungen für die Fans in der Provinz, die ihn einst noch als deutschen Jüngling in Nazi-Propagandafilmen angehimmelt haben. Quadflieg verkauft, nein schlimmer: er verhökert sich. Es ist fürchterlich anzusehen, wie einer der bedeutendsten deutschsprachigen Schauspieler untergeht. Wahrscheinlich wertet er selbst diese Auftritte anders: Er will spielen, überleben.

So teilt Will Quadflieg letztlich Aschenbachs Schicksal. Dieser Herr, dieser Künstler, wollte am Ende auch nicht mehr wahrnehmen, was wahr war.

Hans Michael Rehberg: Abgründe

»Anne Kersten schien sich dem Regisseur entzogen zu haben, der – soviel läßt sich nach dieser einzigen Inszenierung sagen – zu den begabtesten seiner jungen Generation gehört.« 1971 rezensierte Ivan Nagel Hans Michael Rehbergs Inszenierung des *Tartuffe* am Münchner Residenztheater. Rehberg war damals 33 Jahre jung, und sein Intendant Helmut Henrichs erfüllte dem Schauspieler, der, so sagte er damals in einem Interview, gar nicht hatte Schauspieler werden wollen, sondern gleich Regisseur, einen lang gehegten Wunsch. Glaubt man Nagels Urteil, so hätte 1971 Rehbergs zweite Karriere beginnen müssen, doch leider waren seine Inszenierungen der folgenden Jahre nicht sonderlich erfolgreich. Als er acht Jahre später am Hamburger Schauspielhaus, kurze Zeit zuvor sogar als dessen zukünftiger Intendant gehandelt, Molières *Eingebildeten Kranken* inszenierte, schrieb Werner Burkhardt in der »Süddeutschen Zeitung«: »Was höchstwahrscheinlich als Antrittsbesuch gedacht war, wurde nun zur Abschiedsvisite; ließ gleichzeitig ahnen, welche Medizin dieser Krisendoktor, den die Hamburger Lokalpolitik noch vor der Eröffnung seiner Praxis vergrault hat, für die keineswegs eingebildete Krankheit des Hauses bereit gehalten hätte ... Keine Allheilmittel, aber professionelle Arbeit der älteren und darum nicht schlechteren Schule.«

Rehberg-Inszenierungen sind selten geworden. Fragt man ihn warum, so ist die schlichte Antwort: »Es holt mich ja niemand«. Den Schluß daraus zu ziehen, daß professionelle Arbeit nicht mehr gefragt ist, wäre falsch. Rehbergs Inszenierungen, so vermutete Nagel Anfang der siebziger Jahre, seien von Noelte beeinflußt. Noeltes Realismus aber hat in den achtziger Jahren zwar seine alten Bewunderer behalten, nur keine neuen, jungen hinzugewonnen.

Der Schauspieler Rehberg hatte mehr Glück, ist gefragt, spielt an vielen Häusern und bevorzugt unter Dieter Giesings Regie, seit Jahren schon. Doch er hat auch mit anderen Regisseuren gearbeitet: früher mit Henrichs, Lietzau und in den achtziger Jahren mit Niels-Peter Rudolph, Jurij Ljubimow und Peter Zadek. Er hat sich an keine Bühne gebunden. Rehberg ist einer der reisenden, überall begehrten Schauspieler, die sich aussuchen wollen, wann, wo, mit wem sie spielen.

Rehberg kann zwar auch komisch sein, aber eigentlich liegen ihm eher die Gebrochenen, die Verletzten. Amüsant, heiter war Rehberg zum Beispiel als schwedischer Graf in Dieter Giesings Münchner *Pariser Leben*. Ein Mann, der nicht in diese Stadt gehört, aber in ihr leben will, arbeitet mit seinem skandinavischen Bewegungsvokabular: Ein »Nußknacker«, schrieb Joachim Kaiser damals. Die Heiterkeit dieses schwedischen Aristokraten, seine Heftigkeit hatte etwas aufgesetzt Kantiges, Geschnitztes, wohl auch Verbittertes. Komisch war 1986 auch Rehbergs Orgon, als er neben Ulrich Wildgruber in Niels-Peter Rudolphs Stuttgarter *Tartuffe* spielte. Ein quirliger, aufgekratzter Verrückter, ein Tausendsassa, der alle Nummern beherrscht: Vater, Sohn und Heiliger; Mann, Kind und Gott. Rehbergs Orgon war ein starker Heuchel-Konkurrent für den Tartuffe.

Und doch entdeckte er auch in dieser lärmenden Aufführung, in Rudolphs Garten der Lüste, daß dieser Orgon ja nicht nur aus Schwärmerei Tartuffe auf den Leim geht, sondern weil weder Frau noch Kinder ihn wirklich ernst nehmen und er guten Grund hat zu vermuten, er werde von allen dreien verraten.

Hans Michael Rehberg wagt sich zwar nicht so weit in die Gefilde der Einsamkeit, der Gebrochenheit vor wie Walter Schmidinger, aber auch er sucht – auf ganz andere Weise – die Abgründe der Menschen, die er verkörpert. Während Walter

Schmidinger sich spiegelt, ergründet Rehberg, eher Intellektueller als Spieler, die Verletzlichkeit dieser Figuren. Er scheint
erst deren Denken zu überprüfen, es sich anzueignen bis in die
empfindlichsten Regungen der Seele, bevor er in ihre Körper
kraucht, sich mit ihnen identifiziert. Rehberg ist ein realistischer Schauspieler mit einer sehr traditionellen Vorstellung
von der Schauspielerkunst.

1981 übernahm er, wieder bei Giesing, die Rolle des Oppenheimer in Kipphardts Stück. Vor der Premiere äußerte er sich
im »Münchner Merkur«: der Oppenheimer sei für ihn ein
Anliegen, dieser Mann sei »wieder ins Bewußtsein gerückt
durch die Konfrontation von Amerika und Rußland. Und bei
der Entspannungspolitik weiß man nicht, wie es weiter geht.«
Und er fügte hinzu: »Man muß sich schon stark identifizieren.
Haltung beziehen zum politischen Stoff.« – Rehberg bezog
Haltung: Sein Oppenheimer war ein bißchen arrogant, ein
wenig nervös, nicht heftig. Es schien eher so, als flüchtete er in
die Rolle eines Märtyrers, angegriffen von seinen Gegnern. Die
Augen blitzten, die Miene versteinerte, der Körper erschüt-
terte, aber schon im nächsten Moment hatte der Mann seine
Würde wiedergewonnen. Ein sehr realistisches Spiel, von größ-
ter körperlicher und geistiger Spannung getragen.

Es kann kein Zufall sein, daß Rehberg nach dem Oppenheimer den Eichmann spielte. Die Wahl just dieses Stoffes hat
gewiß (auch) mit seiner Biographie zu tun.

Rehberg wurde am 2. April 1938 als Sohn des Dramatikers
Hans Rehberg geboren, dessen Werk die Nationalsozialisten
schätzten. Der Sohn hat erlebt, wie der Vater sich nach 1945
totstellte. Rehberg mußte gefallen, wie Heinar Kipphardt Av-
ner Less' Untersuchungsprotokolle verarbeitet und aktuali-
siert hatte. In Giesings Aufführung entwickelte Rehberg in
völliger Ruhe einen Bühnen-Eichmann, eine realistische Gestalt. Er hielt sich an das Original, selbst in seiner Sprechweise:
abgehackt, überdeutlich, laut sprach Rehberg; wenige choleri-
sche, sehr kurze Ausbrüche dazwischen und heftige »No, no,
no«- und »Niemals«-Schreie, die, wie Less in seinem Buch

Eichmann. 1983 inszenierte Dieter Giesing am Münchner Residenztheater Heinar Kipphardts Bruder Eichmann.

erklärt, stets Zeichen dafür waren, daß Eichmann log, was ihm in den meisten Fällen auch nachgewiesen werden konnte. Rehberg traf den soldatischen Ton Eichmanns. Er war beängstigend natürlich in den zunehmenden Verkrampfungen, in den körperlichen ebenso wie in denen der Artikulation. Aber – so fragte ich damals in meiner Kritik – brauchen wir auf der Bühne ein Eichmann-Double, einen faszinierenden Imitator des nichtalltäglichen Schreckens?

Die Wunden sucht Rehberg – sie will er zeigen: beim Eichmann so wie bei Botho Strauß' Stefan, der in Giesings Inszenierung von *Bekannte Gesichter, gemischte Gefühle* die Hände platt auf die Oberschenkel gelegt, den Rücken ein wenig gekrümmt, den Kopf geneigt, die Augen offen, doch von großer Traurigkeit gezeichnet, leidet. Rehberg war der einzige in dieser Aufführung, der mit seiner Haltung, seinen eher hingewischten Worten, der Raschheit des Ausdrucks, die Zeichen

ist für Verlassenheit, das heillose Unglück all dieser Stehauf-
männchen und -frauen sichtbar machte. In seinem Gesicht
entdeckten wir seine Vergangenheit – und keine Zukunft.
Rehberg schaute in den Abgrund; und wir sahen ihm dabei
nicht nur zu, wir sahen mit ihm hinab. Sahen die Angst und die
Verzweiflung.
Rehberg ist immer der Sensibel. Selbst sein Othello wird
kein polternder Kraftmensch oder gar der Wildgrubersche Wü-
terich. Rehbergs Mohr ist intelligent, gebildet, weniger Soldat
als Diplomat – und gut. Er glaubt bis zum Schluß nicht an
Desdemonas Verrat, aber er muß sie töten, denn die Frage, der
ausgesprochene Verdacht, sie habe ein Verhältnis mit Cassio,
würde ihre Liebe, das Vertrauen zerstören, wäre ärger als der
Tod.
Erfolgreiche Machtmenschen sind Rehberg so fremd wie
muskelstrotzende Bauern. Die Aufsteiger, die Bürgerlichen
sind seine Spezies.
Der Lopachin zum Beispiel in Rudolphs Stuttgarter *Kirschgarten*. Ein scheuer Mann, der, keineswegs jung, noch ganz
unerfahren ist, der sich sehnt nach Frauen, nach Glück – und
der immer unglücklich bleiben wird. Kein feister Emporkömmling, ein Reicher, dem sein Geld Last ist; denn es lehrt
ihn nicht, was er so sehnlich zu beherrschen wüßte: Lebens-
stil. Zu gern wäre er so überheblich, so gewandt, ja so dekadent, wie es jene sind, denen er den Kirschgarten nimmt.
Oder Ibsens Baumeister Solneß, jene Rolle, für die ihm und
seiner damaligen Lebensgefährtin Barbara Sukowa die
deutschsprachige Theaterkritik Hymnen schrieb. Hilde und
Solneß, Sukowa und Rehberg, waren in Zadeks Inszenierung
ein Paar wie die Nicklisch und Peter Lühr im *Park*. Ein
Paar auf Gratwanderung: es war, als wagte sich jeder der
beiden nur deshalb weiter in diesem Spiel der Liebe und des
Todes, weil er wußte, daß der andere folgen würde. Gewiß,
zuerst läßt sich der alte Solneß von und mit dem jungen
Ungestüm forttreiben; man fürchtet um ihn. Aber er ist nicht
hilflos in ihrer Macht. Einmal entfacht, lodert auch er begie-

Stefan unterm Weihnachtsbaum. Bekannte Gesichter, gemischte Gefühle, *Giesing inszenierte Botho Strauß.*

rig, lockt der Mann das Mädchen, flirtet, probiert aus, wie weit es ihm folgt. Hilde wagt sich weit vor. Wie hätte sie sich diesem erwachsenen Kind, das ihr doch immer mehr zu ähneln beginnt, das ihre Verrücktheiten als die eigene Sehnsucht annimmt, versagen können? In den dunklen, eher schmalen Augen von Hans Michael Rehberg blitzte Begierde und irrlichtete doch schon der Tod. Seine Schritte, groß und forsch-männlich, schienen bald Tanz. Doch die beiden Menschen berühren einander nicht, die Hände, die Finger wahren Abstand, aus Angst, den Traum durch allzu große Nähe zu verlieren, zu zerstören.

Rehbergs Solneß war ein Ereignis. Es gab keine Distanz mehr zwischen Rolle und Schauspieler: Rehberg wurde Solneß! Und doch spürte man in jedem Wort, in jeder Geste, daß es Rehberg um mehr ging, als sich dieser Ibsenschen Figur anzuverwandeln. Er entwickelte – anhand dieses Menschen, mit Hilfe von Dichtung *und* Schauspielkunst – Etüden über

218 HANS MICHAEL REHBERG

Solneß und Hilde, ein Paar. Hans Michael Rehberg und Barbara Sukowa in Peter Zadeks Ibsen-Inszenierung.

das Leben. Rehbergs Spiel, die fast leidenschaftslos vorgebrachte Leidenschaft, die stille, nur in den Augen, am Zucken der Mundwinkel zu beobachtende Heftigkeit, der unterdrückte Schrei weisen über den Einzelfall und über die Zeit hinaus, direkt in die Gegenwart.

Wenn Theater Vergegenwärtigung ist, dann muß Rehberg als einer seiner ersten und besten Protagonisten gelten. Mit schnellen Schritten, klarem Kopf, den Blick gesenkt und dann, beinahe stechend auf das Gegenüber gerichtet, betritt er die Bühne. Er weiß, wohin er seine Figur führen will; weiß, warum er gerade diesen Weg, dieses Ziel für sie wählt. Rehberg, der intellektuelle Mime, er sucht die Gegenwart, sucht Antwort auf den alltäglichen Wahnsinn: den Trug der Liebe, die Unberechenbarkeit der Leidenschaft, die zerstörende Wut des Hasses, den Irrwitz der Macht, die Vergänglichkeit. Er sucht die Wahrheit hinter den Worten,

forscht und findet die Abgründe selbst in Naturen, die wir
vorschnell für schlicht hielten, bis Rehberg sie uns entdeckte.

Er wird gewiß nicht mehr jene Karriere als Regisseur machen, von der er, als er in Krefeld und Schleswig zu spielen
begann, geträumt hat. Ihm bleibt die Sehnsucht nach diesem Luftschloß. Und uns die Freude, Hans Michael Rehberg
möglichst noch oft auf dem Gipfel der Schauspielkunst zu
sehen, dort, wo er einst mit Barbara Sukowa angelangt war,
so hoch oben, daß einem, allein beim Zuschauen, oft
schwindlig wurde.

Ilse Ritter: Verstörtheit, kunstvoll

Ilse Ritter, eine große, sehr zarte, sehr schlanke, hübsche, ja fast schöne Schauspielerin, Jahrgang 1944. Sie kann mondän und zickig sein, wie sie es in der Uraufführung von Hans Magnus Enzensbergers *Menschenfeind* war, als sie die Kunstfigur Arsinoé schuf, als sie mit Worten klingelte, mit den Eiszapfen an ihren Stimmbändern klirrte; als sie durch den großen Raum in der Berliner Freien Volksbühne stelzte und ihr Körper Triumphe feierte. Sie kann zum Klabautermann und zur Nymphe werden, erotisch als Junge und als Mädchen: frech, locker, lieblich, reizend. Das war sie im Shakespeareschen *Wintermärchen.* Selbst die klugen und intellektuellen Frauen nimmt man ihr ab. Ich erlebte sie so zuletzt in Claus Peymanns Salzburger Uraufführung von Thomas Bernhards *Ritter, Dene, Voss,* wo sie neben Kirsten Dene als die ältere, gescheitere, kühlere Schwester die scharfsinnigsten Bosheiten formulierte. Ein Lachen im hageren Gesicht, das aufmüpfig und unverschämt-überheblich scharf und hoch blitzte und immer wieder signalisierte, daß nur sie durchblickte. Jede Silbe der Namen »Beet-ho-ven« und »Schön-berg« war bis zum letzten Buchstaben aufgeladen mit Arroganz. Und das Wort »Selbstverwirklichung« wurde zwischen ihren Lippen zu einer obszönen Monstrosität. Die Ritter war in dieser Aufführung schnippisch, frech, auf höchstem Niveau gemein. Es schien, als machte sie sich, das laszive Pendant zur plumpen, fürsorgenden Dene, über alle und alles lustig: über den Bruder, Gert Voss, den sie auch noch anmachte, verführen wollte – und wie keß und verrucht sie das anstellte –, über die blöde Schwe-

Ritter, Dene, Voss – von links nach rechts betrachtet.

sternglucke, über die ganze Familie und, nicht zuletzt, über die ganze Bernhard-Welt. Wir hörten den Hochmut aus ihren noch so beiläufig hingeworfenen Sätzen. Im Konversationsgeplauder hatte sie die Messer versteckt: sie verletzte mit Ironie und Sarkasmus. Eine böse Fee, eine eitle Schauspielerin, denn die spielte sie, ein Intellektuellen-Biest. Eine Kunst-Gestalt. Ilse Ritter zeigte nicht die Realität, sondern verstärkte die Eigenheiten dieser Figur, gestaltete das Luder übergroß – in ihrem Anspruch und ihrem Spleen.

All das kann die Ritter spielen: die Party-Zicke, Amor, Undine, Puck, Emanze und Intellektuelle. Mir gefiel sie am besten als Lady Macbeth und als Gußwerksbesitzerstochter.

1982, nach der Salzburger Uraufführung mit Marianne Hoppe und Kirsten Dene, sah ich Ilse Ritter neben Christa Berndl in Luc Bondys Inszenierung von Bernhards *Am Ziel*. Die Ritter regredierte zu einem infantilen, zurückgebliebenen Kind, wurde zu einem scheuen, lauten Wiesel. Ein Gestell

von einem Mädchen, spindeldürr und lang, schlurfte über die
Bühne, so als könnte es der Erdanziehungskraft nicht den
geringsten Widerstand entgegensetzen. Die wenigen Kom-
mentare, die dieses von der Mutter malträtierte Geschöpf
abgibt, sprach sie mit großem Froschmaul, immer eine Spur
beleidigt und doch mit der Selbstverständlichkeit, die man an
Schwachsinnigen bewundert. Also so, daß man glaubte, sie
setzte ihren Ton bewußt gegen die Mutter ein. Ihre Gesten,
die breiten, langsam-linkischen wie die verhuschten, bewiesen nur eines: die Mutter hat das Kind nicht nur an sich
gekettet, ihm das Erwachsen-Werden verweigert, ihm die
Sprache genommen, auch den eigenen Körper hatte sie ihm
madig gemacht. Eine lächerliche Mißgestalt, hilflos. Und
doch immer noch klug genug, geschickt genug, heimlich mit
dem Schriftsteller, den die Mutter für sich gewinnen will,
anzubandeln. Die Füße der beiden schienen sich zu verkno-
ten, heimlich strich er ihr über die Wangen. Dann leuchtete
das käsig-weiße Gesicht des alten Mädchens. Die Schwache
hatte den Schwachen gefunden. Sie einte Hoffnung. Ilse
Ritter war zerbrechlicher als die Dene, von der Krankheit
Wahnsinn schon gestreift.

Ihre Lady Macbeth – auch wieder in einer Inszenierung
von Luc Bondy, in Köln – wurde verrückt. Aber zuvor verlor sie sich langsam. In der vierten Szene des dritten Aktes
findet bei Shakespeare ein festliches Mahl statt, das Macbeth und seine Frau für die Edlen Schottlands geben. Bei
Bondy und seinem Bühnenbildner Rolf Glittenberg ist der
Schein der Majestät schon in diesem Stadium dahin. Der
Prunksaal zu einem düsteren, großen Dachgeschoß ge-
schrumpft, in dem ein winziger viereckiger Tisch steht, mit
nur fünf Stühlen drumherum gestellt. Das Bild ist quälend.
Macbeth und die Lady, die den Raum nicht mehr zu füllen
vermögen, bespielen nur einen Teil davon, suchen in ihrer
Verlassenheit das Vertrauen der wenigen übriggebliebenen
Freunde. Aufgeschreckt-unsicher bemüht sich die Gastgebe-
rin, ihre Gäste aufzuhalten, die, geängstigt durch das son-

Lady Macbeth und Lady Macduff. Luc Bondy besetzte in seiner Kölner Shakespeare-Inszenierung beide Rollen mit Ilse Ritter.

derbare Verhalten des Königs, den Saal verlassen möchten. Von überall zerrt sie sie zurück. Sie beginnt zu lachen, um gute Laune zu verbreiten. Doch die metallen-helle Stimme der Ritter gehorcht dieser Lady nicht mehr. Es klirrt und scheppert, als zerbreche Glas und Porzellan. Die Pein dieser Frau wird laut. Und was sie verheimlicht, das hören wir in den beängstigenden Pausen zwischen den hastig hervorgebrachten Worten, diesem Fluß, der zuschütten soll, was ihr Mann aufgerissen. In Ilse Ritters langem Schweigen vernahmen wir die Wahrheit, die Todesangst.

Ilse Ritter, die auch die Lady Macduff spielte, war keine Hexe, sondern eine zu Beginn entschlossene, sehr fordernde, männliche Frau, die ihren schwachen Mann auf den Thron schubst und zum Mord anstiftet. Aber Lady Macbeth ist nicht schamlos, geht nicht über Leichen. Als sie mit Macbeth (Hermann Lause) zurückkehrte vom Mordgang, zu dem beide, in die weißen Laken ihrer Betten gehüllt, ausgezogen waren, sind sie nackt, blutverschmiert. Die Euphorie

Warja – in Jürgen Flimms Inszenierung von Tsche-chows Kirschgarten.

über die bevorstehende Thronbesteigung ist verloschen. Ein grauenhafter Anblick: zwei schlotternde nackte Leiber, leer, ausgebrannt, Skeletten gleich. Wie Adam und Eva nach der Vertreibung aus dem Paradies erkennen sie, was sie getan haben. Vor Scham und Schuld zittert die Ritter, schreit und krümmt sich, als wüte in ihrem Körper der entsetzlichste Schmerz. Die langen blonden Locken fallen ihr auf die Brust, als sie mit einem Wassertopf kommt, das Blut weg-zuwaschen. Sie wird sauber, aber nicht rein. Bis zum Ende, ihrem Wahnsinnsmonolog, den sie ganz leise wie ein ver-störtes Kind vor sich hinmurmelt, wird sie – trotz der Lü-gen, zu denen sie Zuflucht nimmt – nie wieder bei sich sein.

An diesem Abend erlebte man, wie die Ritter den physi-schen und psychischen Untergang einer Frau gestaltete, ein bewußter Balanceakt: in der Schwebe zwischen Künstlich-keit und Realismus. Ilse Ritter verdeutlicht, indem sie ihre Figuren verzerrt. Sie werden überwirklich.

Das galt auch für ihre Ophelia, 1977 bei Peter Zadek, wo
sie ein verletztes Mädchen offenbarte, das, als barbusiger
Lockvogel mißbraucht, willenlos tut, was man von ihm
verlangt, weil es längst zu leben, zu begehren, zu wollen
aufgegeben hat. Das galt auch für ihre zerbrechliche , zerbrochene Ruth in Hopkins' *Verlorene Zeit*, als sie auf
die Bühne stürzte, wie von Krämpfen gemartet hinfiel und
von dem Mann stammelte, der sie überfallen, sie mit
einem Messer bedroht und schließlich zum Sex gezwungen
hatte.

Das Besondere an Ilse Ritter ist ihre Fähigkeit, über ihren
Figuren zu stehen, als schaute sie auf sie hinab, um sie
dann Wort für Wort und mit einer sehr präzisen Gebärden-
sprache zum Leben zu erwecken. Sie verwandelt sich in sie
nur so weit, daß sie noch in ihrem Spiel, das nie wirklich
realistisch wird, das Gesagte und mit dem Körper Gezeigte
kommentieren, verstärken kann. Bis zur Karikatur des
Schreckens, des Wahnsinns, der Sehnsucht. Wenn manchen
ihr Spiel zu groß, zu deutlich vorkommt, dann hat Ilse Ritter ihr Ziel erreicht: Ihre gedemütigten, verlorenen Frauen
gehen nämlich selbst den Kritikern nicht aus dem Sinn.

Hans Christian Rudolph: Der Aussteiger

Ich entdeckte Hans Christian Rudolph erst 1981. Andere Kritiker waren rascher, allerdings auch vorsichtiger in ihrer Beurteilung. Werner Burkhardt bemerkte 1975, daß Rudolph sich in das Ensemble der Flimmschen *Eduard II*-Inszenierung »ohne falschen Ton« einreihe; Marlies Haase fand zwei Jahre später, als Jürgen Flimm in Bochum Heinrich Manns *Untertan* inszenierte, daß Rudolph, Ersatz für den aus der Produktion entlassenen Heinrich Giskes, die Rolle des Heßling »verblüffend gut« spielte.

1981 schließlich, inzwischen war Flimm, Hans Christian Rudolphs Förderer, Intendant am Kölner Schauspiel, sah ich Brechts *Baal* mit Rudolph in der Titelrolle. Er spielte nicht die literarische Gestalt, Rudolph vereinnahmte den Menschen, rücksichtslos, mit der Forschheit der Jugend. Rudolph lebte Baal, ehrlich. Und das bedeutete, nachdem Flimm alle vier *Baal*-Fassungen, die von 1918, 1919, 1926 und 1955 kompiliert hatte, daß aus der von Brecht als Schwäche empfundenen Lehr-Losigkeit (»Dem Stück fehlt die Wahrheit«, kritisierte Brecht, der zeitlebens Schwierigkeiten mit seinem dramatischen Erstling hatte, den *Baal* noch nach der letzten Überarbeitung 1955) eine Stärke erwuchs: Wir sahen das Bild eines Aussteigers von 1981. Damals schwappte die Baghwan-Welle über alle europäischen Küsten, und zu neuen Ufern, bevorzugt australischen, zog es Etablierte und Bohémiens, die nicht recht wußten, daß sie welche waren.

Auch Rudolphs Baal haut ab, wenn ihm was nicht paßt. So, wie er die exaltierten, bemalten und verkleideten Typen im Hause Mäch nicht aushält und sie so lange verhöhnt, bis sie

ihn rauswerfen lassen, so pfeift er auch auf seinen Job im Café
»Zur Wolke in der Nacht«, als ihm der »vertragliche Schnaps«
verweigert wird. Über die Sitze steigt Rudolph-Baal ins Kölner
Hochparkett. Alle schreien ihm von der Bühne Bos- und Grob-
heiten nach. Nur die aufgetakelte Soubrette bleibt stumm.
Wehmütig und neidisch schaut sie dem kühnen Jungen nach:
von so viel Mut hat sie ihr Leben lang geträumt. Zur Befrei-
ungstat hat's nie gereicht.
    Dieser Baal mit der hellen, leuchtend-starken Stimme, der
ist anders, der traut sich was. Weil er alles will, das ganze
Leben. Wie ein Kind, das sich mit großen Augen eine Puppe
erbettelt, um ihr bald darauf einen Arm auszureißen, gewinnt
dieser Baal, gutaussehend, keck, ein bißchen verrückt, eine
Spur zu frech, Frauen, die er mißbraucht und dann verläßt. Wie
ein Knabe, der – von Verboten umgeben, zu läppischen Verhal-
tensmustern gedrängt – auszubrechen versucht und sich deshalb erst einmal nicht so benimmt, wie es von ihm erwartet
wird. Baal widersetzt sich mit einem Unschuldsgesicht allen
Konventionen, tritt in vielerlei Gestalt (denn er liebt es, sich
und den anderen Theater vorzuspielen, mal als Genie mit
weißem Blütenkranz auf dem Kopf, mal als betrunkener Widerling) in jedes Fettnäpfchen, in allen Momenten und Haltungen von seiner Unwiderstehlichkeit überzeugt. Rudolph: ein
schöner, fieser Gigolo. Angeödet vom Studentenleben, vom
Stadtleben, vom Anständigleben, vom Leistungsleben, will er
das Leben pur. Den Himmel über, den Rasen unter sich, sucht
dieser Baal gierig Freiheit und Freuden. Angepaßt, erwachsen
ist dieser Baal nicht und wird es nie werden. Rudolph spielt
einen Mann, der stets bemüht ist, sich zu befreien, auch von
sich selbst. Doch er wird immer wieder zurückgestoßen: in
den roten, bühnenbreiten, niedrigen Kasten, der sich von der
Gefängnisszene an in der Tiefe zu einer breiten, weißgekachel-
ten Treppe öffnet. Zurückgestoßen in Rolf Glittenbergs Raum
mit dem winzigen Deckenfenster zum Himmel und der ausge-
sperrten Natur. Zurückgestoßen zur Mutter, von der er sich –
schwach, selbstmitleidig und sentimental – nie hat lösen

Baal.

können. Zurückgeworfen in den Narzißmus (das macht Rudolph wunderbar), das Rollenspiel und die Ersatzbefriedigungen.

Dieser bindungsängstliche Möchtegernliterat ersetzt die Liebe durch Sexualität und Wagnersche Liebestod-Sehnsucht vom Band – Freiheit durch kleine Fluchten. Rudolphs Baal vergeht sich auf der Suche nach der Glückseligkeit an Unschuldigen, weil er nicht gelernt hat, nicht hat lernen wollen, mit sich und anderen in Achtung umzugehen. Er nimmt seinem Freund Johannes, diesem Baal-Verliebten, die Freundin Johanna, die an die ehrliche Liebe geglaubt hat und nun die Enttäuschung nicht erträgt. Baal nimmt dem Fabrikanten Mäch die Frau, stürzt sie nach Verwendung in Suff und Armut; er beschläft, aber nur wenn er darauf Lust hat, gleich zwei junge Mädchen. Er holt sich von der Straße eine Schauspielerin, heiratet, schwängert sie und stößt die ihn heillos Liebende wie ein Tier von sich. Zu allen diesen Frauen kann Baal, das Bübchengesicht, so gemein, so brutal sein, weil Baal-Rudolph weiß, daß er sie mit seinem kindlichen Charme erobert hat. Sie sind ihm verfallen. Am Ziel seiner (unbewußten) Begierde, bestätigt zu sein, immer wieder, verliert er die Lust an ihnen. Er will weder zu Stetigkeit noch zu Verantwortung gezwungen werden. Er will der immer umschwärmte Baal sein. Nur eine Liebe erlebt dieser Mann – außer der zur Mutter. Die zu Ekart, der ihm (wieder Ersatz) eher Vater denn gefühlvoller Freund ist, den er sich – Rudolph macht das in Blicken, auch in wenigen, keineswegs tuntig-schwulen Gesten deutlich – wünscht. Aber diese Zuneigung, die zu Opfern bereit wäre, wird nicht erwidert. Baal muß ihn erstechen, als dieser, statt seinem kindlich verführerischen Trotz zu erliegen, seinem knabenhaften Zauber, sich rasch von einem Mädchen befriedigen läßt.

Hans Christian Rudolph ist nicht das Brechtsche Tier, nicht das menschenverschlingende ungeschlachte Monster, nicht der gefühllose Säufer. Er ist weniger, kleiner, verständlicher. Rudolph, dem jungen Brecht nicht unähnlich, drahtig, schmächtig und nicht sehr groß, interpretiert diesen Menschen so modern, so treffend und deshalb beklemmend heutig, so intensiv, daß plötzlich (ausgerechnet bei diesem Text) weniger die Frage interessiert, wer oder was diesen Baal zu seiner zerstörerischen Haltung treibt – ob also letztlich Baal asozial ist, weil eine asoziale Gesellschaft ihm keine andere Lebenschance läßt –, als vielmehr die Person Baal. Das Individuum rückt ins Zentrum.

Rudolph wurde damals zur Identifikationsfigur für die 18- bis 30jährigen. Er bestätigte Brechts Vorspruch, der in der ersten Fassung gar »Letzter Wille« heißt: »Baal entstammt der Zeit, die dieses Stück aufführen wird.«

Immer ist Rudolph in Flimms Inszenierungen von einer ungewöhnlichen Zeit-Nähe. Auch als geprellter Amphitryon: ein weltoffener, wieder ein bißchen selbstverliebter Jungmann. Auch als König Karl in Schillers *Jungfrau von Orleans*: empfindsam und ein wenig ironisch. Auch als Faust, den er 1983 spielte. Zum alten Mann geschminkt und verkleidet, blieb Faust doch ein zorniger junger Mann im Dickicht der bundes-

Alceste.

republikanischen Städte. Ein Junge, dem Mephisto nicht die
große Welt zeigt, sondern die kleinen Höllen. Der Verführer
schleppt den unzufriedenen Träumer ab ins Gemeine, ins
Niedrige. In ihm bisher unbekannte Gefühlshöhlen, die düster
und wohlig warm, Mutterleib und Darkroom waren. Rudolph-
Faust bewirft Mephisto zwar mit einem Pflasterstein, aber
nicht weil er haßt, sondern weil er fühlt, was er nicht fühlen
will. Angezogen von Gretchen, spürt dieser Faust plötzlich
eine erotische Spannung, die ihn mit dem zynischen Spötter
verbindet. Rudolph und Wolf Dietrich Sprenger: Kumpane der
Gosse. Hans Christian Rudolphs Spiel hat stets etwas Gehetztes,
Unstetes, Rastloses. Daß Jürgen Flimm ihn als Faust besetzte,
besetzen konnte, hat eben darin seinen Grund. Dieser Schau-

spieler wirkt wie ein vor der Zeit altgewordenes Kind, das früher als die anderen des Lebens leid ist, der Gemeinheit, der Verlogenheit.

Wie Rudolph die breiten Treppen hinauf- und hinunterrannte, von der Rampe bis zum Schnürboden, wie er monomanisch, nicht etwa schrullig, schon gar nicht possierlich, litt, seine Fragen und Liebeserklärungen wie Anklagen formulierte, den Körper straffte, den Arm ausstreckte, mit dem Zeigefinger auf die entrüstete Célimène wies: Rudolph, der Molièresche Menschenfeind, äußerte nicht bloß Entrüstung, sondern Menschenverachtung. Als Folge von Demütigungen. Von Verrat. Rudolph entwickelte den Charakter eines Malträtierten, der weg will von diesen Menschen, aus der Gesellschaft, aus der Welt.

Der Aussteiger: Rudolphs Rolle. Mit traurigem Blick zurückschauend, sucht und geht er – aufmüpfig, angewidert, forsch und manchmal eitel – den Ausweg: durchs Parkett und über die Treppen. Ein gebrochener Rebell.

Branko Samarovski:
Intellektueller Komödiant

Claus Peymanns Stuttgarter und Bochumer Theater der Komödianten war auch für Branko Samarovski eine Befreiung. Ich habe ihn zuvor – er spielte bis 1972 an den Vereinigten Bühnen Graz – nicht erlebt, aber was er uns danach zeigte, war aus dem Geist geboren, der das Peymann-Ensemble beseelte. Branko Samarovski, ein junger Mann noch, beherrscht die nicht sehr oft anzutreffende Kunst, seinen Körper und seine Stimme altern zu lassen und danach, schon in der nächsten Produktion, so, als sei er gerade einem Jungbrunnen entstiegen, wieder wie der verjüngte Faust zu erscheinen. Manchmal hat man Schwierigkeiten, ihn überhaupt wiederzuerkennen. Seine Figuren gleichen sich nicht. Er verwandelt sich total, wird jemand anderes. Sein Lopachin im *Kirschgarten*, sein eingebildeter Kranker, sein Tasso, sein Schriftstellerjüngling in Bernhards *Am Ziel*, sie haben nur soviel gemeinsam, als daß für sie alle Branko Samarovski auf der Bühne stand.

Branko Samarovski als Tasso, ein Opfermann mit Viertagebart. Einer, der sich nicht zurechtfindet in dieser Gesellschaft. Er wütet, das halbleere Sektglas in der Hand, rast durch den Raum, daß der Lorbeerkranz auf dem dunklen Haar ihm tief ins Gesicht rutscht, die Blätter auf seiner randlosen Brille ruhen. Ein schmächtiger Kerl, den die Lobesworte, die Umarmungen ebenso zugrunde richten wie die bösartige Kritik. Wie ein Gekreuzigter legt er sich bäuchlings auf seinen Tisch, neben sich die schwarze Schreibmaschine mit einem eingespannten weißen Blatt Papier. Ein gedemütigter Künstler von Beginn an. Wir ahnen die Katastrophe schon bei der Dichterfeier. Samarovskis Tasso wurde nicht geachtet – er wurde malträtiert.

Thoas.

Und hielt auch das irgendwie aus, manchmal allerdings nur im Suff.

Branko Samarovski als Thoas. Eine Groteske. Der König als Freier, der sich zu zivilisieren versucht und doch ein animalischer Wilder bleibt. Weder die Zigarre im Mundwinkel, noch der Zylinder auf dem Kopf oder die Gladiolen, die er, unter den Arm gepreßt, der verehrten Iphigenie mitgebracht hat, ändern daran etwas. Und schließlich, er ist abgewiesen, will er von der Zivilisation, die ohnehin ja nur Verkleidung aus Liebe war – und das bedeutet gewiß mehr als ein fauler Trick, um ans Ziel zu kommen –, nichts mehr wissen. Samarovskis Thoas wird zu einem atavistischen Vieh. Eine Negermaske vor das Gesicht geschnürt, den Säbel schwingend, in gebeugter Haltung, mit äffischem Gang, hastet er über die Bühne. Er röchelt, braust und schlägt schließlich laut mit Steinen auf den Boden. Der ganze Körper ist Wildheit, Haß, rohe Gewalt. Der Aus-

Argan.

bruch ist für den Mann (auch) glückliche Befreiung von der
Zwangsvorstellung, sich zur Zivilisationsmarionette der Ge-
fangenen degradiert haben zu lassen.

Branko Samarovski als Mephisto. Auch diese Rolle privati-
sierte er und gewann damit jene Aktualität, jene unorthodox-
freie, fast boulevardeske Heiterkeit, jenen frechen Schwung,
der Peymanns Inszenierungen in den späten siebziger Jahren
auszeichnete. Nein, Samarovski war kein Urteufel, kein gefal-
lener Engel, nicht Satan. Eher ein strebsamer Teufelslehrling,
ein Bruder von Raimunds schwäbelndem Ajaxerle. Immer
temperamentvoll, schnell (selbst mit Hinkefuß), witzig und
neunmalklug.

Branko Samarovski als Argan. Ein Bravourabend mit Molières *Eingebildetem Kranken.* Einen roten, innen gelben Morgenmantel über dem weiß bandagierten Leib, das Gesicht weiß
geschminkt, thront er auf seinem Sessel. Er schreit, greint und
plärrt, er poltert und scharmiert. Er grübelt, daß von den
rotgeschminkten Lippen nur noch ein dünner Strich übrig-

bleibt, die spitze Nase noch zu wachsen scheint und die Augen unter der gefalteten Stirn mißtrauisch die eigenen Gedanken zu observieren gezwungen sind. Samarovski scheute sich nicht, dick aufzutragen, trieb den Argan bis zur Karikatur. Doch man merkte, daß jede noch so kleine Gebärde nicht etwa aus Spiellaune hingeschludert, sondern minuziös von ihm erarbeitet worden war. Nur deshalb blieb Samarovskis Argan selbst in jenen Momenten, in denen der Trubel um ihn herum von ihm ablenkte, weiter der Mittelpunkt der Aufführung, die Alfred Kirchner inszeniert hatte, und die doch immer so aussah, als wäre Argan der Spielleiter gewesen, als habe er den Trubel angestiftet.

Bis zur Langeweile blaß: Branko Samarovski als Schriftsteller, zu Gast bei Bernhards Gußwerksbesitzerswitwe. Fast nicht mehr wahrnehmbar. Ein schüchterner Intellektueller, der sich nicht traut, aufzumucken, zu widersprechen. Untergebuttert.

Aufgestiegen. Branko Samarovski als Lopachin in Karge/Langhoffs *Kirschgarten*-Inszenierung. Er wirkt sehr klein, fast mickrig, so als gehöre er nicht in den Anzug oder der nicht ihm; als habe er sich die gelben Schuhe ausgeliehen. Die Haare lang, eine Hornbrille und einen kleinen Schnurrbart. Ein Emporkömmling, Sohn eines Leibeigenen, der sich die Krawatte vom Hausmädchen Dunjascha binden lassen muß und trotz seines Reichtums von den anderen, die er vertreibt, nicht ernstgenommen wird. Aber er weiß sich ihnen letztlich überlegen: Der ökonomische Erfolg zählt, so blitzt es aus seinem Blick, so demonstriert selbst noch die geduckte Haltung, so schallt es aus seinem Lachen. Samarovski spielt einen aufgebrachten, zuweilen wildgewordenen Aufsteiger, der sich seines Erfolges zwar bewußt ist, dem aber die Emotionen zuweilen noch einen Strich durch die Kalkulation seines Lebens machen. Noch kein Herr – und kein Knecht mehr. Schon überheblich – und noch hündisch. Samarovski entdeckte, viel stärker als alle anderen Darsteller dieser Rolle, das erwachende Selbstvertrauen dieses »nouveau riche«, dessen Sympathie nur noch gesellschaftliches Relikt ist, keineswegs echtes Gefühl. Mit Samarovski haben es Regisseure, so vermute ich, leicht. Er nimmt Konzepte an. Seine körperlichen Verwandlungen, diese verblüffenden Gebärden- und Sprachmaskeraden sind nicht primär Ausdruck einer Spiellust, sondern scheinen genau be-dachte, intellektuell erfaßte und professionell erarbeitete Studien. Wahrscheinlich könnte er jede Figur für sich entdecken und in jeder – bei verschiedenen Regisseuren – wiederum immer wieder andere Akzente setzen. Nie hatte ich den Eindruck, daß Samarovski auf Identifikation aus war. Er suchte stets den Archetyp der Figur, demonstrierte, selbst als wilder Argan, Denk-Haltungen. Seine Menschen, so lebendig sie uns auch vorkommen, sollen in all ihrer Privatheit immer auch die gesellschaftliche Ebene, die Historizität und die Aktualität reflektieren. Er zwingt uns in die Distanz. Er verfremdet zwar nicht, aber er fühlt sich auch nie ein. Das Ziel seines Spiels ist nicht, daß wir seinen Figuren (nur) glauben, wir sollen sie überprüfen.

Ist Branko Samarovski ein intellektueller Schauspieler? Gewiß. Aber eben auch ein grandioser Komödiant. Diese Kombination ist selten.

Doris Schade: Die Alleskönnerin

Doris Schade ist (im deutschsprachigen Theater) meine Lieblingsschauspielerin. Weil sie alles kann. Sie ist Vamp und Königin, Heroine und Mütterchen, Kuppleralte und Schlampe, ein wundersames Mädchen und eine wundervolle Frau. Mögen andere Kritiker ihr die »Fallhöhe der Tragödin« absprechen; behaupten, ihr hafte stets der Küchendunst an, all das kümmert mich wenig. Ich habe sie als Merteuil erlebt: Auf einem Barhocker sitzt sie, das Gesicht versteckt zwischen Schulter und Armen. Eine Frau in Schwarz. Regungslos. Langsam kehrt Aktion in ihre Glieder zurück. So, als versichere sie sich ihrer Unversehrtheit. Sie prüft: den Fuß, das Gelenk, die Hand, das Auge, den Mund, die Gesichtsmuskeln, die Sprache. »Es funktioniert überall, bald rastlos, dann wieder mit Unterbrechungen, es atmet, wärmt, ist. Es scheißt, es fickt. Das Es ... überall sind es Maschinen«, könnte die Frau sprechen. Aber sie sagt: »Valmont ... Sie haben nicht vergessen, wie man umgeht mit der Maschine. Nehmen Sie Ihre Hand nicht weg.«

Doris Schade spricht Heiner Müllers *Quartett*, nicht *L'Anti-Oedipe* von Gilles Deleuze und Felix Guattari. Doch Müllers Deutlichkeit genügt, denn die Schade verstärkt die Worte mit Bewegungen. Diese Marquise de Merteuil ist ein Automat. Eine Lustmaschine. Bedient von immer anderen Männern, die für sie nichts anderes bedeuten als »taube Vehikel«, funktioniert die Merteuil als Sexmaschine – über Jahrhunderte. »An uns hat noch der Totengräber seine Freude«, gurrt sie. Doris Schade spielt einen Totentanz für eine Person. Sie heuchelt, verachtet, liebt – hörbar. Sie wandelt sich von der geilen Merteuil in den lügenden Vermont, ihren einzigen Gegenspie-

ler, der noch im Sterben von der Lust röchelt; in die naive,
jungfräulich-erregte Volanges. Wie die Schade, schlappe Merteuil, hellhörig wird, weil Romuald Pekny, der Valmont, wei-
terspielt; wie sie sich umrüstet in einen neuen Automaten und
nun funktioniert als kleines Mädchen; wie sie, ein Tier in
Frauengestalt, in Rollen, aus Rollen fällt, von Maske in Maske
und dabei doch im nämlichen Verrat verharrt, Vernichtung
suchend und letztlich vernichtend: Die Schade ist eine Magie-
rin, nein: eine Hexe.
Auch als Maria, als Hausangestellte bei Shakespeares Olivia. Witzig-böse Intrigantin und verschmitzt-freche Rächerin
der vom eitlen Pfau Malvolio unterdrückten Lebenskünstler,
der Säufer und Hurenböcke. »Halt dein Maul, du Hund«, singt
Sir Tobi, besoffen wie seine Kumpane auch. Ein Kanon mitten
in der Nacht, oder früh am Morgen – es kommt nicht sehr
darauf an. Wach geworden durch den Lärm, schlurft auf weißen Schläppchen Maria an. Im proper weißen, kurzen Nacht-
hemd, eilig nur einen blauen Mantel umgeschmissen. »Was
für eine Katzenmusik«, ruft sie – und gähnt. Wischt sich die
Augen und gähnt wieder. Dann, endlich bei sich, wirft sie sich
Tobi an die Brust, schließlich hat sie ihn im Bett vermißt. Der
nimmt sie Huckepack, aus Erfahrung wissend, daß sie das
mag, kreischen und an seinem Hosengürtel nesteln wird. Die
Schade schreit wirklich, lustig und lustvoll. Bis Malvolio
kommt.
Erst jetzt hat diese Maria ihren Auftritt. Die Kulleraugen
rollen furchtsam, dann amüsiert, spöttisch, böse und schließlich rachelüstern. Sie will diesen Gockel auslachen, aber sie
traut sich nicht so recht – also grinsen die Pupillen, unverschämt. Sie beißt sich auf die Lippen, fummelt an ihrem
schwarzen Zopf. Plötzlich entdeckt sie unter Malvolios langem Seidenmorgenrock das kurze Höschen. Sie hält's nicht
aus: sie preßt sich den Mund zu, die Augen fallen ihr heraus. –
Kaum ist er fort, prustet sie los. Doch aus der Freude wird
allmählich Wut. Wir sehen, wie es in Maria denkt. Die Augen
zeugen von der Geistesarbeit, schauen nach innen, werden

Maria kündigt den gelbbestrumpften Malvolio an (mit Peter Herzog und Claus Eberth).

böser, bis endlich der Racheplan geschmiedet ist. Dieser Coup ist ihr die höchste (Vor-)Freude. Daß Tobi ihr nicht ins Schlafzimmer folgt, obwohl sie ihm winkt und zublinzelt, stört sie nun nicht mehr. Der bevorstehende Betrug ist ihr Lust genug.

Wie die Schade dann später ihren Freunden Malvolio beschreibt, den Kreuzweisgeschnürten, ist ein Kabinettstück: zwischen Lachen und Weinen schnaubt sie, schnauft sie ihre Freude heraus, muß sich selbst immer wieder disziplinieren, den Mund zusammenkneifen, die Augen aufreißen, damit sie weitersprechen kann – und um nicht am Lachen zu ersticken. Wenige Minuten später ist diese Maria dann ganz gefaßt. Unschuldig, fast mitleidig kündigt sie der Herrin den armen Malvolio an. Die Lippen spitzen sich züchtig für jedes einzelne Wort, aber in den Augen blitzt die Unzucht. Sie kichert, doch nur ein wenig, sie will sich den späteren Triumph nicht einer kleineren Freude wegen jetzt schon verpatzen, und wendet

sich lieber ab, will sich nicht durch allzu hämische Blicke
verraten.

Wer beneidete die Schade nicht um ihr Lachen; welche
Schauspielerin wünschte sich nicht ein ähnlich richtiges Gespür für die Valeurs und das einzig angemessene Tempo. Die
Schade hat es in jeder Rolle. Als heidnische Alte in Peter
Zadeks *Yerma*-Inszenierung, in der sie schnodderig und bau-
ernschlau das Mädchen mit ihrem Sohn verkuppeln will, ebenso wie als Claudia Galotti, als schweigsame, stille, sehr kluge
Frau aus bestem Hause, der es schwerfallen muß, sich immer
wieder unterzuordnen, zu verschweigen, zu verstecken, daß
auch sie zu denken – und vor allem zu fühlen – fähig ist.

Ganz anders und wieder richtig, so gut, daß sie den Text, der
gewiß nicht zu den besten der Dramenliteratur gezählt werden
kann, aufwertete: Doris Schade als Medea in Hans Henny
Jahnns Tragödie. Wer die Schade damals, im Juli 81, in Ernst
Wendts Inszenierung erlebt hat, der begriff, daß Jahnns Medea
keine teuflische Zauberin ist, keine geile Negerin, kein versto-
ßenes Hausmütterchen. Sie war *auch* Zauberin, *auch* Negerin,
auch Mutter; sie war teuflisch, geil und enttäuscht. Aber sie
war noch unendlich viel mehr. Die Schade hatte so viele Töne
für die Medea, so viele Gesten, daß letztlich nur *eine* Frau
übrigblieb, der man ihr Handeln glaubte, die nicht einzuord-
nen war, nicht mit einem Etikett zu versehen.

Als sie auf Jasons Rückkehr in ihr Bett hoffte, klang Doris
Schades Stimme hell und mädchenhaft verzückt; als sie
fluchte, war selbst der leuchtendste Vokal voller Verachtung
dunkel. Die Schade war zierlich und ungeschlacht; kokett und
bieder. Verstörung, Enttäuschung, Freude, Erwartung: Auf ihrem Gesicht lagen alle Empfindungen dieser Frau offen. Man
mußte nicht einmal zuhören, was sie sprach, weil schon
Bruchteile von Sekunden zuvor Stirn, Wange, Mund und Augen das Mienenspiel ihrer Gedanken spiegelten. Wie sie tän-
zelte; wie sie stampfte; wie sie, unendlich traurig, sich verlor;
wie sie, für wenige Momente froh, ihren Gram abschüttelte;
wie sie es schaffte, immer glaubhaft zu sein und dabei Jahnns

Heidnische Alte in Peter Zadeks **Yerma**-*Inszenierung.*

Madame Hortense, Anouilhs Orchesterchefin, und der Klavierspie-
ler Monsieur Léon (Thomas Holtzmann).

Sprache handhabte, als sei sie die einfachste, klarste Prosa,
davon läßt sich heute, Jahre nach der Aufführung, noch
schwärmen.

Doris Schade – seit 1977 wieder Mitglied der Münchner
Kammerspiele, zuvor gefeiert in Mannheim, Frankfurt und
am Hamburger Schauspielhaus (unter Ivan Nagel) – macht es
sich immer schwer, getreu ihrem Wahlspruch: »Wenn man's
zu leicht hat, muß man es sich schwer machen.« Es ist, als
begegnete man in jeder Rolle einer anderen Schauspielerin.
Es gibt ihn nicht, den Schade-Ton, die Schade-Geste, nicht
die Hand wie bei der Hoppe, nicht die Kaulquappe wie bei
der Froboess: die Schade ist immer wieder anders, neu. Auf
der Suche nach der Figur wird sie stets fündig, entdeckt die
Rolle und damit zugleich an sich eine bisher unbekannte
Facette, einen nie gehörten Ton. Sie nimmt die Menschen,
die sie darstellt, ein, okkupiert sie mit Körper und Geist und
äußert dann das Innenleben dieser Kunstfigur ganz reali-

Claudia Galotti.

stisch, in völliger Harmonie mit sich selber, ganz unkünst-
lich.

Natürlich kann sie – wie bei Müllers Merteuil – Distanz
spielen, eine Kunst-Maschine verfertigen, aber auch die
funktioniert dann nach einem ihr eigenen Gesetz, nicht nach
einer gleichbleibenden Schade-Regel. Diese Schauspielerin bestimmt ihre Figuren genau, doch sie plakatiert sie nicht, stellt
sie nicht aus, fixiert sie nicht. Ihre Frauengestalten bleiben
lebendig, verändern sich – so wie ihre Maria, die sie seit Jahren
nun schon spielt, die älter wird, gewitzter, böser und dabei ein
wenig von ihrer heiteren Naivität verliert, während sie an
Lebensweisheit gewinnt.

Schwärmen ist gewiß das Gegenteil von Analysieren. Allein, Doris Schade macht es mir schwer, stets distanziert zu
bleiben. Oft überrumpelt sie mich – und andere sicher auch.
Zum Beispiel tat sie's, als sie die Orchesterchefin in Anouilhs
Einakter für sich entdeckte. Sie machte keine zickige, ulkige

Hekabe: »Als ob es
Siege gäbe, wenn
die Menschen
sterben.«

Nummer daraus. Sie wollte – auch wenn im Parkett die Lacher
sie fast übertönten – dieses arme Geschöpf verstehen, das mit
verachteten Zimtzicken durch die Badeorte reist und Idioten
mit dem »Liebesrausch auf Cuba« unterhält, das Monsieur
Léon am Klavier, diese schuppige Memme, liebt und nicht
kriegt, das immer noch lächelt, wenn längst das Chaos im
Orchester schrillt. Doris Schade war hinreißend komisch –
fortreißend triste.

Das ist ihre Kunst: sie läßt sich auf alle ein. Sie spielte die
Elisabeth in Wendts *Maria Stuart:* gereizt, verletzt; die
Ranjewskaja im *Kirschgarten:* ohne Affektiertheit, offenbarte
die empfindsame Aristokratin, kokett, sensibel; die todkranke
Marthe in Luc Bondys Inszenierung von Bonds *Sommer.* Im-
mer ohne Manieriertheit.

Die Rolle, die Doris Schade besonders wichtig war und für
die sie 1987 mit dem Gertrud-Eysoldt-Ring ausgezeichnet
wurde, ist die Hekabe in George Taboris Inszenierung der
Jensschen *Troerinnen.* Sie (er)fand eine Gedemütigte, die die
Verbrechen und die Morde der Männer anwidern, die gegen die
Ungerechtigkeit anschreit, faucht. Eine Heldin, die schuldig
spricht, die wütet und leidet, nicht einmal mehr Tränen hat,

Merteuil: »Was ist
die Verwüstung
einer Landschaft
gegen den Raubbau
an der Lust durch
die Treue eines
Gatten.« Die
Schade zelebriert
Heiner Müller.

über den Verlust der Söhne zu trauern. Doris Schade, ganz bei
der Hekabe, demonstrierte mit ihrem Spiel auch gegen die
Verbrechen der Gegenwart, entwarf ein Menetekel, die Warnung vor der selbstverschuldeten Apokalypse.

Für Doris Schade ist das Theater Ort der Aufklärung. Deshalb engagiert sie sich auch politisch, liest für Breyten Breyten-
bach und gegen die Atomwirtschaft. Deshalb macht sie es sich
schwer. Deshalb gibt sie nicht auf, auch wenn die Zuschauer
ihr Spiel – wie in *Quartett* – nicht ertragen und scharenweise
das Haus verlassen. »Gerade dann bin ich so sensibilisiert, so
wach wie eine Dompteuse und sage mir immer wieder: Spiel'
weiter, spiel' weiter!« – Jene, die gegangen sind, ahnen nicht
einmal, was sie versäumten: Doris Schade, die Alleskönnerin
als Lustmaschine, arbeitet dem Tod entgegen. Sie streift den
langen schwarzen Handschuh vom Arm, küßt die geschwulst-
bedeckte Haut und flüstert sanft »Jetzt sind wir allein, Krebs,
mein Geliebter.« Das Spiel beginnt von neuem.

Es währt.

Walter Schmidinger: Der Spiegel

»Wenn es wahr ist, was Bergman, Thomas Bernhard, Schnitzler oder Freud sagen, nämlich, daß der Mensch eigentlich immer nur sich selbst in den anderen spiegeln will, dann bin ich derjenige, der um sich herum Spiegel aufstellt. Der Partner kann sich dann so stellen, daß er dreifach, zweifach oder einfach zu sehen ist. Er kann sich aber auch so blöd stellen, daß man ihn gar nicht mehr sieht«, konterte Walter Schmidinger 1983, von einem Journalisten darauf angesprochen, daß Kritiker immer wieder schrieben, er sei zu sehr mit sich selbst beschäftigt, spiele die anderen im furiosen Alleingang an die Wand.

Er tut's – oft. Kollege Löwitsch nannte ihn die Callas – und andere urteilen ähnlich über ihn –, wobei dieser Vergleich ja wenig Ehrenrühriges hat. Schmidingers Spiel, Schmidingers Diktion ist so unnachahmlich wie der Callas-Gesang – und die (große) Allüre beherrscht er auch.

Zuweilen erzielt er damit die allergrößte Wirkung, aber ebensooft macht er sie sich damit kaputt. Wenn seine Mitspieler sich nicht mehr in ihm zu spiegeln vermögen, wenn er stattdessen vielfach aufblitzt, nicht zuletzt, weil die Regisseure die matten Spiegel nicht putzen und Schmidingers Lust, sich zu vervielfachen, nicht Einhalt gebieten: dann kann Schmidinger unerträglich werden.

1983 sah ich ihn in Kurt Meisels Abschiedsvorstellung am Münchner Residenztheater: Schmidinger spielte den Benedict in *Viel Lärm um nichts*; und ich schrieb in der »Süddeutschen Zeitung«: »Das röhrende Liebesgejodel, das aufgedreht-blasse Erschrecken, die Schmierenfurcht in den Augen, eine ähnliche

Richard II., Walter Schmidinger insze-niert sich in einer Arbeit des Regis-seurs Hans Peter Cloos.

Angst in den Mundwinkeln, dieses Stammeln und Stottern, dieses Aufheulen und Leidenssingen, dieses Aus-dem-Häus-chen-Sein, ganz gleich ob vor Glück oder vor Schmerz: Wir kennen es – und schätzen Schmidingers künstlerische Mög-lichkeiten.

Wie wohl kein anderer Schauspieler an diesem Haus ist er befähigt, große Rollen zum Leben zu erwecken, trifft er nur auf einen Regisseur, der ihm den Einsatz aller ihm zur Verfügung stehenden Mittel verbietet, ihn davon überzeugt, daß seine Wirkung größer, nachhaltiger ist, wenn er sparsamer mit sei-nem Talent umgeht. Meisel aber läßt Walter Schmidinger poltern, schafft es nicht, ihm Widerstand entgegenzusetzen. Mag sein, daß Schmidingers Lust an der hemmungslosen Theateräfferei nur Selbstschutz ist, um durchzuhalten in einer konzeptionslos-fahrigen Aufführung, doch eine Entschuldi-gung kann das nicht sein.«

Wenige Tage später klingelte Schmidinger an meiner Tür. Er

war bei Freunden im Haus zum Abendessen eingeladen – und wollte mir doch zumindest sagen, daß er jetzt nicht mehr so wütend sei wie am Erscheinungstag der Kritik, da hätte er mich am liebsten geohrfeigt. Aber was »Schmierenfurcht« sei, das wüßte er auch heute noch gern. – Ich habe ihn nicht überzeugen können, doch er war mir nicht gram. Wir gingen von da an stets höflich miteinander um, trafen uns in den Theaterfoyers oder in der Halle des Hotels »Vierjahreszeiten«, wo sich Schmidinger während seiner Münchner Jahre so gern aufhielt.

Was auch immer falsch gewesen sein mag an meiner Kritik, richtig und gültig bleibt, daß Schmidingers Spiel oft Schutz ist. Er, der die Gebrochenen, Einsamen, die Grenzdenker interpretiert, daß man Angst um *ihn* bekommt, er ist, wenn er auf der Bühne steht, sich verliert in sich und in den Figuren, die sich in ihm spiegeln, aufs äußerste gefährdet.

Ich, Feuerbach heißt ein Stück, eigentlich ein Monolog, von Tankred Dorst. Ein Schauspieler, einst berühmt gewesen, kehrt zum Theater zurück, zum Vorsprechen. Angsterfüllt wartet er auf den großen Regisseur. Der kommt nicht, es bleibt die Unterhaltung mit einem schnöseligen Regieassistenten. Während dieses Gespräch verrät Feuerbach, wo er gewesen ist; verrät, daß Wirklichkeit und Phantasie in seinem Denken, seiner Wahrnehmung auf schmerzliche Weise verschwimmen. Dann fällt das Wort »Anstalt«.

Es ist kein Geheimnis, daß Tankred Dorst ein Stück über Walter Schmidinger geschrieben hat. Dieser Schauspieler kennt – wie einige wenige seiner Kollegen – die Abgründe der Seele, hat hinabgeblickt und ist darin versunken. Er war in Nervenheilanstalten. Aber was nützt uns das medizinische Etikett »manisch depressiv«? Schmidingers Kunst wird damit nicht erklärt. Es ist das Spiel eines Zerrissenen, der immer auf der Suche nach dem Gleichgewicht ist – »delicate balance« nennt er's.

Deshalb gab er die Rolle des Advokaten 1977 in Bergmans *Traumspiel*-Inszenierung während der Proben ab. (Der Regis-

Hatch, der Tuch-
händler.

seur erklärte: »Er hat mich gebeten, ihn von der Rolle, die für ihn so gefährlich war, zu befreien.«) Deshalb wurden der Tuchhändler Hatch in Edwards Bonds *See* und Nestroys Zerrissener zu seinen bisher größten Erfolgen.

Schmidinger als Herr von Lips, Schmidinger auf Gipfelwanderung, 1972 im Münchner Residenztheater. Er war wundervoll als Millionär, der ein Bauer sein will und nun seine Vorurteile vom Bauern loswurde, die Dummheit und die Gemeinheit. Er grinste debil und blökte wie ein Schaf; er hantierte mit dem Dreschflegel so einfältig und monströs, daß sein Körper sich zur Lächerlichkeit verrenkte. Er war mehr als komisch: ein genialischer Clown, der um sein Leben drosch und schrie und bleckte.

Aber so erregend diese Momente waren, ein Couplet im zweiten Akt geriet ihm zum schauspielerischen Meisterwerk, wie ich es – bei Nestroy – nie zuvor, nie danach wieder erlebt habe.

*Antonio Salieri und Wolfgang Amadeus Mozart. Kurt Meisel insze-
nierte 1981 Peter Shaffers* Amadeus *(mit Herbert Rhom).*

Schmidinger singt vom Frust eines Schauspielers, der raus
muß auf die Bühne und dem sterbenselend dabei ist. Ein
Verzweifelter, ein Künstler. Schmidinger entwickelt dazu eine
Pantomime, eine Elendsgrimasse, ein strampelndes Jammer-
bündel, einen Chaoten. Doch dann passiert es: die Fratze
entspannt sich, wird Gesicht; in den Augen, auf der hohen
Stirn, auf den heruntergezogenen Lippen wächst Trauer. Jetzt
schauen wir in Abgründe. Schmidinger singt nicht weiter. Eine
Pause, die Stunden zu dauern scheint: kein Häufchen Elend,
ein gigantischer Schmerzensmann. Er wendet sich ab und geht
langsam fort, sehr langsam.

Da war all das österreichisch-süddeutsche Selbstmitleids-
Getön von ihm abgefallen. Keine Frage, Schmidinger ist auch
dann noch, wenn er just in dieses Klischee des greinenden,
selbstgefälligen, quirligen Staatstheatermimen fällt, besser als
Lohner, besser als Meisel. Aber in diesem einen Augenblick

war nichts davon übrig. Schmidinger behauptete mit seinem Spiel den verzweifelten Wahnsinn als letzte Möglichkeit, es auszuhalten.

Als er dann – nur ein Jahr später– den Hatch spielte, den Tuchhändler – und genau diesen Beruf hatte Schmidinger auf Drängen seiner Schwester einst, vor dem Schauspielunterricht, erlernt –, stand hinter der Bühne der Notarzt mit einem Rettungswagen bereit. Schmidinger, die große Schneiderschere an die Stirn, vors rechte irrlichternde Auge gepreßt, auf dem steilsten Pfad zum Wahnsinn. Mimik, Gestik und Diktion: ein Crescendo. Das zu Beginn offene, aber schon von Verzweiflung und Demütigungen gezeichnete Antlitz wird zum Zerrbild; der gelenke Körper verkrampft sich, das leichte Parlando wird zum Gebrüll, zu hemmungslosem, paranoidem Gestammel. Ja, ein Verrückter. Doch, Schmidingers Hatch war zu bewundern. Ich neidete ihm diesen Wahn, der hellsichtig machte. Er lächelte wie ein Märtyrer, der mehr von der Welt und den Menschen zu ahnen schien als alle, die sich gesund wähnen und dafür gelten. Ein Erleuchteter auf der Bühne.

Schmidingers Darstellung brillant, großartig zu nennen – welche Arroganz. Er war ein Genetscher Seiltänzer, der für diese Menschendarstellung alles riskierte, den Spott und die Bewunderung und ganz sicher auch sich selbst – die »delicate balance«.

1974 spielte er in Hamburg, bei Ivan Nagel, den Dichter Trigorin: auch er ein skurriler Sonderling, ein Melancholiker. Zurück in München dann *Richard II.* und *Tartuffe* 1979, inszeniert von Ingmar Bergman. Schmidinger blieb hinter den (hohen) Erwartungen zurück. Er schwadronierte, schwindelte pfiffig, aber dieser Heuchler hatte nur Auftritte, entwickelte sich nicht zu einer Ganzheit. Wir sahen Schmidinger komisch als Komischen.

1981 eine Rolle für einen Virtuosen. Der Salieri in der deutschen Erstaufführung von Peter Shaffers *Amadeus.* Ein Spiel auf vielen Ebenen. Schmidinger als der Alte, der sein Leben inszeniert und als der Junge, der, während er seine

Mitmenschen manipuliert, sich ihnen verstellt, sich zugleich
selbst etwas vorspielt. Wieder ein Gedemütigter, ein Verlierer,
ein Einsamer.

Schmidinger gelingt die Verwandlung vom im Rollstuhl
fahrenden Greis mit der zittrigen Stimme zum Jüngling, der,
drahtig wach, sich durch die Intrigen des Hofes zu schlängeln
weiß und dabei die eigenen verheimlicht. Schmidinger vermag
auch oft, die Verletztheit dieses unbegabten Komponisten zu
offenbaren, gleich zu Beginn etwa, wenn er – fürs Publikum
nicht sichtbar – sein »Mozart!« schreit und später sein »Perdo-
nami, Mozart!« herauspreßt wie den liturgischen Gesang eines
Sterbenden. Diese Worte sagten mehr über diesen Menschen
als seine große Gottesklage, die bei Schmidinger nicht von
innen zu kommen schien, gerade weil er sie, die ohnehin
wenig wahre, wenig glaubhafte Verzweiflung enthält, so
kunstvoll in mehrere, an Lautstärke und Tempo zunehmende
Strophen auflöste. Sie klang aufgesetzt, glich einer großen
Schauspielnummer, hatte nicht jene Innerlichkeit, die in vielen winzigen Anmerkungen wahrnehmbar war. Schmidinger
hatte sich nicht recht entschieden, ob er den Fiesling spielen
wollte, der seinen Gegner, die Zähne aufeinandergehauen wie
ein Wehrwall, breit und falsch anlächelte, oder den vom Genie
des anderen zu Tode Getroffenen, der von nun an leidet, an
seiner Mittelmäßigkeit und seinem Trug.

Unter diesem Salieri litt wiederum Schmidingers Leonce,
den er im gleichen Jahr mit Dieter Dorn an den Münchner
Kammerspielen produzierte. Schmidinger spielte nur die
Fassade des Lebensüberdrüssigen, des Gelangweilten. Die
Leonce-Emotionen glichen erschreckend denen Salieris,
manchmal war selbst der Ton der nämliche.

Und gleich darauf – das ist das Faszinierende an Walter
Schmidinger – die größte Gespanntheit, Innerlichkeit. Immer
noch 1981: Der Gennadius in Ostrowskijs *Wald*. Erst nur der
perfekte Clown, zieht Schmidinger bloß die oft ausprobierten,
sicheren Register, flötet und braust, fletscht und bellt. Aber
dann, etwa zehn Minuten vor Schluß, findet er sich selbst in

Gennadius und Arkadius. Noch einmal Herbert Rhom und Walter Schmidinger.

dem verletzten Künstler: der Spiegel reflektiert. So als sei es sein eigenes Bekenntnis, gellt er ins Publikum: »Wir sind die Künstler, edle Künstler, die Komödianten seid Ihr!« – Die Pause aus dem *Zerrissenen.* – Er wendet sich ab. Eine traurige Gestalt, aus deren Augen Stolz und Verachtung blickt, verläßt ruhigen Schrittes, Hand in Hand mit Kumpan Arkadius die Bühne. Sie gehen aus dem hohen schwarzen Raum ins Freie, in die Helligkeit – zum nächsten Jahrmarkt, zur nächsten Pleite. Aber was kümmern diesen Schmidinger-Gennadius die Menschen? Er verschmäht sie.

Bevor Schmidinger München verließ, im Groll, weil er nicht arbeiten wollte, »wo Menschen schlecht behandelt werden«, wagte er sich an den Shylock. Er nahm diesem Mann seine Wildheit. Bei ihm ist der Jude, der Gerechtigkeit fordert, nicht böse, schon gar nicht grausam, sondern krank, fast verrückt, weil er erniedrigt wurde. Oft schaut er auf zum Himmel, führt ein Gespräch mit seinem Gott. Die Leere wird Klagemauer. Schmidinger setzt die Pausen kalkuliert, sie ergeben sich aus seinem Sprechduktus, der ungewöhnlich langsam ist, als seien

die Worte im Moment des Entstehens die Verfestigung seines
Denkens. Nie wurde aus seinem Shylock eine Juden-Karika-
tur, nie ein Monster. Schmidinger zeigte einen Mann, der verachtet, zerbrochen wird, und der am Ende auch von Gott verlassen scheint. Ein Verlorener, ohne Hoffnung, ohne Glauben.
Schmidinger spiegelt sich am klarsten in den Außenseitern
und in den Ausgestoßenen, Ausgegrenzten. Cyprian, der
schwule Künstler, ist so einer. Er, der nur benutzt, schließlich
erschlagen wird von dem schwarzen Jungen, den er liebte und
den er sich nicht einmal hat kaufen können, er hat keine
Heimat, keine Freunde. Schmidinger war in Peter Steins
Schaubühnen-Inszenierung von Botho Strauß' *Park* von außer-
gewöhnlicher Intensität. Rolle und Sein verschmolzen auf
höchst künstlerische, künstliche Weise miteinander.

Daß Walter Schmidinger München, das Residenztheater
verließ, mag vielleicht auch mit den ihm angebotenen Rollen,
den von ihm nicht geschätzten Regisseuren zu tun gehabt
haben; der wichtigste Grund war ein privater.

Er fand auch am Berliner Schillertheater nicht die jungen,
begabten Theatermacher, die er suchte, nicht die Rollen, in
denen er sich spiegeln durfte. Sein Richard dort, sein Nathan:
Schmidinger zeigte die alten Mittel an neuem Haus. Ein öster-
reichischer Schauspieler in Berlin: eitel, selbstmitleidig, süd-
deutsch.

Sein Richard, ein Schönling, ein morbider Knabe, ein Pfau,
betrachtet sich einmal im Spiegel. Schmidinger bräuchte dieses Ding nicht. Spiegelte er sich in diesem König, wir sähen
nicht die Operndiva – wir sähen den Zerrissenen, sähen Lips,
Hatch, Shylock und Gennadius, sähen Walter Schmidinger,
die irrwitzige Flamme, die in die Abgründe der Seele lodert und
im Dunkel der Wahrheit Licht schenkt.

»Man muß sich mit großen Menschen umgeben, um wachsen zu können«, sagte Schmidinger 1975. Vielleicht kann er
nicht mehr »wachsen«. Aber er darf nicht schrumpfen mit
kleinen Menschen, die ihm den Erfolg leicht machen. Er
braucht nicht Bewunderer, sondern starke Regisseure, bald.

Libgart Schwarz:
Gesänge – vom neuen Reich
und einem Salat

Die Nova des Schmerzes. Welträtsel auf der Leiter.

Hätte der Verleger mitgespielt, so wären die beiden folgenden
Seiten leer geblieben und zusammengeklebt worden. Hätte der
Verleger sich nicht geweigert, steckte in dieser Hülle eine
Schallplatte. Wäre der Verleger neugierig gewesen auf just
dieses Sprechorgan, spräche auf dieser Platte Libgart Schwarz
die schon vergessenen Verse ihres einstigen Mannes. Sie hörten also jetzt, hätte der Verleger mehr Kunstsinn oder Humor
(eines von beiden muß man für die Schwarz zumindest haben),
den Monolog von Handkes Nova. Und auf dem Label sähen Sie

Susanne in Trilogie des Wiedersehens.

sie eine Leiter hinaufsteigen. Denn sie ging, als sie diese Welträtsel sang, nicht *Über die Dörfer*, der Titel trügt, sondern erklomm Sprosse um Sprosse – in Handkescher Langsamkeit – eine Mauerwand. Eine Filmkopie dieses Aufstiegs wäre ihnen eine zusätzliche Freude gewesen. Aber mein Verleger – ich weiß es, obwohl ich nie mit ihm darüber sprach – will ein Buch. Keine manierierten Mätzchen.

Für das Vergnügen, diese Schauspielerin sprechen zu hören – man kann sie leider nicht mehr klimmen sehen –, muß man also nach Berlin reisen. An der Schaubühne pflegt sie ihre Kunst. Dort darf man sie bewundern oder auslachen, »chacun à son gout«. Wenn man sehr viel Glück hat und Libgart Schwarz Hunger, dann endet der Abend mit einem Schwarz-Privatissimum. Man muß nur nah genug bei ihr sitzen. Dann hört man sie. Aber wie gesagt: sie muß hungrig sein. Dann

nämlich geht Libgart Schwarz nach der Vorstellung auch noch
essen. Es ist nicht wichtig, was sie ißt, selbst wie sie ißt, unterscheidet sie nicht von anderen gut erzogenen Mitteleuropäern.
Sie kommt schließlich aus Kärnten. Das eigentliche Ereignis
ist ihre Bestellung.

Ich habe sie bestellen hören, gleich neben der Schaubühne
am Lehniner Platz, im »Ciao«. An jenem Abend – er machte
meinen Tag nachträglich zu einem glücklichen – wollte sie
etwas Leichtes. Einen Salat, soviel war ihr klar, den Gästen, die
in ihrer Nähe saßen, und dem Kellner auch. Aber welchen?
Nach langer, bedächtig geführter Debatte, in der sie die fünf
Buchstaben dieses leichten Gerichts jeweils anders belegte, als
wären die beiden a, Heul- und Freudelaute, die Fleisch-, Fisch-,
Eierbeilagen, entschloß sie sich für einen Thunfischsalat.
Aber, so sang sie nach einer Pause, auf der eine Fermate
thronte, dick wie eine fleischige Kaper, »ohne Thunfisch«. Das
zweite a vom Salat jubilierte sie dabei seelenvoll beschwingt,
engelgleich in die Höhe wie ein Amen, von der Alt- in die
Sopranlage. Das u von dem Fisch dehnte sie, als lieh sie ihre
Stimme dem grünen Gerippe in der Geisterbahn. Und das i
erst: es war so schrill und hoch und eklig, daß ich – igittigitt –
meinen Salade Niçoise nicht aufaß. Wer traute sich schon an
Thuuhuuunfiiiiisch?

Manche meiner Kollegen finden sie impertinent, immergleich. Ich bewundere sie, weil sie, wenn sie spricht, singt, weil
sie Worte hinfetzen, weil sie Sätze von sich werfen kann, weil
sie formuliert, als entwerfe sie jede Silbe, jeden Laut in jeder
Vorstellung neu. Sie hat für sich einen Ton, einen Sprech-Stil
gefunden, der sie von allen anderen Schauspielerinnen unterscheidet. Man hört sie selbst dann heraus, wenn sie in einem
Chor spricht, so geschehen in Salzburg, als sie 1986 in Handkes' Aischylos-Übersetzung des *Prometheus, gefesselt* eine der
Okeaniden sprach. Ich bin diesem Schwarz-Klang verfallen
und ihrem altmodischen Charme, der immer etwas kindlich-
unbeholfen wirkt, obwohl sie, Anfang der vierziger Jahre gebo-

ren, eine erwachsene Frau (und Mutter) ist und sich nicht scheut, ganz alte Damen zu spielen. Aber selbst dann hören, sehen wir nicht die Dame, sondern eine jüngferliche Fünfzigjährige, die Jahrzehnte zu spät ausprobiert, wie das geht, das Verführen, das Kokettieren.

Libgart Schwarz, die 1978 für ihre Rolle der Susanne in Peter Steins Schaubühnen-Inszenierung von Botho Strauß' *Trilogie des Wiedersehens* von den befragten Kritikern zur »Schauspielerin des Jahres« gewählt wurde, entwickelt mit ihrer Sprache und ihren Gebärden einen neuen Ausdruck, der un-realistisch, mythisch fern, nichts Äußerliches mehr hat, gerade weil sie das Innere ihrer Figuren extrem äußert. Die Schwarz stößt in manchen Momenten mit ihrem Spiel in unerforschte Regionen der Darstellung vor, wo Worte durch ihre Artikulation, wo Gesten durch ihre bewußte, verlangsamte Gebärde zu einem neuen Zeichensystem des Schauspielens werden. Peter von Becker behauptete von ihrer Susanne, die ich leider nicht erlebt habe, die Schwarz habe eine »Meta-Sprache« gefunden, könne »aus dem Körper Parabeln, auch Allegorien, der Gedanken« entwickeln. Er wird recht gehabt haben.

Der Gang der Schwarz – damals 1981 in Klaus Michael Grübers Inszenierung von Pirandellos *Sechs Personen suchen einen Autor* – war, genau gearbeitet und doch spontan, so ein neues Zeichen. Es war körperhaft und hatte zugleich doch eine körperlose Sinnlichkeit. Libgart Schwarz deutete über die Figur hinaus auf das Spiel von Leben und Kunst – nur mit Schritten.

Ihre Goneril – in Grübers Schaubühnen-*Lear* –, dieses magere, hagere Biest, das die Gemeinheiten, die aus ihrem Munde sprudelten wie ein giftiger Quell, lustvoll hastig in schrilles Gellen verwandelte, sie war ein ähnliches Wesen: sehr von dieser Welt und doch schon ein Kunstprodukt. Die Inkarnation von Zähigkeit und Menschenverachtung. Eine Allegorie: die zerstörerische Intelligenz.

Aus ähnlichem Holz geschnitzt: Libgarts Schwarz' Helen in Peter Steins *Park*-Inszenierung. Eine gutaussehende Zicke, die

Helen in Der Park.

ihre Haßtiraden auskotzt und geil auf dem schicken Acryl-
stuhl herumrutscht, die Beine und Arme von sich räkelnd wie
eine wollüstige, angriffslustige Spinne. Sie gibt deutlich Laut
und Gebärde, wo Not an der Frau ist. Diese Schauspielerin verwandelt sich nicht in ihre Rollen hinein. Sie bricht sie nicht.
Libgart Schwarz spielt sie, als blicke sie durch sie hindurch,
um danach das Innen nach außen zu krempeln. Wir sehen die
Menschen obduziert, erkennen ihre Krankheiten, erblicken
erschreckt die Galle, die sie spuckt, werden Zeugen, wie der
Haß, die Liebe, wie jeder einzelne Gedanke sich bildet. Die
Langsamkeit ihres Sprechens und die gespannte Ruhe ihrer
überdeutlichen, zerdehnten Bewegungen sind die Messer, mit
denen sie die Figuren seziert. Was Kirsten Dene das Vergrößerungsglas ist, bedeutet der Schwarz die Zeitlupe.
Bei der Helen verstand ich deshalb etwas, was mir zuvor in

Leontine und Phokion, Libgart Schwarz und Jutta Lampe: Sehnsucht nach Kythera.

keiner anderen Aufführung so deutlich geworden war: daß diese Rassistin mit ihrem kruden Denken und ihren Vorurteilen so fern dem Autor wohl nicht steht. Sie war auch, in ihren noch so monströsen Wünschen, eine positive Figur, weil die Schwarz rücksichtslos bekannte, was diese Helen wollte; weil sie schamlos äußerte, was andere feige verschweigen. Die Schwarz entblößte Botho Strauß' Helen. Die Glut ihrer Begierden loderte, steckte die Glieder und die Stimmbänder in Brand. Und dann sprühte die Sprache Funken: Libgart Schwarz als Merteuil in der Bochumer Uraufführung von Heiner Müllers *Quartett*. Sie mochte diese Arbeit nicht, bekannte sie später. Das kann ich nicht verstehen, denn sie war wie keine andere Schauspielerin fähig, allein mit Worten die Huren-Hölle, das Höllen-Leben, das Nichts zu malen. So genau, so deutlich, so vernichtend wahr, daß alle Körperzeichen überflüssig wurden.

Zuletzt sah ich sie als Marivaux' Leontine in Luc Bondys Inszenierung von *Triumph der Liebe*. Körper und Stimme in einer Harmonie wie nie zuvor. Die Schwarz entpuppte ihre Leontine vom grauen, verschlossenen blaustrümpfigen Bücherwurm zum rosa Seidenfalter, der nach der nächtlichen Begegnung mit Phokion – dem Jungen, der ein Mädchen ist, und sie verführt – durch die Räume flattert. Sie war so anmutig und zugleich so kunstvoll-dressiert, als habe sie bei einem Schmetterlingsdompteur Unterricht genommen. Die Zeitlupe arbeitete. Jeder Schritt, jede noch so kleine Bewegung der Hand, jede Silbe, sie wurden Zeichen für das Begehren dieser Frau.

Leontine ist verliebt bis über beide Ohren, kann gar nicht genug Salz auf dem gekochten Ei haben. Sie gurrt und säuselt, stelzt auf den Buchstaben wie auf Kothurnen. Sie lügt so wundervoll hohl und vermessen und verrät sich doch: Geist und Fleisch, dem Laster der Liebe, der Begierde verfallen, gehorchen dem Versteckspiel nicht mehr. Libgart Schwarz führte vor, wie Lust einen Körper überrumpelt, ihn gefangennimmt und schließlich verbrennt: Um die Gier zu löschen, steigt die lichterloh brennend alte Scheune ins Wasser. Aber die Abkühlung hilft nicht. Leontine bemerkt nicht einmal,

Leontine.

daß sie bis zur Hüfte im Teich versinkt, sie ist verloren. Sie liebt, betrügt und wird betrogen. Wir lachen die Frau nicht aus. Sie tut uns leid, denn sie hat sich vor uns entblößt. Sogar in die Seele konnten wir ihr schauen.

»Schauspielen ist immer auch Erinnerungsspielen«, hat Libgart Schwarz einmal gesagt, und: »Schauspielen soll nichts Privates sein, sondern etwas viele Menschen betreffend Persönliches.«

Ihr Spiel ist nicht zu trennen von ihrer Persönlichkeit, von ihrem Denken. Daß sie einmal einen Text sich schrieb und ihn im November und Dezember 1976 an der Schaubühne auch interpretierte, einen Monolog, *Limes* genannt, zeigt, wie sehr sich Libgart Schwarz mit sich selbst und mit ihrer Kunst auseinandersetzt: »Vor kurzem hat mich ein Jüngling, während er sich mühsam räkelte, gefragt: ist es eigentlich für einen Schauspieler nicht fürchterlich schwer, natürlich zu sein. Meine Antwort war: Sie haben sich vorgenommen, natürlich zu sein und schauen deshalb verloren und gelangweilt drein. Ich weiß nicht, ob Sie das als natürlich verstehen, aber ich sehe, wie Sie sich Mühe geben, das Gesicht locker zu halten: man muß die gespannten Gesichtsmuskeln fallen lassen, und die aufgerissenen Augen etwas zusammendrücken. Aber wozu soll man nachdenken, was natürlich sein kann, es ist doch natürlich am ehesten dann so, wenn man eben so ist, wie man gerade ist, wenn man gar nicht nachdenkt darüber, wenn man darüber nachdenkt, weiß man doch meistens gar nicht, wie man gerade ist, gerade so, als würde ich Sie jetzt fragen, wie es Ihnen geht – wie geht es Ihnen also?«

Libgart Schwarz weiß immer, wie sie gerade ist. Und als sie, die Salzburger Nova, ihren ersten Satz sprach: »Nur ich bin das hier«, wußte sie es auch. Das »Ich« war bar jeder Eitelkeit, es klang einfach stark, war Anspruch und Entschuldigung. Und der ganze Satz, eine Melodie, erfüllte die Felsenreitschule.

Gäbe es die Schallplatte, Sie würden es jetzt hören. Und Ihnen würde die Frage, ob dieser Schwarz-Gesang nicht ganz schön maniert ist, sehr dumm vorkommen.

Gisela Stein: Die Hohe Frau

»Ich bin nicht spielwütig!« – »Ich habe keine Spiellust!« Jeder, der sie je gefragt hat, warum sie Schauspielerin geworden ist, erhält von ihr die gleiche Antwort: sie spiele nicht, um sich selbst zu produzieren. Sie wolle den literarischen Text und seine Ideen erkennen, veröffentlichen – und den Zuschauern entdecken. Gisela Stein, klug, schön und sehr ehrgeizig. Sie ordnet sich zwar Regisseuren unter, aber nur dann, wenn diese sie nicht als bloßes Werkzeug benutzen, sondern ihr eigenständiges Denken abfordern. Sie hält Kortners Rat, den er ihr 1966, damals war sie gerade 30 Jahre alt, während der Proben zu Hebbels *Maria Magdalena* erteilt hatte, für den Schlüssel zur Theaterarbeit: »Ich benutze Sie, und Sie müssen mich benutzen.« – Als sie das Gefühl hatte, nur noch wie eine willenlose Marionette gebraucht, als malträtierte Sklavin einem Schauspieler-Dompteur, Regisseur genannt, von Intendanz und Dramaturgie zur Verfügung gestellt zu werden, nicht mehr anderen offenbaren zu dürfen, was sie selbst in dem Text erkannt hatte, zog sie die Konsequenz.

Nach Alexander Langs Inszenierung von *Phädra* und *Penthesilea* fragte sie (sich) in der Zeitschrift »Theater heute«: »Macht das alles noch Sinn?« – Und die unausgesprochene Antwort war: Nein. Gisela Stein hatte zuvor schon ihren Vertrag mit den Münchner Kammerspielen geändert. Sie will – so entschloß sie sich im Sommer 1987 – »zumindest für ein, zwei Jahre« keine neuen Rollen mehr an diesem Haus übernehmen. Aber natürlich, denn die Stein ist keine Frau, die etwas hinwirft, aufgibt, spielt sie weiter in den laufenden Vorstellungen: in *Was ihr wollt*, in *Phädra* und *Penthesilea*.

Olivia, 1979.

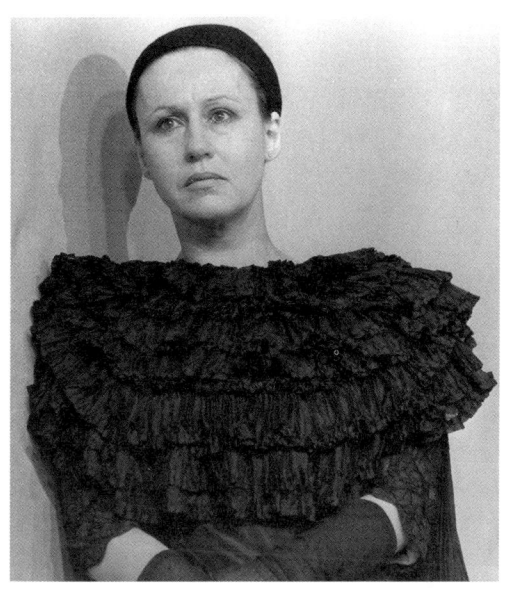

Es ist seltsam: jene Rolle, auf die sich Gisela Stein seit Jahren – vielleicht gar zeitlebens – freute, sie hat ihr nur Unglück gebracht. Sie wollte die Kleistsche Amazone schon bei Hans Lietzau in Berlin spielen, bei ihrem Förderer und Freund, doch es kam nicht mehr dazu, die Stein ging 1980 zu Dorn an die Kammerspiele. Dann versuchte der Kammerspielintendant mit seinem Entdecker Lietzau und mit ihr das Projekt in München zu verwirklichen. Es scheiterte: Dorn nahm sich Gisela Stein für seinen Salzburger *Tasso;* Lietzau klagte, erfolgreich. Ein Jahr später verunglückte die Stein; ihre Freunde, ihre Bewunderer bangten um ihr Leben. Und dann kam sehr spät – sie war gewiß nicht mehr im Penthesileen-Alter – der Kleist doch noch. Die Stein hatte es geschafft. Nach sechsmonatiger Probenzeit. Sie wurde gefeiert, aber sie wirkte, als ihr die Bravo-Rufe entgegenschallten, eher traurig. Diese Penthesilea, die sie uns gespielt hatte, war nicht jene kühne Kampf- und Liebesmaschine, von der Gisela Stein geträumt, die sie aus Kleists Text herausgelesen hatte.

Iphigenie, 1981.

Leonore Sanvitale, 1984.

Es war nicht zu übersehen, daß sie spielte, was sie spielen
mußte, nicht, was sie spielen *wollte*. Lang hatte der Steinschen
Penthesilea den Gang auf dem schmalen Pfad vom Mädchen
zur Heroine, von der kämpferischen Maid zur ent-rückten,
sich von den Gesetzen des Amazonenstaates lossagenden Frau
nicht leicht gemacht. Mal mußte Penthesilea mit den griechischen Helden Räuber und Gendarm spielen; mal vor Achilles
die Historie des Amazonenstaates aufsagen, die Hände auf
dem Rücken, die aufwendig gülden gepanzerte Brust vorge-
streckt, wie eine Pennälerin beim Geschichtsunterricht.
Ebensowenig schien sich die Schauspielerin als Phädra
wohlzufühlen. Das Antlitz weiß geschminkt, die langen roten
Haare, eine lockige Mähne, aus dem Gesicht gekämmt, den
Körper in feurig-wallendem Gewand, muß diese Frau bei Lang
Arien der Verletzung und der Liebe brüllen und ihre Anpas-
sung in leisen, hastig artikulierten Rezitativen absondern. Wie
im Rausch muß sie Leidenschaft schreien, während sie, mit
den Händen nach Hippolytos' Gesicht gierend, über den Armen, der am Boden liegt, herfällt. Sie gleitet mit den Fingern an
seinem zur Abwehr aufgestreckten Schwert hinauf, liebkost
die Waffe und will, endlich am Heft, dem Ersehnten die Hand
küssen. Und wird fortgestoßen. Sie bittet lüstern, eine Megäre
schon, um den Todesstoß, damit der Sohn sie erlöse von ihrem
sündigen Begehren.

Die Stein agierte wie eine Glieder-Puppe, wurde in eine
Körperlichkeit getrieben, die sie weder beherrscht noch – und
das wiegt schwerer – schätzt. Ihre Mittel sind andere.

Man muß sie nur in ihren Rezitationsabenden erleben –
wenn sie (wie bei der Günderrode oder bei Else Lasker-Schüler)
durch ihren Vortrag nicht allein die Bedeutung der Worte
aufdeckt, sondern auch noch die Struktur der Sätze; wenn sie
die Worte zum Klingen erweckt – um zu begreifen, daß die
Stein ein Instrument ist. Sie musiziert Wort-Kompositionen.
Wen kann es da wundern, daß ihre Iphigenie in Dieter Dorns
Goethe-Inszenierung vor dem Eisernen Vorhang zum Ereignis
wurde: Gisela Stein feierte die Jamben, von denen Adorno

schwärmte, sie seien »ungeheuer«. Sie gestaltete ihre Monologe wie Gebete; baute sie wie Crescendi auf. Ihr Parzenlied war von faszinierender Macht: Sie begann leise, kindlichfromm, mit zurückhaltender, ziemlich hoher Stimme, die allmählich an Kraft gewann und an Höhe verlor bis zum wütenden Schrei, der Haß und Angst vereinte und jene Wende in Iphigeniens Denken als vollzogen erkennbar machte, die sie zuvor noch in einem ähnlichen Ausbruch (»Rettet mich/Und rettet euer Bild in meiner Seele!«) gefürchtet hatte. Gäbe es eine Schallplatte von dieser Aufführung, ich hörte Gisela Steins Parzenlied wie das *Parsifal*-Vorspiel, dirigiert von Karl Böhm.

Dabei – dieser falsche Eindruck könnte jetzt entstehen – sind ja nicht der Kopf, die Kehle, die Zunge Gisela Steins Instrumente. Der ganze Körper ist das Instrument. In seiner außergewöhnlichen Gespanntheit macht er dieses Sprechen, diesen Ausdruck erst möglich. Nach ihrem Unfall 1983 wurde es der Stein selbst sehr bewußt. Einem Journalisten am Krankenbett sagte sie, es sei ihr jetzt »ganz klar geworden: Bevor das Wort auf der Bühne war, ist in mir ein ganz anderer Vorgang vorangegangen. Alles war vorher in meinen Muskeln und Sehnen in Bewegung. Das Wort kam immer erst am Schluß. Wenn sich mein Körper nun nicht mehr darauf einläßt, in eine Partnerschaft mit dem Wort zu treten, dann bin ich bereit aufzuhören.«

Im Oktober 1984 stand Gisela Stein wieder auf der Bühne der Kammerspiele. Nach zehn Operationen war sie endlich genesen und wurde in jener Rolle, in der sie zum ersten Mal in diesem Haus zu sehen war, umjubelt: als Olivia in Dieter Dorns *Was ihr wollt*-Inszenierung. Gisela Stein war, wie wir sie kannten: die große, aristokratische Dame, die in Verbitterung erstarrt, plötzlich vom Pfeil Amors getroffen wird. Ein Coup de foudre – und die heilloseste Leidenschaft reißt die Olivia fort. Sie erbebt vor Begierde, verliert sich in einem Glücksgefühl der Hoffnung. Und doch hatte die Steinsche Olivia sich verändert: Sie steigerte die plötzliche Verliebtheit

dieser jungen Frau in eine Liebesraserei. Sie hatte an Entschiedenheit gewonnen. Es schien, als setzte Olivia ihr Leben als
Preis für diese (letzte) Leidenschaft. Ihre Vermählung mit dem
Falschen mußte ihr Zwang bedeuten. Das Glück zu zweit zu
sein, war keines. Die Stein schaute so finster, so traurig, so
verloren in die Ferne, also zurück, daß man das neue Leid als
das schlimmere erkannte; blickte, als sehnte sie sich nach den
trüben Tagen der Frigidität, bevor der Knabe, der ein Mädchen
war, die Glut in ihrem Herzen ein letztes Mal entfachte. Wir
sahen eine Betrogene, die alles gewagt hatte – und getäuscht
wurde. Sie hatte sich hingegeben und verlangte nichts dafür als
Wahrheit. Geschenkt wurde ihr die Lüge und ein Mann, von
dem sie nichts weiß, nach dem ihr nicht verlangt.

Die Olivia war eine andere geworden, Gisela Steins Leonore
Sanvitale, die Rolle, die sie vor dem Unfall gespielt hatte, auch.
Aus der virtuosen, sicheren, klugen, ironischen Intrigantin,
die ebenso überdreht wie beherrscht der zerbrechlichen, me-
lancholischen Prinzessin (Jutta Hoffmann) Paroli bot und mit
den Männern spielte, war – ich weiß nicht, wie – eine gefall-
süchtige, eitle, eher verkrampft-kalte Heuchlerin geworden,
die kein anderes Ziel kannte, als die Rivalin auszustechen.
Entschiedener auch diese Figur, diesmal aber zu ihrem Nach-
teil. Vielleicht offenbarte Gisela Stein wirklich in dieser aggressiven Schärfe, in dieser verletzten Kraft, was sie von Sanvitale hält. Wie anders ist ihre Interpretation sonst zu erklären?
Die Stein macht selten etwas unbewußt. »Ich will das vermit-
teln, was ich denke, fühle, sonst nichts«, so formulierte sie den
Anspruch an ihre Arbeit kurz vor dem neuen Beginn.

Sie fing bei Null an. Sie hatte die Erinnerungen an die
früheren Erfolge – Photos, Kritiken, Briefe – verbrannt, in
ihrem Kachelofen in Berlin, denn dort lebt sie lieber als in
München, das sie überhaupt nicht mag. Sie wollte nicht erinnert werden an die Triumphe, die sie mit Kortner, Lietzau, mit
Niels-Peter Rudolph, Günther Krämer und Dieter Dorn errun-
gen hatte. Nicht an ihre Chansonnette Lucette Gautier in
Feydeaus *Klotz am Bein*, nicht an ihre Gertrud, nicht an die

Dorstsche Königin Ginevra, nicht an die Klara Hühnerwadel, an Shen Te und Shui Ta, nicht an die Maria Magdalena.

Damals, 1966, habe ich sie nicht gesehen, aber Karena Niehoff, der die Stein für diesen Typus eigentlich »zu bewußt intelligent« war, jubilierte schließlich über den Hochmut ihrer Maria Magdalena, die frostig und arrogant den Leonhard nicht wegen des erwarteten Kindes um eine Heirat anwinselte, sondern ihn brüsk beschämte. Gisela Stein ist in keiner Rolle niedrig, nicht einmal zu demütigen. Selbst Wedekinds Klara führte sie nicht zu einem Rührungsende. Sie erkämpfte diesem Geschöpf häßlichstumpfe Größe. Die Kunst der Stein ist es, sich nie in eine Figur einzufühlen. Sie schafft sie neu, indem sie sie analysiert und wieder zusammenfügt. Durch diesen Prozeß der Text-Interpretation nähert sich die Schauspielerin ihren Rollen, bevor sie sie annimmt. In ihrem Spiel werden deshalb auch die Widersprüche dieser Gestalten deutlich. Gisela Stein bricht sie intellektuell auf und fügt sie spielerisch wieder zum (widerspruchsvollen) Ganzen. Und weil die Schauspielerin über all die Frauengestalten, die sie interpretiert, hoch denkt, sich ihnen, also auch denen, die vorschnell zu den Gescheiterten gezählt werden, mit Achtung nähert, gibt sie ihnen allen Größe.

Zum Beispiel der Feydeauschen Lucette. Wir sehen und hören die aus kleinen Verhältnissen aufgestiegene Frau, die, berühmt geworden, umschwärmt wird, jedoch noch ab und an ihre schlechte Kinderstube verrät, wenn sie zum Beispiel, überreich beschenkt, wie ein unerzogenes Mädchen nach dem goldenen Armband grapscht und es in die tiefen Taschen ihres Kleides einsackt. Aber sie ist keine Gossengöre, die sich verstellt – die zeigte uns später Cornelia Froboess. Die Stein war schon Dame und noch Kind, schon lüstern und noch mädchenhaft. Die Zerrissenheit in der Ganzheit, die Ambivalenz, entdeckt Gisela Stein in all ihren Figuren.

Besonders schön war das 1981 zu bemerken, als sie in München in Büchners *Leonce und Lena* die Rosetta spielte: Sie

Lucette Gautier

und Rosetta. Mit Helmut Griem und Walter Schmidinger. Münchner Kammerspiele, zwei Inszenierungen von Dieter Dorn, 1983 und 1981.

machte das menschliche Leid hinter all der aufgesetzten Ver-
spieltheit spüren.

Rosetta sitzt auf dem Tisch, die Beine unter dem roten
Turniertanzkleid gespreizt, die Arme hängen schlaff herab, so,
als sei das Laufwerk dieses Spielzeugs endgültig überdreht.
Gisela Stein spielt die Puppe, und dennoch spiegelt sich in
ihrem Gesicht, in ihren Augen der Schmerz einer Frau, die als
Sinnengenuß mißbraucht, als schöne, leere Hülse begehrt, als
Mensch verachtet, nicht mehr weiterleben kann und es doch
wird müssen. Die Rosetta war eine kleine Rolle. Allein, die
Stein machte aus diesem Auftritt eine große Tragödie.

Manchmal – wie als Gertrud in Söderbergs Stück – entwik-
kelt die Stein eine Figur gegen den Text, sucht selbst nach
Möglichkeiten der Interpretation. Sie spielt ihre Ent-
deckungen, führt diese Gertrud, je stärker sie sich freimacht
von den Männern und damit von der Sehnsucht nach dem
einen, zu jungen, der sie verstößt, je weiter sie sich entfernt
von dem Imponiergehabe und dem Protzgerede der anderen, zu
immer ungezwungeneren Bewegungen. Ihre Gertrud vergißt
dann die Konventionen, ihre Erziehung, wird wieder ein Kind,
balgt sich, steckt die Zunge raus. Und im nächsten Moment
sehen wir die Stein im großen Raum hocken, verloren, enttäuscht. Allein.

Was ist die Stein? Eine »große Schauspielerin«, wie »Die
Welt« 1982 jubilierte? – Gewiß. Aber davon gibt es mehrere:
die Hoffmann, die Schade, die Dene… Was Gisela Stein von
jenen unterscheidet, ist ihre Sprachgestaltung, ihr intellektueller Zugriff, der hohe Ton der Tragödin.

An ihrer Kunst scheiterte der Lang-Abend und auch das
Tabori-Achternbusch-Experiment mit *Mein Herbert*. Denn
mit Gisela Stein, dieser im besten Sinne altmodischen Schauspielerin, sind keine Experimente zu machen. Dieses Instrument will nicht umgebaut, nicht einmal neu gestimmt werden, es will klingen. Schön und wahr. Regisseure, die auf ein
ungewöhnliches, neues Interpretationsziel lossteuern und dafür die (klassische) Literatur verraten, müssen Gisela Stein ein

Graus sein. Es ist kein Zufall, daß sie – wie Edith Clever – auf dem Gipfel des Ruhms sich dem Kulturbetrieb versagt. Gisela Stein, die konservative Tragödin, hört lieber auf, als daß sie ihren Körper, ihre Stimme dem Falschen leiht. Dort gibt es kein Leben. Die kluge, belesene Stein kennt gewiß auch Adorno.

Barbara Sukowa: Mädchenfrau auf der Suche nach Wahrhaftigkeit

Sie ist nicht schön, nicht einmal hübsch. Die schulterlangen blonden Haare fallen strähnig herab in das breitflächige Gesicht mit den ausgeprägten Jochbeinen, der langen, ein wenig stupsigen Nase, den graublauen Augen, den kurzen Wimpern, dem schmalen, sinnlichen Mund: Barbara Sukowa. Ungeschminkt, immer ein wenig nachlässig angezogen, hat sie zwar Charme, aber Rasse? Eine Lola?

Nach der Premiere von Giorgio Strehlers Inszenierung der *Dreigroschenoper* im November 1986 in Paris schlurfte sie nach Mitternacht in einem weißen Hängerchen durch eine Brasserie in Saint-Germain, die Vegetarierin hatte Hunger. Niemand erkannte sie, den Kellnern war sie gleichgültig. Sie bekam nichts mehr, verließ mit einer älteren Freundin enttäuscht das Lokal. Dabei hatte sie sich eine Stärkung wohlverdient.

Die Sukowa sang und spielte damals die Polly. Vielleicht ein bißchen zu lieb, zu wenig durchtrieben, so daß man diesem Mädchen nicht recht glauben wollte, es mache ihm einen Mordsspaß, Mackies Geschäfte zu übernehmen. Obwohl sich die Sukowa mächtig in Rage kommandierte. Aber sie war eine bezaubernde Geliebte und nett eifersüchtig. Mit Annick Cisaruk in der Rolle der Lucy lieferte sie sich ein Duell. Die Sukowa war der Rivalin eindeutig überlegen. Zwar ging auch ihr irgendwann die Luft aus, fehlte ihr gleichfalls die Kraft (und das Können), alle Töne, zumal die hohen, zu treffen, doch in ihrem Sang blinkte Metall. So als stünden die beiden auf der Musicalbühne und schmetterten einander »kannst du nicht – kann ich doch« gegen die Köpfe. Zwei verhinderte Opern-

Pauline in Offenbachs Pariser Leben.

diven, die, erst jede allein an der Rampe stehend, sich selbstverliebt im Rhythmus ihres Liedchens wiegend, nur Schmäh-
blicke für einander übrig hatten, machten schließlich gemeinsame Sache: sie hakten sich ein, trällerten fröhlich, so als wäre
Macheath im Gefängnis nur Vorwand für ein Ständchen, Strophe für Strophe.

Etwas Kindliches, etwas Naives hat das Spiel von Barbara
Sukowa immer, selbst dann, wenn sie verrucht ist, zum Beispiel als Lola in Fassbinders Film. Ich sehe in ihr immer das
Ibsensche Mädchen, Hilde Wangel, das Kind, das, noch nicht
erwachsen, schon mehr von der Welt und von seinen eigenen
Begierden und Sehnsüchten ahnt, als ihm eigentlich schwanen
dürfte. Ihr Charme ist trollig.

Wir sehen es an ihrer Hilde: Wie dieser Wandervogel sich
mausert zum Fräulein; wie sie dem alten Solneß mit großen
Schritten hinterherstiefelt, so als paradierte sie; wie sie den

Hilde Wangel.

knöchellangen Rock hochhebt, daß man ihre Knie sieht; wie
sie schaukelt und, das Gesicht der Sonne entgegengereckt,
vom Bergesgipfel schwärmt: das war die Erstürmung der Seele
dieses schwärmerischen Geschöpfs. Allein weil es Solneß
begehrt, erregt es diesen Mann. Die beiden wissen, daß sie,
verwandte Seelen und doch ungleich, zueinander wollen. Aber
sie wagen es nicht.

Wir spürten die Unruhe, die erotischen Spannungen zwischen Hilde und Solneß, der Sukowa und Hans Michael Rehberg, der damals noch Sukowas Lebensgefährte war. Diese fast
schmerzliche Sehnsucht nach einander wächst noch, weil sich
die beiden nie zu berühren wagen, außer in kindlichen Spielen.
Ihre Beziehung bleibt aufgeregt-verlangend, und das Glück
erfüllt sich nie. Barbara Sukowas Hilde schenkt diesem Mann
das Gefühl, noch einmal jung zu sein, noch einmal geliebt zu
werden. Diese kleine Erlösung aus einem schal gewordenen

Leben bezahlt er mit der Vernichtung. Die Liebe erfüllt sich im Tod – er ist das Luftschloß.

Barbara Sukowa baute Spannung auf, weil der Körper dieses Mädchens früher als der kontrollierende, vorsichtige Verstand Wünsche, Leid und Hoffnungen ungestüm und eben doch noch als zu verheimlichendes Zeichen scheu offenbarte. Sie verriet viel, wenn sie schwieg, ihre Blicke funkelten vor Erregung, Begierde und triumphierender Siegesgewißheit. Und der Körper in all seiner jugendlichen Gelassenheit bebte vor Erregung. Diese Schauspielerin vermag die Emotionen ihrer Figuren, die Motivationen für ihr Handeln und Denken aus der Tiefe an die Oberfläche zu spielen: in ihre Bewegungen, in ihr Gesicht, in ihre zuweilen brüchige, aber immer helle, neugierige, stets kindliche Stimme.

Während eines Gesprächs mit Andres Müry bekannte Barbara Sukowa, sie sei »auf Wahrhaftigkeit aus«. – Es ist wahr: Sie zeigt nicht die reißerische Provokation (die möchte sie mit den Inhalten formulieren); sie versucht, die Menschen in ihrer Vielfalt zu begreifen. Also nicht nur den Wandervogel und die Verführerin, sondern daneben die unerlöste, irrende Seele der Hilde; nicht nur die Lebensgier, sondern zugleich den Lebensekel der Polly. Barbara Sukowas Menschendarstellung ist komplex. Auch ihre Desdemona, die sie nach nur wenigen Probenwochen als Einspringerin bei Peter Palitzsch in München spielte, besaß diese vielen Gesichter, Abbilder sehr unterschiedlicher Regungen, Wünsche und Erfahrungen. Natürlich will und kann diese Desdemona flirten. Es macht ihr Vergnügen, allen mit ihrer Liebe zu diesem Ausgestoßenen die eigene Emanzipation zu beweisen (und wahrscheinlich sich selber auch). Sie entwirft den Typ einer ehrgeizigen, selbstsicheren jungen Frau. Zugleich aber wirkt die Betrogene so verloren, so unschuldig, daß man Jagos Verrat an ihr und an Othello als entsetzliches Verbrechen erkennt. Diese Desdemona ist unfähig zu verstehen, was um sie herum und mit ihr geschieht, weil sie ohne Falsch ist.

Das Spiel der Sukowa ist ein Balanceakt, immer. Selbst wenn

Desdemona.

sie zwischen Banalität und Parodie ihren Weg sucht, wie in Offenbachs *Pariser Leben* oder als Rosa Luxemburg in Margarethe von Trottas Film. In einer Person erkennen wir zwei, die einander nicht im Weg stehen. Sie entwickeln sich nebeneinander in voller Harmonie: die fügsame Gärtnerin hinter Gefängnismauern und die bedingungslose Revolutionärin.

Die Sukowa macht nichts halb. Sie steht zu ihrem Leben und ihrer Arbeit.

Am 2. Februar 1950 in Bremen geboren, studierte sie nach dem Abitur am Berliner Max-Reinhardt-Seminar Schauspiel. 1971 erhielt sie ihren ersten Gastvertrag, gleich an der Schaubühne, in Peter Handkes *Ritt über den Bodensee*. Noch im gleichen Jahr engangierte Günther Beelitz sie an sein Darmstädter Haus. Er habe ihr – sagte sie zehn Jahre später – »das Blaue vom Himmel heruntergeschwatzt«, aber kaum die Margarine auf dem Brot gegönnt. – Wenn es so war, andere gönnten ihr Butter:

Luc Bondy holte sie an die Städtischen Bühnen nach Frankfurt, Ivan Nagel ans Schauspielhaus Hamburg. Die »rote Barbara«, so nannte man sie in Darmstadt wegen ihres politischen Engagements, spielte die Helena im *Sommernachtstraum*, die Marion in *Dantons Tod*, die Siri in Per Olov Enquists *Die Nacht der Tribaden*.

1980 verließ Nagel Hamburg, Barbara Sukowa wollte in der Stadt bleiben, zu Peter Striebeck ans Thalia-Theater wechseln. Doch sie unterschrieb den Vertrag nicht, enthielt er doch so etwas wie eine politische »Wohlverhaltensklausel«. Das ist ihre konsequente Gradlinigkeit. Sie ging nach Salzburg, als Rosalind.

Dann kam der Film: *Berlin Alexanderplatz* und *Die bleierne Zeit*, in der sie die Marianne spielte; sie entwickelte wiederum zwei Persönlichkeiten in einem Körper, war sehr stark und gleichzeitig aufs äußerste verletzbar. Ebenso ambivalent ihre Lola: keusch und hysterisch, Hausbäckchen und Vamp, resolut und kitschig. »Ein Gesicht aus den zwanziger Jahren«, schrieb der »Spiegel« damals, als hätte Barbara Sukowa nur eines. Sie hat viele, und keines gleicht dem anderen.

Inzwischen ist sie berühmt, kann wohl nicht mehr einkaufen gehen, ohne angesprochen zu werden, was sie haßt, und protestiert weniger, zumindest öffentlich. Jedermann weiß, daß sie mit Hans Michael Rehberg zusammenlebte, mit ihm ein Kind hat, das Hänschen; daß sie geschäftstüchtig ist, ihre Kunst so teuer wie möglich verkauft (»Nicht aus persönlicher Raffgier, aber ich sehe nicht ein, warum bei teuren Produktionen auf die Schauspieler der geringste Anteil fallen soll«); daß sie burschikos ist; daß sie Wodka mag und daß sie mit ihrem Erfolg kokettiert: Einmal behauptet sie, sie wolle frei sein, sich nicht binden an ein Haus, einen Regisseur, was sie ja auch nicht nötig hat; ein andermal schwärmt sie von den dreizehn Monatsgehältern, die Schauspieler an den Staats- und Stadttheatern einsacken.

Man bekommt sie nicht zu fassen, Barbara Sukowa ist zu klug, um sich vereinnahmen zu lassen, zu wandelbar, um festgelegt zu werden. Die Mädchenfrau ist längst erwachsen. Allein, sie kann die Erfahrung kaschieren und die Naivität ausspielen. Sie kann das Mädchen verstecken und die Frau präsentieren. Und sie steht zu jeder ihrer Rollen, denn sie glaubt, wenn sie spielt, daran, daß nur sie es kann, und es nur so kann, wie sie es tut. Selbst als sie in Cannes 1983 ausgepfiffen wurde, als die Kritiker der französischen Zeitungen über sie herzogen, sich mokierten über die nackte Sukowa in dem Film *Equateur*, ließ sie sich nicht beirren: »Die Sex-Szenen sind nicht gewagt, es sind erotische Szenen auf einem hohen künstlerischen Niveau – das ist kein Schmuddelsex.«

Ich kenne den Film nicht. Aber in diesem Fall glaube ich (nur) ihr.

Katharina Thalbach: 155 Zentimeter frech

»Die Thalbach«, so soll der Regisseur Hans W. Geissendörfer gesagt haben, »ist die erste deutsche Schauspielerin, mit der ich es zu tun habe, die richtig ›soul‹ hat. Sie könnte alles spielen, von der Steptänzerin über die Hure bis zur Frau des Priesters!«

Bei der Frau des Priesters kommen mir Zweifel. Die Hure war sie schon. 1969 bot Helene Weigel der damals 15jährigen die Rolle der Betty in der *Dreigroschenoper*-Inszenierung des Berliner Ensembles an. Im Dezember übernahm sie – erst nur als Vertretung – die Rolle der Polly und wurde als Entdeckung gefeiert.

Katharina Thalbach, Tochter des Regisseurs und Intendanten der Ostberliner Volksbühne Benno Besson und der Schauspielerin Sabine Thalbach, stand schon mit vier auf der Bühne, spielte Kinderrollen im Fernsehen und im Film. Schon während der Schulzeit nahm sie bei der Weigel Schauspielunterricht. Sie mußte dafür nicht zahlen, sondern nur während der Ausbildungszeit ohne Gage kleinere Rollen übernehmen. Trotzdem schaffte sie das Abitur.

Die Thalbach war in der DDR längst ein bekannter Film-Liebling, als sie im Dezember 1976 mit ihrer damals dreijährigen Tochter das Land verließ. Nicht aus politischen Motiven, darauf legt sie Wert. Sie folgte ihrem Freund, dem Autor und Filmregisseur Thomas Brasch, dessen Werke in der DDR nicht publiziert wurden. Einige westdeutschen Bühnen bemühten sich um Katharina Thalbach. Sie entschied sich erst einmal für die Staatlichen Schauspielbühnen in Berlin, wo sie als Lovely Rita in Braschs gleichnamigem Stück debütierte.

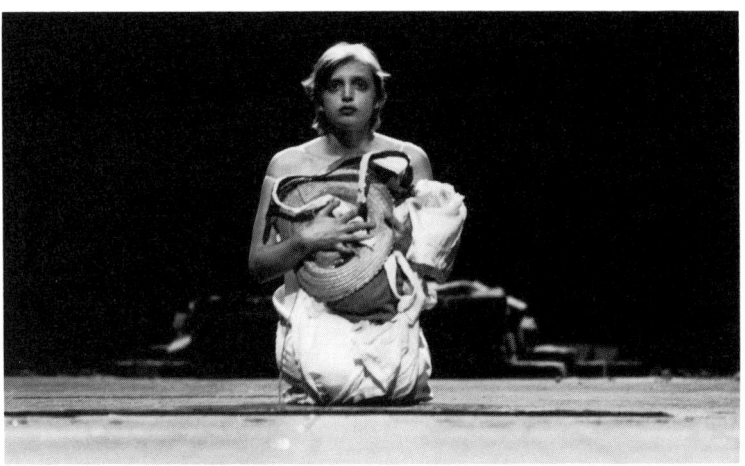

Käthchen von Heilbronn.

1979 sah ich sie in Köln als Jürgen Flimms Käthchen: anrührend, entrückt und komisch. Ein unschuldiges Ding mit großen Augen, einem sehr sinnlichen Mund. Sie war weltvergessen, aber doch auch eine Spur keß, ironisch.

Das Kesse, das Burschikose, das Freche sind Katharina Thalbachs Erkennungszeichen, die sie allerdings zuweilen auch überstrapaziert. Sie weiß manchmal zu genau, wie und wann sie wirkt; nimmt manchmal die Berliner Schnauze zu voll. Dann wirkt ihre forcierte Munterkeit aufgesetzt. Die Thalbach strotzt vor Vitalität und Spiellust. Deshalb war es nicht überraschend, daß selbst ihre Ophelia in Benno Bessons Zürcher *Hamlet*-Inszenierung nicht bloß liebes, kleinlaut-wirres Opfer war. Leider habe ich sie damals versäumt. Reinhard Stumm schrieb, diese Ophelia sei »so ausdrucksstark und natürlich« gewesen »wie kaum eine Ophelia vor ihr«. Sie sei »spitzbübisch und böse gewesen, kindlich und grell und vulgär und spaßig, obszön greift sie Hamlet zwischen die Beine, ihre Renitenz gegen den Vater äußert sich in Ironie.«

Nur zwei Monate später verhalf sie ihrem Freund Brasch am gleichen Haus zu einem großen Erfolg. Sie war die Oi in der

Uraufführung von *Mercedes*, mit dem Jungen Sakko (Christoph Waltz) eingesperrt in einen Freudschen Versuchskäfig, einen kahlen, kalten, türlosen Raum, in dem die beiden nirgends Schutz finden. Aus einem Lautsprecher tönen die Versuchsanordnungen; Requisiten werden vom Schnürboden herabgelassen oder trudeln die Spielschräge hinab. Kein Zweifel: Diese beiden agieren ausgestellt, sind gezwungen, auf engstem Raum, von anderen beobachtet, zu leben. Braschs Menschen sind Kunstfiguren. Sie reden über ihre Angst in kurzen, alltäglichen, banalen Satzfragmenten.

Die Thalbach berlinerte schnoddrig, raste wie ein gehetztes Tier durch die Szenen, stakste auf den hochhackigen Pumps, eingezwängt in ein enges, schwarzes Satinkleidchen mit properem weißen Krägelchen durch die Bühnenkiste. Helle und unverschämt spielte sie diese Kindfrau. Und wenn sie aufschaute zum glatzköpfigen Waltz, wenn die Augen zu leuchten begannen, dann zauberte sie ihm und uns einen Mercedes auf die leere Bühne in unsere Phantasie, zauberte aus dem Nirgendwo Musik herbei, verdrängte mit klingender Ruhe die frostige Kälte dieses Gefängnisses, der Welt. Mit einem Kinderblick verhieß sie Glück im Unglück. Mit einem unverdorbenen Lächeln, wie Eva, bevor die Schlange sie versuchte.

Katharina Thalbach war – und alle stimmten darin überein – großartig. Trotzdem band sie sich nicht an das Zürcher Haus, wurde dort ebensowenig heimisch wie in Berlin. Sie gastierte lieber. Vielleicht ist sie zu exzentrisch für kontinuierliche Ensemblearbeit. Gewiß aber bedeutet sie für den westlichen Theaterbetrieb eine (eher unangenehme) Herausforderung. Sie scheint andere Schauspielerinnen neben sich schwer zu dulden. Sie erstürmt sich die Rollen und bleibt ihnen auf den Fersen: rasant und ohne Rücksicht auf Verluste. Sie spielt nicht Versteck mit den Frauen, die sie verkörpert, sucht auch nicht monatelang ihnen auf die psychologischen Schliche zu kommen: sie wirft sie nach außen. Sehr aggressiv, sehr direkt. Frech. Ganz genau kalkuliert erzielt sie Wirkung. Ihre Ost-

Oi und Sakko,
Katharina Thalbach
und Christoph
Waltz in Mercedes.

Berliner Schauspielausbildung hat sie so stark gemacht, und diese Stärke schreckt nun die westlichen Kolleginnen.

Sie müßte eine wunderbare Penthesilea sein (und nicht bloß Prothoë, die sie in Neuenfels' Inszenierung neben der Trissenaar spielte), eine tolle Lady Macbeth. Denn sie hat – wir kennen es aus den Filmen, die sie mit Brasch drehte, dem *Engel aus Eisen*, dem *Domino* – zugleich eine starke erotische Ausstrahlung: Sex *und* Soul also. Dazu eine Kraft, die sie befähigt, sich oft an den Mitspielern vorbei in die Aufmerksamkeit der Zuschauer zu katapultieren. Sie nimmt gewiß keine Rücksicht auf Ensemble-Wirkungen, wohl auch nicht sehr auf Regisseure, sie geht mit ihrer Rolle aufs Ziel los, führt sie bis an den Rand der Erschöpfung weiter. Aber Katharina Thalbach ist eben nie erschöpft. Nicht müde zu kriegen.

Sie ist immer wach und immer ehrgeizig. Nicht zufrieden (und nicht ausgelastet) mit der Viola, will sie auch noch – nein nicht den Löwen, das ist das falsche Stück – den Sebastian. In Ernst Wendts *Was ihr wollt*-Inszenierung durfte sie beides sein: Mädchen und Junge, ein androgynes Wesen, das Männer und Frauen verführt. Flott und zärtlich.

In der Spielzeit 87/88 kündigte Heribert Sasse, glückloser Berliner Generalintendant, die erste Thalbach-Inszenierung an. In der Werkstatt, so heißt es, wird sie *Macbeth* herausbringen. Während ich diese Zeilen schreibe, weiß ich noch nicht, ob sie darin auch die Rolle der Lady übernommen hat. Aber es würde mich wundern, wenn es anders wäre.

Katharina Thalbach, 155 Zentimeter klein, 155 Zentimeter frech, sie wird uns, dessen bin ich sicher, noch oft überraschen, wird uns Frauengestalten, die wir bis dahin zu kennen meinten, als völlig neue Menschen entdecken. Wenn man sie nur läßt – und sich nicht Regisseure, Schauspielkollegen sperren gegen dieses Temperament, das rücksichtslos zum Zentrum der Figur vordringen will und sich wenig darum kümmert, ob damit vielleicht das Gleichgewicht auf der Bühne ins Wanken gerät. Hauptsache, sie steht fest und entschlossen vor dem Publikum. Vielleicht nennen manche dieses Vorgehen egoistisch; für die Thalbach scheint es die einzige Möglichkeit, sich künstlerisch auszudrücken.

Gert Voss: Der Spieler

Ein Maul, das den ganzen Kerl fressen will: den schlaksigen Körper, der sich blitzschnell aufrichten kann, als wüchse er, und Sekunden darauf wieder zusammensackt, der einmal dem Willen eines Zwanzigjährigen zu gehören scheint, ein andermal sich schleppt, als trügen die spindeldürren Beine einen Greis ins Grab; die Augen, die aufgerissen wütend blitzen, zusammengekniffen boshaft stechen oder naiv, dumm glotzen, kindisch-kindlich; die schmalen Lippen, dünn wie zwei Bleistiftstriche, grinst aus ihnen Verachtung, wollüstig fett, lockt die Gier; die langen Arme und diese Hände, die durch die Luft zischen wie Blitze und an deren Ende, Spinnenfüßen, Krakenfängen gleich, sich zehn Finger breitmachen – ein jeder Greifer, Danseur noble oder Liebhaber: Gert Voss.

Bei ihm ist es nicht so einfach wie im Kinderreim – Pünktchen, Pünktchen, Komma, Strich, fertig ist das Mondgesicht. Auf seinem Antlitz spiegeln sich die Hölle und der Himmel, furchen sich Sorge, Argwohn und Verachtung, legen sich wie Morgentau Liebe und Zärtlichkeit. Wie kaum ein anderer Schauspieler – vergleichbar nur mit Branko Samarovski – wandelt sich Voss von Kopf bis Fuß. Wie kaum ein anderer spielt er mit den Mitteln seines Körpers.

Die meisten wurden auf ihn zum erstenmal aufmerksam, als er 1981 in Bochum als Antonio/Agnelli in Dario Fos *Hohn der Angst* über die Bühne fegte: Wirbelwind, der alle fortbläst und alle überrascht. Damals stieg Voss aus der Anonymität des Nebenrollen-Darstellers auf – und war auf einmal *der* Voss.

Der Weg dorthin war lang und gewiß beschwerlich. Die Eltern wollten, daß er studierte – er nahm Schauspielunterricht

1983: Voss spielt bei Jürgen Flimm in Köln im Kirschgarten *den Leonid Andrejewitsch Gajew. Zwei Jahre zuvor hatte er in Manfred Karges und Matthias Langhoffs Bochumer* Kirschgarten *den 87jährigen Diener Firs gestaltet.*

Saladin und Nathan (mit Traugott Buhre).

neben dem Studium. Aber dann kam nicht das große Haus mit
den kleinen Rollen – Voss ging in die Provinz, nach Konstanz,
Braunschweig; dann nach München und schließlich zu Doll
nach Stuttgart. Hier trafen sich Peymann und Voss. »Wir lern-
ten bei ihm, was Theaterspielen ist«, behauptete er später.
Peymann gab ihm 1975 den Karl in seiner *Räuber*-Inszenie-
rung. Voss, ein eher studentisches, schmächtiges Kerlchen,
das aber mächtig in Aufruhr gerät über den Verdammungsbrief
des Alten. 1977 war er der Wagner in Peymanns *Faust*; 1978
der Tartuffe unter der Regie von Valentin Jeker: nervig, aufbe-
gehrend, fast angeekelt von den Menschen, die ihn umgaben.
Komödiantisch, gewiß, aber hinter der Possenquirligkeit lugte
die Triebhaftigkeit, die Psychologie dieses Mannes hervor.
1981 dann nicht nur der Fo, sondern auch Lessing. Peymann
wählte Gert Voss und Ortrud Beginnen als Sultan Saladin und
Schwester Sittah. Voss spielte einen unfertigen, nervösen,
naiven und ängstlichen jungen Mann, das reiche Kind reicher

Hermann und Thusnelda (mit Kirsten Dene).

Eltern, mit einer gehörigen Portion Egoismus und Gespür für die richtige Selbstinszenierung. Bevor der Jude Nathan kam, dem er die schwierige Aufgabe zu stellen gedachte, warf er über den weißen Tropenanzug einen schicken, leichten Leopardenmantel und setzte sich, einen weißen Turban auf dem dunklen Haar, mitten in den Bühnenraum. Den Kopf zurückgelehnt, die Beine übergeschlagen, die rechte Hand am Viertagebart, wartete er auf die Antwort. Allmählich wurde er aufmerksam, gab die Inquisitions-Pose auf, öffnete sich, wendete sich mit neugierigen Augen zu Nathan, und schließlich stützte er sich auf, legte den Kopf auf die Hand – verunsichert, getroffen. Er hatte begriffen – und war ebenso verstört wie froh.

1982 inszenierte Peymann Kleists *Hermannsschlacht*. Voss, ein Mann in Schwarz, ein Che-Guevara-Mützchen auf dem Kopf. Ein Intellektueller, ein Gedankenspieler. Seiner Frau – oh, wie er »Tussi« säuselt – erteilt dieser Hermann die politischen Lektionen kindgerecht, schlicht, liebevoll. Über

Frank in Lars Noréns Dämonen.

die Motorik des Krieges spricht er, als erklärte er die Mechanik eines Fahrrads. Er ist Machtmensch mit den gestischen Zeichen des Überlegenen; er ist Liebhaber und flirtet anmutig, ist alert, witzig, fürchterlich. Ein schlanker Mann im Schlabbermantel, ein undurchsichtiger, seltsam unterkühlter Bursche, der mit allen spielt und nie preisgibt, was er eigentlich vorhat, was er gewinnen will. Er erregt sich nicht, seine Stimme, ein wenig eng, ein wenig scheppernd, sie bellt kein Demagogengeschrei. Ein kalter Kopf auf einem wendigen Körper.

In der Schlußszene steht er ganz allein auf der großen, leeren Bühne, das rote Tuch, der Thron-Stuhl sind fort. Jubel, Gewehrsalven, Musikdröhnen. Und Hermanns Schatten, das lebendige Denkmal. Es wächst an der Bühnenrückwand, je weiter sich der Fürst von seinem Volk entfernt. Dann reißt Voss den Wikingerhelm vom Kopf, ärgerlich, aggressiv – und enttäuscht. Darunter trägt er immer noch das Käppchen. Der

Revolutionär, der listig subversive, der handelt, während die anderen reden und lamentieren, hat gesiegt. Aber er weigert sich, als Kriegsheld gefeiert zu werden, ist mürrisch, weil er weiß, daß er keinen Schritt vorangekommen ist auf dem Weg, die Freiheit zu retten. Für Peymann und Voss gibt es keinen Sieger, kein Davonkommen. Gert Voss, Tusschen Kirsten Dene im Arm, dreht sich schließlich zum Publikum und spricht die sechs Schlußzeilen, die in dieser Fassung noch übriggeblieben sind von den langen Sieger-Reden:»Wir oder unsere Enkel, meine Brüder! / denn eh doch, seh ich ein, erschwingt der Kreis der Welt / Vor dieser Mordbrut keine Ruhe, / Als bis das Raubnest ganz zerstört, / Und nichts, als eine schwarze Fahne, / Von seinen öden Trümmern weht!« – Das Ausrufezeichen verwandelt Voss in ein Fragezeichen. Der Untergang bleibt gewiß – nur der Zeitpunkt ist es nicht.

Voss spielte, was er wußte, und meinte, was er zeigte. Er war heutig: skrupellos, menschenverachtend, intelligent. Ein gefährlicher Komiker – ein großartiger Spieler.

1984 sahen wir Voss als Frank in Lars Noréns *Dämonen*. Er rennt mit der Urne in der Plastiktüte durch den Schöner-Wohnen-Raum. Er will nicht von seiner Mutter lassen. Cool ist er, gemein, charmant und fies, er flötet flanellweich und brüllt berserkerwütig. Den gestrafften Körper leicht nach hinten gelehnt, den rechten Arm zum Boden ausgestreckt, noch verlängert um den aufgerichteten Zeigefinger, geht er – gefaßt, obgleich es in ihm höllisch brodelt – auf Ehefrau Katarina (wieder ist es Kirsten Dene) zu. Der Mund aufgerissen, das Kinn vorgeschoben, es scheint, als stoße diese Fresse die Nase zurück. Voss wirbelt durch den Raum, ist allgegenwärtig.

Und er ist komisch, ganz furchtlos. Hat sich die innere Freiheit er-spielt, zu sein. Da wird nichts mehr vorgegeben: alles ist. Und dies wird das ganze Geheimnis von Gert Voss' Leichtigkeit sein. Einer Leichtigkeit, die die Ungeheuer wirklich ungeheuerlich macht, gefährlich und gefährdet. Voss, der Spieler des Irrwitzes.

1986 als Ludwig in Thomas Bernhards *Ritter, Dene, Voss*:

Voss

und nochmal Voss, ohne Ritter und Dene.

ein ganz alltäglicher Spinner, ein genialer Irrsinniger. Ein Bedrohter. Voss, gealterter Knabe, der fliehen will vor sich und den Schwestern – und es doch nicht vermag. Ein wunderbarer Grenzgänger, der an Brandteigkrapfen, der Lieblingsspeise dieses Ludwig, fast erstickt und der so herzhaft-entspannt lacht vor Freude, daß die Bilder der Familie endlich abgehängt sind. Dann dreht er sich auf seinem Stuhle um, sitzt nur noch auf einer kleinen Kante. Das eine Bein hängt schon am Boden, das andere stützt ihn; den rechten Arm auf dem Tisch, den linken auf der Lehne, schaut er auf die leere Wand und jubiliert.

Gert Voss war längst einer der besten deutschsprachigen Schauspieler, als ihn endlich die Wiener als einen Star feierten – was auch immer das sein mag.

Er, der Hans Mahnke schätzt und Martin Benrath bewundert, spielte Richard III. im Burgtheater. Eine neue Rolle, ein anderer Körper. Gert Voss betont die Unterschiede seiner Figuren, hebt sie nicht durch seine Person auf. Er nimmt, ohne krampfig zu wirken, eine jede mit ungewöhnlicher Selbstverständlichkeit in Besitz, veräußert sich, wird jemand anderes. Seine Kunst ist vergleichbar vielleicht mit der Doris Schades. Denn Kirsten Dene, die gewiß ebensowenig sich spielt, sie hat doch Töne, Gesten, an denen man sie leicht erkennt. Voss macht einem das Wiedererkennen schwer. Er entwickelt für jede neue Rolle eigene Haltungen, ja einen eigenen Sprechduktus.

Gert Voss' Richard, der klumpfüßig an zwei Krücken, die Degen ähnlicher sind als Stöcken, das Schlachtfeld, das Spielfeld betritt, dieser humpelnde, bucklig-dünne Junge, neofaschistisch-kurzgeschoren und einmal, wenige Sekunden lang, bevor er auch den anderen Arm hebt, in »Heil«-Pose erstarrt, dieser Richard ist ein armer bemitleidenswerter, bedauernswürdiger Mensch. Also durchaus den großen tragischen Gestalten Shakespeares ebenbürtig, was Interpreten so gern abstreiten, als könne dieser Mann keine menschliche Anteilnahme gewinnen. Gert Voss, der Spieler, zeigt Richard als einen Menschen-Dompteur ohne Peitsche.

Richard III.

Er bändigt die Freunde und Feinde mit seiner Stimme, seinem bald fiesen, bald knabenhaften, bald jünglingsfrechen Lächeln. Er ist nicht widerlich, schon gar nicht monströs. Was diesem Aufsteiger an Schönheit fehlt, macht er wett mit seinem Charme, seiner Verführungskunst. Richard: ein Schau-Spieler. Daß er alle Frauen betört; daß diese plötzlich keine Augen mehr haben für seine Mißgestalt, kein Erinnerungsvermögen für seine Taten, nur noch Ohren für sein Kinder-Nölen, sein Bitten, Betteln, Liebtun, für (männlichere) Schwüre und eindeutige Versprechen: es wundert nicht. Längst wissen wir, daß Ganoven die erfolgreichsten Herzensbrecher sind.

Und die rücksichtslosesten Intriganten. Auch das ist Voss' Richard. Seine Stimme geißelt die Widersacher: sein Blick foltert sie.

Damit nicht genug: Voss spielt auch noch mit seinem Richard. Als der aus dem Alptraum seines Untergangs erwacht, zu Tode erschreckt sich mit rotem Wein überschüttet, beginnt er, sich zu streicheln, liebevoll wie ein Kind seinen Teddy, als seien diese Mörderhände Grapschfingerchen. Richard liebkost sich, so wie er als Knabe gern getröstet worden wäre und nie geliebt worden ist. Richard schluchzt und heult, daß er sich liebe, daß er ein Dreckskerl sei und schuldig. Endlich, kraftlos, ohne Falschheit sagt er zu sich: »Keiner liebt mich.« Er liebt sich. Er ist einsam. Ein Ich, dem das Du fehlt. Gerd Voss' Richard: ein Wüstling, ein Charmeur, ein Spieler.

Kurz nach der Premiere gab sich Wien festlich: Wer etwas auf sich hielt, ging zum Opernball. Gert Voss kam mit seiner Tochter. Auch das ein Spiel – und ihm gewiß ein aasiges Vergnügen. Alle liebten ihn.

Ulrich Wildgruber:
Der Clown in Zadeks Stadtzirkus

Reinhard Baumgart bestätigte ihm schon 1973 – damals spielte
Ulrich Wildgruber in Peter Zadeks Inszenierung des *Kaufmann von Venedig* den Lorenzo mit frohem Stegreif und
schwäbischer Schlagfertigkeit –, er sei »reif für den Moskauer
Staatszirkus.« So weit hat er's nicht gebracht. Ulrich Wildgruber blieb (bloß) Zadeks Protagonist an den Stadttheatern der
Republik, avancierte erst in jüngster Zeit zum Lieblingsschau-
spieler auch von Niels-Peter Rudolph. Er blieb der Außensei-
ter, als der er zu Beginn seiner Karriere angetreten war. Ein
Anti-Schauspieler, einer, der seine Profession nicht beherrscht. Und doch gibt es – eben gerade durch Wildgrubers
Verweigerung von Schauspieler-Handwerk – Aufführungen
mit ihm, in denen er wundervoll ist.

Wildgrubers größter Mangel: er dröhnt, nuschelt, lispelt,
salbadert und sabbert, gurrt und greint, blubbert und bullert
genialisch und ist dabei nur in den seltensten Fällen verständlich. Er rast über den Text hinweg, als wäre jede Aufführung
ein Grand-Prix-Lauf für die Zunge. Wildgruber mag der
schnellste Sprecher sein, der beste ist er gewiß nicht. Meist
gerät seine Rede zu einem Silbenrätsel für die Zuhörer. Sie
müssen vervollkommnen, zu Ende fügen, ausfüllen, was Wildgruber an Anfangs- und Mittelvokalen, an Konsonanten aus-
spukt, wobei er, versteht sich, die Endkonsonanten nie artikuliert. »Hamlet denkt auch sehr schnell«, erklärt er, wirft man
ihm diese Schnoddrigkeit, diese hingerotzte Sprache vor, »und
er redet sehr viel, er möchte bestimmte Gedanken loswerden.
›Sein‹ und ›nicht sein‹ und ›oder‹, das hat doch jeder schon mal
gesagt, das ist normaler Wortschatz. Ich habe auch das Gefühl,

daß es sich da um Poesie handelt. Aber Konsonanten und End-Ts deutlich zu sprechen, das entspricht nicht meiner Vorstellung von Poesie. Theater ist wirklich nicht in erster Linie ein Klanggebilde. Möglicherweise bediene ich bestimmte Vorstellungen nicht, aber das ist nicht böse Absicht. Finnisch wird es ja wohl nicht sein, weil man gelegentlich etwas versteht.« – Stimmt.

Wildgrubers anderer Mangel: die Gleichmacherei. Ob Othello, Danton, Petruccio, Hamlet, König Leontes, Alceste, Fiesco, Tartuffe, Theseus oder Jack: immer ein Riesenkind, ein Tier, das über die Bühne watschelt oder faucht; ein Elefant, der Gefühle in Scherben brüllt. Kein Grassscher Oskar. Ein wildgewordener Kerl, mächtig und schwer, larmend laut, der mal rasend, mal reizend, mal wütend, mal wehleidig tost, turtelt, tobt, trauert. Immer am Rande der Schauspielerei.

Kein Wunder, daß Zadek ihn hoch schätzt: Wildgruber macht Texte kaputt mit seiner Sprache und seinem Körper. Er rast wider das Hindernis Schönheit, sucht nicht die Poesie, er will – wahrscheinlich – die extremen Wahrheiten in den Stücken aufdecken und offen vor-spielen. Will, ohne Umschweife, zum Punkt kommen. Manchmal gelingt ihm das, doch je länger wir ihm zusehen, desto deutlicher wird, daß Wildgrubers Vorrat an schauspielerischen Mitteln klein ist, daß weder Zadek noch Rudolph sie zu bereichern vermögen, vielleicht es auch gar nicht versuchen. Seit ungefähr 15 Jahren das immergleiche Potpourri, die immergleichen Manierismen. Zuweilen verkommt dabei die Wahrheit zur Attitüde und wird Lüge. Wildgruber demonstriert dann zwar noch Echtheit, aber gerade die Demonstration ist falsch. »Gegen den Strich gekämmt«, beurteilte man Zadek-Aufführungen, dümmlich modisch, eine Zeitlang. Die Haare, sollte das wohl heißen, standen nicht nur dem Text zu Berge, sondern auch den Zuschauern.

Ist es so, dann war Zadeks *Othello*, 1976 am Hamburger Schauspielhaus herausgebracht, die Geburtsstunde, mitter-

Othello.

nächtlich-vampirisch noch dazu, der Punks. Ein voraussehba-
rer, gar nicht spontaner Theaterskandal. Zadek zog seine alten
Ratten aus dem Hut, ließ sie frei, die literarischen Heiligen von
ihren Piedestals zu nagen, den jungen Mädchen die Kleider vom
Leib zu zerren mit den rättischen Reißerchen und Randale zu
machen in ehrwürdigen, puttenschönen Theaterräumen.

Zadek und Wildgruber, gemeinsam gegen Tabus, an der Seite
von Shakespeare, an dessen romantisch-verklärten deutschen
Übersetzungen der Regisseur besondere Zerstörungsfreude
zeigt, weil er herausfinden möchte, so sagte er, »was sich ein
gewisser Herr Shakespeare gedacht hat. Wir sind über die
Jahrhunderte höflich, miefig, saudumm geworden. Ich finde es
spannend, die Einfachheit wieder aufzufinden.«

Der einfache Othello. Wildgruber als Mohr, dem die Farbe

mit den Schweißperlen über den dicken Bauch davontropft und der seiner Desdemona den Rücken schwärzt mit seinen Pranken, bevor er beide Lichter löscht: erst das elektrische mit dem Wippen des Zeigefingers auf einen weißen Schalter, dann Desdemonas Seelenhelle mit bloßen Händen. Ein brutaler Nigger, atavistisch. Wie ein ausgeknockter Schwergewichtsboxer hängt er im Seil, das von rechts nach links gespannt, ihn vor dem Absturz von der Bühne in den Zuschauerraum bewahrt. Er brüllt wie ein Stier, während Jago (Heinrich Giskes) hinter ihm steht, ruhig, die Hände in die Hüften gestemmt, nackt bis auf einen knappen hellblauen Slip, in den er, bevor er sich in die cyprischen Fluten wirft, das Tüchlein der Desdemona steckt und über beides, Tuch und Geschlecht, noch einmal zärtlich streicht.

Othellos Monologe artikuliert Wildgruber à part, so als seien sie unwichtig oder so bekannt wie die Weihnachtsgeschichte. (Vielleicht macht ihm aber schlicht nur das Mimen mehr Spaß als das Sprechen.) Offensichtlich aber kannten manche doch die Worte des venezianischen Mohrs nicht ganz so gut wie Matthäus. »Lauter!«, schrie ein fröhlicher Herr; während eine Dame sich aufraffte und eher verschämt flötete: »Kannst du das bitte noch mal sagen, Othello«.

Wildgruber gibt aber keine Dacapos. Und er (ver-)ändert sich nicht. Seriöse Kritiker konnten ihn noch so häufig, oft zornig erregt, für fehlbesetzt halten, oder, wie Karena Niehoff es tat, Peter Zadek an der Regisseurs-Ehre packen und ihn bitten, ihr zumindest den Lover-Wildgruber zu ersparen: »Man wird es langsam müde«, schrieb sie in der »Süddeutschen Zeitung«, »dem Zadek immer wieder ins Ohr zu posaunen, daß dieser schwammige, schwitzende, hampelnde, jede Rolle im gleichen Blubberbrei herausspeiende Anti-Schauspieler auch ein Anti-Liebhaber ist, sofern man darunter ganz altmodisch die wenigstens entfernte Möglichkeit erotischer Verführung versteht und nicht bellende proletarische Kraftmeierei.«

Zadek, Rudolph und Wildgruber beeindruckten Kritiken

Tartuffe und Elmire, Ulrich Wildgruber und Josefin Platt in Niels-Peter Rudolphs Stuttgarter Inszenierung von 1986.

wenig. Warum auch? Die drei – und einige Epigonen – machten weiter. Es gab kein Zurück mehr von der einmal eingenommenen Bastion. »Schmuddeltheater« nannte Hellmuth Karasek Zadeks Kunst. Mir scheint sie eine chaotische theatrale Unruhe zu sein. Ein Aufbegehren gegen die Klassiker-Rezeption, gegen Peter Steins Ästhetizismus und gegen den schönen Schein des Entsetzlichen. Ein Theater-Stil, der sich versagt, der rebelliert gegen das Gute und Schöne. Hinter Wildgrubers Spiel steckt ja nicht allein Rebellion, sondern auch der ernstzunehmende Gedanke, das Abscheuliche, das Neurotische, das Widerwärtig-Zeitlose dieser Geschichten offenzulegen. Zadek und Wildgruber zeigen Wunden, und die sind selten schön.

Mit Wildgruber wird Othello zum Nigger, zum wutschnaubenden Tier; mit Wildgruber wird Danton (in einer Neuenfels-Inszenierung) zu einem Wirrkopf, der weinerlich blökt – und untergeht; mit Wildgruber wird Fiesco ein Schlappschwanz, und die Aufführung – kurz nach der grandiosen Zürcher Deutung von Hans Hollmann – beweist allein die Determiniertheit von Geschichte. Fiesco ein Hampelmann, eine Marionette obskurer politischer Drahtzieher. Wildgruber spielte diesen Fiesco, dieses Harlekin-Kind, das immer wie nebenher spricht, flirtet, liebt und haßt, sehr oberflächlich. Die Zuschauer konnten nicht begreifen, warum er sich so und nicht anders benimmt, gar benehmen muß. Konnten nicht ahnen, weshalb Männer wie Verrina ausgerechnet diesen unfertigen Jungen als Anführer sich aussuchen. Warum zwei durchaus kluge, zudem noch hübsche Frauen ihm verfallen. Wildgruber blieb, längst hatte er das weiße Pierrot-Kostüm (!) mit den überlangen Ärmeln ausgezogen, die Gliederpuppe, die manchmal traurig, manchmal nervös-aufgeregt bewegt wird: ein Geschöpf, das Worte hersagt, ohne deren Sinn zu verstehen; ein Kunst-Wesen, das seine Bewegungen und Äußerungen nie als die eigenen zu erkennen gibt. Fiesco, fremdbestimmt.

Als dieser Schauspieler 1979 in der Uraufführung von Hans Magnus Enzensbergers *Menschenfeind* die Verse ruppig knödeln, im Streitgespräch aufgeregt zeigen durfte, wie verletzlich dieser große, schwere Alceste ist, wie rasch zu verunsichern, ver-rückt zu machen: da war Wildgruber, das gestanden auch seine ärgsten Kritiker ihm zu, richtig besetzt.

Und er war es auch in Niels-Peter Rudolphs 1986 in Stuttgart entstandenem *Tartuffe*. Wildgruber, ein kleines rundes Mützchen auf den langen, zottelig-fetten Haaren, machte eine mönchische Knittermiene zum dreisten Spiel. Er donnerte die Reime, daß es dröhnte, nicht klingelte. Er schmalzte sein »Madame« aus knarriger Schnapsgurgel, daß Elmires Widerstand schmelzen mußte. Dieser Tartuffe war wahn-witzig. Ein Widerling, gewiß, doch er besaß daneben einen seltsamen Charme, der zugleich kindlich und aberwitzig altklug war. Jedenfalls verstand ich Elmire, die Schnaps und liebe Worte nahm – und diesem Mann tief in die Augen sah.

Wieder rannte Wildgruber auf die Rolle zu, riß sie an
sich, besitzgierig – und brauste mit ihr davon. Er spielte sie
nicht, er stellte sie nicht dar, er verkörperte sie auch nicht.
Er nahm sie an. Ulrich Wildgruber wurde Tartuffe, für
nichts anderes war da mehr Platz in seinem Körper, in seinem Hirn. So verleibt er sich jede Rolle ein, bis er selbst
nur noch Rolle ist.
   Die distanzlose Nähe zu den Figuren macht die Stärke
dieses Schauspielers aus. Sie verunsichert Kritiker und Zuschauer, weil jeder spürt, wie ernst es ihm ist, selbst dort,
wo er melancholischer Clown, spaßiger Verlierer, müder
Underdog ist. Wildgruber paßt sich nicht an. Deshalb pro-
voziert er, der gerade 50 Jahre alt ist, die heftigsten Ausein-
andersetzungen, manchmal Skandale. »Seit ich spiele, geht
das so, komischerweise, daß viele Leute einen Schrecken
kriegen.«
   Komisch, verwunderlich ist das nicht. Wer die Edlen in
die Raserei treibt, die Bösewichter irrlichtern läßt, als seien
sie schlimme Heilige; wer Schurken liebenswert lachen
macht; wer Revolutionäre zu chaotischen Träumern oder
Hanswursten hinabzieht, der *muß* auffallen. Unangenehm,
oder zumindest als Störenfried. Das ist Wildgrubers Aufgabe
im deutschen Theater. Bisher hat er sie wahrgenommen.
Bisher hat er, der Anti-Schauspieler, der manische Clown,
darin nie enttäuscht.
   Sein Lebensmotto, so bekannte Wildgruber auf dem Frage-
bogen der »Frankfurter Allgemeinen Zeitung«, sei ein Vers
von Ringelnatz: »Überall ist Wunderland. Überall ist Leben.
Bei meiner Tante im Strumpfband wie irgendwo daneben.« –
Wen wundert jetzt noch irgendwas?

Rosel Zech: Echt, stark

1977 wurde Rosel Zech von den Kritikern der »Theater heute«-Umfrage zur Schauspielerin des Jahres gewählt. Ihre Rolle: Hedda Gabler. Ich bedauere es sehr, diese Aufführung nicht gesehen zu haben, erinnere mich aber, daß mir Joachim Kaisers Kritik in der »Süddeutschen Zeitung« besonders auffiel: Eindeutige Hymnen sind seine Sache nun eben nicht. Ich erlebte Rosel Zech stets nur in kleineren Rollen oder im Film. Trotzdem sollte sie in diesem Band nicht fehlen, denn Rosel Zech, die bisher in jedem Interview (und sie geizte nicht damit) erklärt hat, daß sie auf der Bühne »ehrlich sein will«, nichts vorspielen möchte, sondern »es sein will«, sie ist auch in kleinen Rollen von ungewöhnlicher Intensität, sehr gegenwärtig. Sie erreicht also oft ihr höchstes Ziel, von den Zuschauern in der jeweiligen Rolle verstanden zu werden. Außerdem hat sie Charme, einen beinahe spitzbübischen Witz und viel Kraft.

Doch bevor ich mich an jene Augenblicke, in denen mich die Zech beeindruckte, zu erinnern versuche, möchte ich aus der *Hedda Gabler*-Kritik zitieren.

Kaiser verglich »Rosel Zechs schwindelerregend großartige Rollen-Interpretation« mit den »besten Abenden der Grete Mosheim«, und er fragte dann: »Wie zwang nun Rosel Zech diese widersprüchlichen Tendenzen zur – ich wage das Wort: unvergeßlichen – Figur zusammen? Sie führte überzeugend vor, daß der gewiß boshaften Hedda etwas fehlt, was man bisher ziemlich selbstverständlich unterstellte: der böse Wille. Wenn Rosel Zech unter den ›gutgemeinten‹ Zudringlichkeiten einer netten Tante oder eines gutartig doofen, akademischen Ehemanns litt, dann verkrampfte sie die Hände.

Laura in Strindbergs Vater.

Aber danach lächelte sie wohlerzogen. Nicht etwa boshaft
gepreßt, sondern fast ungezwungen, fast herzlich. Rosel Zech
zeigt: Hedda Gabler will mitspielen, ja mitmachen. Sie kann es
nur nicht. Man sieht, daß sie selbst unglücklich ist wegen ihres
eingeborenen Nonkonformismus. Darüber hinaus hatten
Zadek und Zech noch einen weiteren phantastisch-interes-
santen Zug entdeckt: nämlich die Identität von Konservati-
vem und Fortschrittlichem, von Regression und Utopie.
Hedda benahm sich nämlich immer untadelig aristokratisch
(Generalstochter). Sie stand dem Mittelmäßig-Bürgerlichen
fern, aber in ihrer Distanz mischten sich unentwirrbar Elitäres
und Fortschrittliches (...) Es ist dies ein Theatererlebnis von
größter Eindringlichkeit, weite Reisen wert.«
    Rosel Zech kommt nicht aus aristokratischer Familie, sie
wurde 1942 als Tochter eines Schiffers in Berlin-Charlottenburg geboren. Mit der Schule, so bekannte sie immer wieder,
stand sie »auf halbem Kriegsfuß«. Auch mit den Lehrern des
Max-Reinhardt-Seminars hatte sie offensichtlich ihre Schwie-

rigkeiten. Vielleicht war es gar der ganze Kriegsfuß, denn sie
verließ das Institut vorzeitig und machte die Schauspieler-
Ochsentour durch die Provinz. Sie begann in Landshut, wechselte oft und kam endlich an ein großes Haus. In Wuppertal
begegnete sie Peter Zadek, der viel mit ihr arbeitete. Auch
später noch, als sie, an keine Bühne fest gebunden, sich Rollen,
Kollegen, Regisseure aussuchen konnte, so erfolgreich war sie
inzwischen, arbeiteten Zadek und Zech (alphabetische Rei-
henfolge!) miteinander.

1979 sah ich sie an der Berliner Freien Volksbühne in der
Uraufführung von Hans Magnus Enzensbergers *Menschenfeind*, als Célimène. Oh ja, sie hatte Esprit, einen sehr snobisti-
schen Witz. Sie holperte nicht wie Wildgruber über die Reime,
sie schwang sich auf sie, flog mit ihnen davon zu dieser Frau,
die ihre Koketterie, ihre Emanzipation, ihren Freiheitswillen
nicht nur ausstellt und sich darin spiegelt. Diese Célimène hat
darüber hinaus ja eine fast perverse Lust an den gefährlichen
Spielen der Annäherung und der Verweigerung, freut sich
über die Kraft und die Brillanz der Lüge. Die Zech: eine
Dame, die einen Salon führt, und eine Salondame, was beileibe nicht das gleiche ist. Sie konnte vor Erotik vibrieren
und klirren vor Kälte. Sie war arrogant und schnöde, aber in
der nächsten Minute unterwürfig, beinahe ehrlich und an-
hänglich. Sie schuf dieses seltsame Geschöpf mit seinen
Widersprüchen auf eine sehr natürliche, echte Weise. So,
daß man nicht mehr bemerkte, was bei der Lektüre so ärgerlich auffiel: wie konstruiert, anämisch Enzensbergers Célimène ist, verglichen mit dem Molièreschen Original.

1980 sah ich sie wieder in Hans Lietzaus Inszenierung
von Strindbergs *Vater*. Weder der Regisseur noch die Schauspielerin wollten das den Rittmeister zugrunde richtende
Höllenweib. Deshalb war Rosel Zechs Laura nicht zerstöre-
risch, keine Siegerin. Sie zerbrach nicht dem Mann »das
Rückgrat der Seele«, wie bisher immer interpretiert wurde.
Rosel Zechs Laura litt ebenso wie der Mann, damals gespielt von Martin Benrath. Sie liebte ihn mütterlich, wollte

ihn in dieser Kind-Gestalt auch nicht verlieren, denn
schließlich gab er ihr das Gefühl, gebraucht zu werden.
Die Zech entwickelte für ihre Figur ein Unrechtsbewußtsein:
sie weinte, als sie ihren Mann in der Zwangsjacke sah und
doch *mußte* sie sich von ihm trennen, denn gerade die müt-
terlich-schwesterliche Zuneigung hatte sie in eine Situation
gebracht, die sie nicht mehr bewältigen konnte. Das Rückgrat *ihrer* Seele war zerbrochen. Zärtlich streichelte Laura
den Verzweifelten, der den Kopf in ihren Schoß gelegt
hatte, aber dann plötzlich machte sie sich von ihm los, warf
ihn von sich, schüttelte aus allen ihren Gliedern den Ekel
und stieß ein abwehrendes, kindliches »Bäh« aus.
Laura empfand diese Umarmung erschreckt als inzestuös.
Sie befreite sich von der Verantwortung und der Last. Aber
ihre Qual war mit dieser Entscheidung, mit der Trennung
nicht vorbei. Die Zech zeigte den tiefen Fall dieser Frau,
den Fall in die Kindheit. Wir sahen in ihren Gebärden die
Regression und den Zwang, den sie sich selbst antat, weil
sie sich nicht verloren geben wollte.
   Zwei Jahre später kam Fassbinders *Die Sehnsucht der
Veronika Voss* in die Kinos. Die Zech als morphiumsüchti-
ger, ehemaliger Filmstar in den letzten Nazi-Tagen. Sie
schaffte es, das Schizophrene, das zerstörte Denken der Veronika Voss zu vergegenwärtigen: in ihren Gebärden, in dem
seltsam flirrenden Blick, der unstet umherirrte, ängstlich
vor Menschen Reißaus nahm oder sich verloren in die Leere
bohrte.
   Wir kapierten, wohin Rosel Zech die Veronika führte:
durch die Hölle auf Erden in den Tod. Sie identifizierte sich
mit diesem verwirrten Geschöpf, das aus dem Himmel des
Ruhms gefallen, sich in der (neuen) Gesellschaft nicht mehr
zurechtfindet und in die Morphiumträume flieht.
   Rosel Zech festzulegen auf die übersensibel-gefährdeten
Frauen, als »die Suchttante vom Dienst« – wie sie es einmal nannte –, wäre falsch, obwohl sie häufig solche kranken, ausgegrenzten Frauen verkörperte. Die Zech kann auch

Doris und Stefan (mit Hans Michael Rehberg).

ganz anders sein: ein Muttertier, intakt und umtriebig wie in der Fernsehserie *Die Knapp-Familie*, sehr aufgeweckt, schnippisch, kess und keck. Oder frech wie in Dieter Giesings Inszenierung von Botho Strauß' *Bekannte Gesichter, gemischte Gefühle*. Die große Blonde mit den Pumps und dem glitzernden Tanzturnierkleid will sich den Sieg ertanzen und stolpert über das Bein von Partner und Ehemann Günther. Der Schein vom gemeinsamen Glück zerbricht. Von nun an ist Doris, so heißt die Tänzerin, allein. Und der Kampf gegeneinander beginnt. Doris ist also sowenig intakt, wie es Rosel Zechs Hedda Gabler war. Ihre Augen leuchteten aufgeregt, erregt nur, wenn sich die Beine zur Musik bewegten.

Letztlich sind es eben doch nicht die glatten, die selbstbewußten, die unkomplizierten Menschen, die sie interessieren und für die Rosel Zech sich einsetzt. Sie kratzt an der Fassade der Schwachen, und wenn der Putz bröckelt, sehen wir das morsche Mauerwerk, sehen die Risse. Rosel Zech tüncht sie mit ihrem Spiel nicht wieder zu, sie zeigt sie – selbstbewußt. Ihre Interpretationen suchen die Wahrheit dahinter. Nicht selten gelingt es Rosel Zech, sie auch zu finden und zu offenbaren. Dann ist sie echt, stark.

Biographien

Ingrid Andree geb. 19. 1. 1931 in Hamburg. Abitur, danach Studium bei Eduard Marcks an der Staatlichen Hochschule für Musik und darstellende Kunst in Hamburg. Abschlußprüfung. Erste Rolle 1951 am Hamburger Thalia-Theater in Turgenjews *Ein Monat auf dem Lande*. Filmregisseur Rolf Thiele engagierte sie daraufhin für den Film *Primanerinnen*. In den fünfziger und zu Beginn der sechziger Jahre blieb sie beim Film und arbeitete auch beim Fernsehen. 1967 nahm sie ein Engagement an den Münchner Kammerspielen an, spielte dort die Titelrollen in Strindbergs *Fräulein Julie* (1967, Regie: Fritz Kortner), in Ibsens *Hedda Gabler* (1968, Regie: Dieter Giesing) und in Feydeaus *Die Dame vom Maxim* (1969, Regie: Peter Fischer).

Von 1971–1980 war Ingrid Andree Ensemblemitglied des Hamburger Thalia-Theaters, das Boy Gobert leitete. Hier spielte sie die Titelrolle in Dieter Giesings *Lulu*-Inszenierung (1971). 1972 sah man sie als Kate in Pinters *Alte Zeiten* (Regie: Hans Schweikart) und als Gräfin von Rathenow in Hartmut Langes gleichnamigem Stück (Regie: Jürgen Flimm). 1974 spielte sie unter Boy Gobert die Elisabeth in Schillers *Maria Stuart* und die Marie in Lenz' *Soldaten.* 1976 arbeitete der Regisseur Nicolas Brieger mit ihr, sie übernahm die Titelrolle in Ibsens *Nora*. 1979, wieder mit Giesing, spielte sie in Pinters *Betrogen* die Rolle der Emma.

1980 wechselte sie mit Jürgen Flimm, der Intendant des Kölner Schauspiels wurde, nach Köln, spielte die Sofja Aleksandrovna in Tschechows *Onkel Wanja* (1980, Regie: Flimm), die Alkmene in Kleists *Amphitryon* (1981) und den Narren in Shakespeares *Lear* (1982, Regie: Flimm). 1984 arbeitete Robert Wilson mit ihr: die Andree als Alter Fritz im Kölner Teil von *CIVIL warS*. Mit Flimm verließ Ingrid Andree 1985 Köln. Flimm wurde Intendant am Thalia; und Ingrid Andree übernahm in seiner *Peer Gynt*-Inszenierung die Rolle der Aase.

Ingrid Andree ist seit 1972 Mitglied der Deutschen Akademie der darstellenden Künste in Frankfurt a. M.

Martin Benrath geb. 9. 11. 1926 in Berlin. Er besuchte das Gymnasium bis zur Oberprima und war dann zwei Jahre lang Luftwaffenhelfer bei der Flak. Danach nahm er Schauspielunterricht bei Maria Loya in Berlin. Sein erstes Engagement erhielt Benrath 1947 am Berliner Theater am Schiffbauerdamm, wo er bis 1950 blieb. Anschließend spielte er bis 1952 am Berliner Hebbel-Theater (Karl Moor in Schillers *Die Räuber*, Petruccio in Shakespeares *Der Widerspenstigen Zähmung*, Hektor in Shakespeares *Troilus und Cressida*), am Theater am Kurfürstendamm und im Theaterclub des British-Centre in Berlin. 1953 holte Gustaf Gründgens ihn ans Düsseldorfer Schauspielhaus, wo er – auch noch unter Gründgens' Nachfolger Karl Heinz Stroux – bis 1962 blieb. Dort sah man Benrath unter anderem in Gründgens' Inszenierung von Cocteaus *Bacchus*, als Bruno in Hauptmanns *Ratten*, als Prinz in Lessings *Emilia Galotti* und als Orpheus in Anouilhs *Eurydike*. 1961 schon wechselte er ans Bayerische Staatsschauspiel München, wo er bis 1969 arbeitete; seit 1976 gehört er wieder zum Ensemble. In der Zwischenzeit gastierte er am Hamburger Schauspielhaus und an den Staatlichen Schauspielbühnen Berlin. Seine großen Erfolge hatte er in Lietzau-Inszenierungen (in Heiner Müllers *Philoktet*, Stoppards *Travesties*, Simon Grays *Butley*, Strindbergs *Vater* und Shakespeares *Lear*). Benrath arbeitet auch für den Film und das Fernsehen. Erwähnt seien nur Sinkels/Brustellins *Berlinger – Ein deutsches Abenteuer* (1975) und Sinkels *Kaltgestellt* (1978) sowie Ingmar Bergmans *Aus dem Leben der Marionetten*.

Sepp Bierbichler geb. 26. 4. 1948 in Ambach am Starnberger See. Nach dem Gymnasium absolvierte er die Otto-Falckenberg-Schule in München. Seit 1973 hat er Engagements an den Münchner Kammerspielen (1973/74 in Nestroys *Die beiden Nachtwandler*; 1975/1976 in Behans *Richards Korkbein*; 1977/78 in Fleißers *Fegefeuer in Ingolstadt*; 1983/84 in Kroetz' *Nicht Fisch nicht Fleisch*), am Württembergischen Staatsschauspiel (1978: Titelrolle in Herbert Achternbuschs *Ella*, inszeniert von Achternbusch), an den Städtischen Bühnen Frankfurt am Main (1980/81), am Theater rechts der Isar (1983 in Dario Fos *Hohn der Angst*) und am Bayerischen Staatsschauspiel (seit 1984 in Achternbuschs *Plattling*, Regie: Wilfried Minks; in Calderons *Das Leben ein Traum*; in Heiner Müllers *Philoktet*, Regie: B. K. Tragelehn; in Achternbuschs *Gust*, Regie: Achternbusch; in *Hamlet* und in Franz-Xaver Kroetz' *Nusser*, Regie: Kroetz).

Sein Filmdebüt gab Bierbichler 1975. Berühmt wurde er durch seine Mitwirkung in den Achternbusch-Filmen *Die Atlantikschwimmer* (1976), *Servus Bayern* (1977), *Der Komantsche* (1979), *Der Neger Erwin* (1981), *Das Gespenst* (1983), *Der Wanderkrebs* (1984). Er drehte aber auch mit Werner Herzog (1976: *Herz aus Glas*; 1979: *Woyzeck*) und Doris Dörrie (*Mitten ins Herz*, 1983). Außerdem Mitwirkung in Fernsehfilmen.

Rolf Boysen geb. 31. 3. 1920 als Sohn eines Schiffsingenieurs in Flensburg. 1939 Abitur in Hamburg. Auf Wunsch der Eltern begann er eine kaufmännische Ausbildung, die er wegen der Einberufung zum Kriegsdienst nicht abschließen konnte. Nach Kriegsende besuchte er ein Schauspielstudio in Hamburg. 1948 erstes Engagement an den Städtischen Bühnen Dortmund, 1952 am Theater in Kiel, 1954 Wechsel an das Niedersächsische Staatstheater Hannover. Von 1956 bis 1958 arbeitete er bei Hans Schalla am Bochumer Schauspielhaus, unter dessen Regie er den Sigismund in Calderons *Das Leben ein Traum*, den Mark Anton in Shakespeares *Julius Cäsar*, den Ekdal in Ibsens *Wildente* und die Titelrolle in Shakespeares *Macbeth* spielte. Schon 1957 bekam er ein Engagement an den Münchner Kammerspielen, zu deren Ensemble er bis 1968 gehörte. Er spielte dort unter Hans Schweikarts Regie die Titelrolle in *Macbeth* und unter Erwin Piscator den Herzog Alba in Schillers *Don Carlos*. Er arbeitete mit August Everding, Leonard Steckel und Fritz Kortner (als Alkibiades in Shakespeares *Timon von Athen*, als Othello und als Jean in Strindbergs *Fräulein Julie*).

1968 ging Boysen an das Schauspielhaus Hamburg, wo er seit 1965 schon als Gast zu sehen war (1969 als Carlos in Kortners Inszenierung von Goethes *Clavigo*). Danach spielte er an den Staatlichen Schauspielbühnen Berlin (1974 den Schriftsteller in Dieter Dorns Inszenierung von Thomas Bernhards *Jagdgesellschaft*), am Burgtheater Wien (u. a. 1975: den Antonio Montecatino in Walter Felsensteins Inszenierung des *Tasso*; 1976 die Titelrolle in Otomar Krejcas *Faust*) und am Düsseldorfer Schauspielhaus.

1978 kehrte Boysen an die Münchner Kammerspiele zurück, wo er vor allem mit Dieter Dorn arbeitete, aber auch mit Fritz Marquardt (*Nathan*, 1984/85) und Thomas Langhoff (O'Caseys *Ein Freudenfeuer für den Bischof*, 1982/83).

Boysen hat in vielen Fernsehinszenierungen klassischer und moderner Theaterstücke mitgewirkt.

Traugott Buhre geb. 21.6.1929 in Insterburg/Ostpreußen. Nach einer Ausbildung an der Schauspielschule in Hannover, die er 1952 beendete, folgten Engagements in Rheydt, Karlsruhe, Bremen und Köln. Von 1968 bis 1972 war Buhre Ensemblemitglied des Stuttgarter Schauspiels unter der Intendanz von Peter Palitzsch, mit dem er an das Schauspiel Frankfurt wechselte. Daneben und in den folgenden Jahren spielte er als Gast an verschiedenen Häusern: am Zürcher Schauspielhaus (Manfred Wekwerth inszeniert 1973 Gorkis *Jegor Bulytschow* mit Buhre in der Titelrolle), am Württembergischen Staatsschauspiel (in Claus Peymanns Inszenierungen von Bernhards *Immanuel Kant*, 1978, und *Vor dem Ruhestand*, 1979), am Thalia-Theater Hamburg (1979: Titelrolle in Hans Hollmanns *Faust I-* und *Faust II-*Inszenierung), am Schauspielhaus Bochum (1981 in Peymanns *Nathan*; 1982 in Alfred Kirchners Inszenierung von Bernhards *Über allen Gipfeln ist Ruh!*). Auch in Köln sah man Buhre (1985 spielte er in Jürgen Flimms *Die Jungfrau von Orleans* mit) und bei den Salzburger Festspielen (1985 in der Uraufführung des *Theatermachers*, Inszenierung: Peymann). Da Peymann am Burgtheater viele seiner Bochumer Inszenierungen wiederaufgenommen hat, arbeitet Buhre zur Zeit vorwiegend in Wien. Auch im Fernsehen trat er häufig auf.

Sibylle Canonica geb. 1957 in Bern. Besuchte die Folkwang-Schule für Musik, Tanz und Theater in Essen. 1980 erstes Engagement am Oldenburgischen Staatstheater. 1981/82 Württembergisches Staatstheater Stuttgart, 1985 Düsseldorfer Schauspielhaus und Salzburger Festspiele. Seit 1985 Ensemblemitglied der Münchner Kammerspiele. Die folgenden Rollen bezeichnet Sibylle Canonica als ihre »ersten wichtigen Erfolge«: die Putzi in Albees *Wer hat Angst vor Virginia Woolf?* (Regie: Thomas Schulte-Michels), die Nina in Tschechows *Möwe* (Regie: Günther Krämer), beide Aufführungen in Stuttgart; die Doña Proëza in Hans Lietzaus Inszenierung von Claudels *Seidenem Schuh* (Salzburg), die Eve in Dieter Dorns Kleist-Inszenierung des *Zerbrochnen Krugs* (Salzburger Festspiele, dann Münchner Kammerspiele). 1985 erhielt Sibylle Canonica den Förderpreis Darstellende Kunst der Akademie der Künste Berlin.

Kirsten Dene geb. 16.3.1943 in Hamburg. Absolvierte die Staatliche Hochschule für Musik und darstellende Kunst bei Eduard Marcks. 1961 bis 1963 Engagement am Theater der Stadt Essen; 1963 bis 1970 an den Städtischen Bühnen Frankfurt, 1970 bis 1972 an den Staatlichen Schauspielbühnen Berlin. 1972 war sie auch als Gast in Bonn engagiert. Im gleichen Jahr kam sie ans Württembergische Staatsschauspiel nach Stuttgart, wo sie Claus Peymanns und Alfred Kirchners Protagonistin wurde. Mit Peymann wechselte sie nach Bochum (von 1979 bis 1986) und ans Burgtheater Wien.

Die wichtigsten Rollen: die Luise in Schillers *Kabale und Liebe*, die Marie in Shakespeares *Was ihr wollt* und die Goneril in Shakespeares *König Lear*, jeweils in den Frankfurter Inszenierungen von Hans Schalla.

In Stuttgart sah man Kirsten Dene (u. a.) 1976 als Dora in Peymanns Inszenierung von Camus' *Die Gerechten*, als Jim Boy in Abrahams *Blume von Hawaii* (Regie: Alfred Kirchner, 1976), als Iphigenie in Peymanns Goethe-Inszenierung (1977), als Clara in seiner Inszenierung der Uraufführung von Bernhards *Vor dem Ruhestand*.

In Bochum spielte sie 1981 unter Alfred Kirchner Brechts *Mutter Courage*, 1982 die Thusnelda in Peymanns Inszenierung von Kleists *Hermannsschlacht*. Bei den Salzburger Festspielen kamen mit der Dene (als Bochumer Produktionen) die Uraufführungen von Bernhards *Theatermacher* (1985) und *Ritter, Dene, Voss* (1986) heraus, jeweils in Peymanns Regie. In Wien wirkte sie 1987 in Peymanns Inszenierung von *Richard II* mit.

Auf der Leinwand war Kirsten Dene erst einmal zu sehen: 1983 drehte Walter Bockmayer mit ihr *Kiez*.

Annemarie Düringer geb. 26. 11. 1925 in Basel. Nach der Mittelschule absolvierte sie die Handelshochschule Bern. 1946/47 Schauspielunterricht bei René Simon in Paris. Von 1947 bis 1949 besuchte sie das Max-Reinhardt-Seminar in Wien. 1949 wurde sie ins Ensemble des Burgtheaters aufgenommen und gehört ihm noch heute an. Gastspiele am Theater am Kurfürstendamm Berlin (1955 bis 1958), an den Staatlichen Schauspielbühnen Berlin (1959/60), an den Münchner Kammerspielen (1972) sowie am Bayerischen Staatsschauspiel München (1983/84).

Annemarie Düringers wichtigste Rollen: Berta in Grillparzers *König Ottokars Glück und Ende* (1949, Burgtheater); Amalia von Edelreich in Schillers *Die Räuber* (1959, Staatliche Schauspielbühnen Berlin, Regie: Fritz Kortner); Lavinia in O'Neills *Trauer muß Elektra tragen* (1960, Regie: Gustav Rudolf Sellner); Elisabeth in Schillers *Maria Stuart* (Regie: Erwin Axer); Emelie in Vitracs *Victor oder Die Kinder an der Macht* (Regie: Hans Neuenfels); Titelrolle in García Lorcas *Bernarda Albas Haus* (1985, Regie: Hans Lietzau). Annemarie Düringer spielte in zahlreichen Filmen und Fernsehspielen mit, u. a. in Claude Gorettas *Spitzenklöpplerin* (1978), in Fassbinders Döblin-Verfilmung *Berlin Alexanderplatz* (1980) und in dessen *Die Sehnsucht der Veronika Voss* (1982).

Cornelia Froboess geb. 28. 10. 1943 in Wriezen an der Oder als Tochter des Komponisten und Verlegers Gerhard Froboess. 1951 stand sie als »kleine Cornelia« in einer öffentlichen RIAS-Sendung erstmals auf der Bühne und trällerte »Pack' die Badehose ein«. Es folgten zahlreiche Rundfunksendungen, Tourneen, Schallplattenaufnahmen und Kinderrollen in Filmen wie *Die große Starparade* und *Laß die Sonne wieder scheinen* (beide 1953).

1958, als der Rock 'n' Roll Triumphe feierte, startete Cornelia Froboess ihre nicht minder erfolgreiche Teenager-Karriere. Sie sang Schlager und spielte in vielen Unterhaltungsfilmen mit (bis 1964). 1959 nahm Cornelia Froboess Schauspielunterricht bei Marlies Ludwig in Berlin, 1961 schloß sie das Studium ab. 1963 debütierte sie am Salzburger Landestheater und folgte dem Intendanten Hellmuth Matiasek (den sie 1967 heiratete) nach Braunschweig ans Staatstheater, wo sie bis 1966 kontinuierlich arbeitete. Danach gastierte sie an den Staatlichen Schauspielbühnen Berlin (1966), bei den Luisenburg-Festspielen in Wunsiedel (1969 als Julia in *Romeo und Julia*) und am Deutschen Schauspielhaus in Hamburg (1970 als Anja in Tschechows *Kirschgarten*).

1972 wurde sie fest an die Münchner Kammerspiele engagiert, zu deren Ensemble sie auch heute noch zählt. Hier sah man sie in vielen großen Rollen, u. a. als Lucile in *Dantons Tod* (1972), als Minna von Barnhelm (1977, Regie: Dieter Dorn), in der Titelrolle von Wedekinds *Lulu* (1978, Regie: Dorn), als Lotte in Botho Strauß' *Groß und Klein* (1979, Regie: Dorn), als Maria Stuart (1979, Regie: Ernst Wendt), als Viola in *Was ihr wollt* (1980, Regie: Dorn), als Sofia in *Platonow* (1981, Regie: Thomas Langhoff) und als Herbert in Achternbuschs *Mein Herbert* (1984/85, Regie: George Tabori). Daneben spielte sie viele Fernsehrollen, trat im Münchner Theater am Gärtnerplatz als Eliza in *My Fair Lady* auf (1984/85, Regie: August Everding) und fand in den achtziger Jahren auch wieder zum Film.

1981 engagierte Fassbinder sie für *Die Sehnsucht der Veronika Voss*, 1986 arbeitete Hans Christoph Blumenberg mit ihr in seinem Film *Der Sommer des Samurai*.

Seit 1985 ist Cornelia Froboess Mitglied der Akademie der Künste Berlin.

Bruno Ganz geb. 22. 3. 1941 in Zürich. Kurz vor dem Abitur verließ er das Gymnasium. Nach einem längeren Aufenthalt in Paris absolvierte er in Zürich das Bühnenstudio. 1961 gab er sein Filmdebüt in Karl Suters *Chikita*. 1962 kam Ganz in die Bundesrepublik und erhielt am Jungen Theater Göttingen sein erstes Engagement. Von 1964 bis 1969 gehörte er zum Ensemble des Theaters der Freien Hansestadt Bremen. Hier arbeitete er mit den Regisseuren Peter Zadek (1965 *Frühlings Erwachen* und *Die Unberatenen* von Thomas Valentin, 1966 Franz Moor in Schillers *Die Räuber*), Kurt Hübner (1965 Titelrolle in Shakespeares *Hamlet*, 1967 in *Macbeth*) und Peter Stein (1968/69 Wurm in Schillers *Kabale und Liebe*, Titelrolle in Goethes *Torquato Tasso*). 1969 spielte Ganz in Steins Inszenierung von Brechts *Im Dickicht der Städte* an den Münchner Kammerspielen den George Garga. Während der Spielzeit 1969/70 arbeitete er mit Stein am Zürcher Schauspielhaus (1969 in Bonds *Trauer zu früh*, 1970 in Middleton/ Rowleys *Changeling*). 1972 trat Ganz bei den Salzburger Festspielen als Arzt in der Uraufführung von Thomas Bernhards *Der Ignorant und der Wahnsinnige* auf (Inszenierung: Claus Peymann). Schon 1970 wurde er Mitglied der Berliner Schaubühne (früher am Halleschen Ufer, jetzt am Lehniner Platz), der er bis 1975 angehörte. Ganz arbeitete mit Klaus Michael Grüber (1972 als Oskar in Horváths *Geschichten aus dem Wiener Wald*, 1974 als Pentheus in Euripides' *Die Bakchen*; 1975 spielte er die Titelrolle in Hölderlins *Empedokles*) und mit Peter Stein (1971 als *Peer Gynt*; 1972 als *Prinz Friedrich von Homburg*; 1974 als Jakow Schalimow in Gorki/ Strauß' *Sommergäste*). Auch in Steins *Sommergäste*-Verfilmung spielte Ganz den Schalimow. Von da an arbeitete Ganz mehrere Jahre lang ausschließlich für den Film: 1975 sahen wir ihn in Eric Rohmers *Die Marquise von O.* und in Jeanne Moreaus *Lumière*, 1976 in Geissendörfers *Wildente*, 1977 in Wim Wenders' *Der amerikanische Freund* und in Handkes *Die linkshändige Frau*, 1978 u. a. in Werner Herzogs *Nosferatu* und 1981 in Schlöndorffs *Die Fälschung*.
1982 kehrte er an die Berliner Schaubühne zurück und spielte in Grübers *Hamlet*-Inszenierung die Titelrolle. 1985 übernahm er in Steins Inszenierung von Botho Strauß' *Der Park* den Oberon, und 1986 spielte er in der Uraufführung von Strauß' *Fremdenführerin* mit (Inszenierung: Luc Bondy). 1984/85 war er in Bernhard Sinkels vierteiligem Fernsehfilm *Väter und Söhne* zu sehen.

Helmut Griem geb. 6. 4. 1932 in Hamburg. Ursprünglich wollte er Journalist werden, studierte nach dem Abitur sechs Semester Phi-

losophie und Literaturwissenschaft. Bei einem Gastspiel des Ka-
barett-Ensembles »Hamburger Buchfinken«, dem Griem während
des Studiums angehörte, entdeckte und engagierte ihn der Inten-
dant der Lübecker Bühnen Mettin.
Von 1963 an arbeitete Griem an verschiedenen Häusern und wirkte
bei Festspielproduktionen mit. Vor allem dem Regisseur Hans
Lietzau verdankt Griem seine Karriere.
Griem spielte unter seiner
Regie am Deutschen Schauspielhaus Hamburg den Butler in der
deutschen Erstaufführung von Albees *Winzige Alice* (1966), die
Titelrolle in Shakespeares *Richard II* (1970) und den Lopachin in
Tschechows *Kirschgarten* (1970).
Am bayerischen Staatsschauspiel München sah man Griem in den
Lietzau-Inszenierungen von Heiner Müllers *Philoktet* (1968) und
von Schillers *Die Räuber* (1969, als Karl Moor). Während Lietzaus In-
tendanz an den Staatlichen Schauspielbühnen Berlin spielte er dort
u. a. die Titelrolle in Kleists *Prinz Friedrich von Homburg* (1973).
Dieter Dorn, unter dessen Regie Griem bereits in Berlin gearbeitet
hatte, holte ihn 1983 an die Münchner Kammerspiele, deren Inten-
dant er geworden war. Hier spielte Griem den Josef K. in Peter
Weiss' *Neuem Prozeß* und den Ferdinand in Feydeaus *Klotz am
Bein*, nachdem er zuvor bereits als Gast in Dorns *Minna von
Barnhelm*-Inszenierung mitgewirkt hatte.
Seine Popularität verdankt Griem dem Film. Sein Debüt gab er
1960 in Frank Wisbars *Fabrik der Offiziere*. 1968 spielte er in
Viscontis *Die Verdammten* mit, 1971 in Bob Fosses *Cabaret*, 1975
in Vojtech Jasnys Böll-Verfilmung *Ansichten eines Clowns*, 1978
in *Deutschland im Herbst* (Fassbinder, Kluge u. a.), 1980 in Bernhard Sinkels *Kaltgestellt* und 1982 in Chabrols *Wahlverwandt-
schaften*.

Carla Hagen   geb. in Hamburg. Von 1950–1952 Schauspielunterricht bei Eduard Marcks an der Hochschule für Musik und darstellende Kunst in Hamburg. Abschlußprüfung. Elevenvertrag am
Deutschen Schauspielhaus. 1953 Engagement beim literarischen
Kabarett »Die Globetrotter«; 1955–1958: Mitwirkung in 28 Filmen, zum größten Teil Heimatfilme; daneben mehrere Fernsehrollen. 1959 Engagement an der Komödie am Kurfürstendamm in
Berlin, dort Mitwirkung in Leonard Steckels Inszenierung der *Pari-
serin*. 1960 Engagement am Berliner Schiller-Theater unter Boleslaw Barlog. Arbeiten unter den Regisseuren Hans Lietzau und
Helmut Käutner. 1961 an den Münchner Kammerspielen; 1962 in
Lietzaus Inszenierung von Camus' *Belagerungszustand* bei den
Ruhrfestspielen Recklinghausen.

1962 holte Fritz Kortner sie an das Schiller-Theater zurück, sie spielte in Shakespeares *Was ihr wollt* die Rolle der Marie (von den Kritikern der Zeitschrift »Theater heute« zur Aufführung des Jahres gewählt). Am selben Haus spielte sie die Dorine in Molières *Tartuffe* (bis 1965). Parallel dazu war sie von 1963 bis 1965 am Deutschen Schauspielhaus Hamburg engagiert, wo sie u. a. unter Kortners Regie die Toinette in Molières *Eingebildetem Kranken* spielte. 1967 war sie an den Münchner Kammerspielen, wieder unter Kortner, in Strindbergs *Fräulein Julie* die Christine. 1968 und 1969 übernahm sie drei Rollen am Bayerischen Staatsschauspiel, spielte die Witwe Begbick in Brechts *Mann ist Mann* und wirkte mit in Genets *Zofen* und Anouilhs *Orchester*. 1970 sah man sie wieder am Deutschen Schauspielhaus in Hamburg, in Hans Bauers Inszenierung von Joe Ortons *Was der Butler sah*. 1971 spielte sie unter Barlogs Regie die Gina in Ibsens *Wildente* am Berliner Schillertheater, dem sie von 1971 bis 1981 als Ensemblemitglied angehörte. Während dieser Jahre arbeitete sie mit den Regisseuren Dieter Dorn, Hans Lietzau (u. a. als Mutter Wolfen in Hauptmanns *Biberpelz* und als Marthe Rull im *Zerbrochnen Krug*), Hans Hollmann, Otto Schenk und Harry Buckwitz. 1982 war sie am Zürcher Schauspielhaus engagiert, 1983 spielte sie in Stuttgart am Württembergischen Staatsschauspiel die Arkadina in Günther Krämers Inszenierung von Tschechows *Möwe*. 1984/85 sah man sie in Lietzaus Inszenierung von Shakespeares *Lear* am Residenztheater München in der Rolle des Narren. 1985, Salzburger Festspiele: Carla Hagen als Engel in Hans Lietzaus Claudel-Inszenierung des *Seidenen Schuhs*. 1986 interpretierte sie am Burgtheater Wien, wieder unter Hans Lietzau, die Poncia in García Lorcas *Bernarda Albas Haus*. Carla Hagen arbeitete immer auch fürs Fernsehen.

Jutta Hoffmann geb. 3. 9. 1941 in Halle. Von 1959 bis 1962 absolvierte sie die Filmhochschule Babelsberg. Von 1962 bis 1965 Ensemblemitglied des Maxim-Gorki-Theaters in Ost-Berlin, 1965 bis 1967 Engagement am Deutschen Theater Ost-Berlin, 1967 bis 1973 wiederum Maxim-Gorki-Theater. 1973 kam sie an das Berliner Ensemble. Jutta Hoffmanns erste Rolle im Westen war 1979 die Sofia in Luc Bondys Inszenierung von Tschechows *Platonow* an der Freien Volksbühne in Berlin. Danach engagierte Dieter Dorn sie an die Münchner Kammerspiele, wo sie die Leonore von Este in seiner *Tasso*-Inszenierung (1982, zuerst bei den Salzburger Festspielen) spielte. Bis 1985 blieb sie dem Haus verbunden, danach ging sie zu Peter Zadek ans Hamburger Schauspielhaus.

Jutta Hoffmann hat in zahlreichen DEFA-Filmen mitgewirkt, von denen vor allem Thomas Langhoffs Ibsen-Verfilmung *Hedda Gabler* und seine *Stella* Erwähnung verdienen.

Thomas Holtzmann geb. 1. 4. 1927 in München. Nach dem Abitur nahm er von 1947 bis 1949 Schauspielunterricht bei Paul Wegener, studierte acht Semester lang bei Artur Kutscher Theaterwissenschaft und belegte an der Universität das Fach Literaturwissenschaft. 1951 debütierte Holtzmann als Jason in Anouilhs *Medea* am Münchner Atelier-Theater.
Holtzmann hatte Engagements am Schleswig-Holsteinischen Landestheater Schleswig (1952), an den Städtischen Bühnen Nürnberg (1953) und am Saarländischen Staatstheater Saarbrücken (1954), blieb von 1954 bis 1959 an den Bühnen der Stadt Köln und wechselte 1960 an die Staatlichen Schauspielbühnen Berlin, wo er unter der Regie von Boleslaw Barlog 1961 die Titelrolle in Kleists *Prinz Friedrich von Homburg* spielte und ein Jahr später in Hans Lietzaus Inszenierung von Whitings *Die Teufel* die Rolle des Grandier. 1962 ging er ans Bayerische Staatsschauspiel nach München und übernahm in Rudolf Noeltes Inszenierung von Sophokles' *Ödipus auf Kolonos* die Titelrolle. 1965 arbeitete er am Burgtheater in Wien, und von 1966 an spielte er an den Münchner Kammerspielen, zu deren Ensemble Holtzmann seit 1977 gehört.
Wichtige Rollen: der Antonius in Fritz Kortners Inszenierung von Shakespeares *Antonius und Cleopatra*, 1969 am Schiller-Theater in Berlin; die Titelrolle in Goethes *Clavigo*, Deutsches Schauspielhaus Hamburg, 1970 (Regie: Kortner); Thoas in Goethes *Iphigenie auf Tauris* (Münchner Kammerspiele, 1980/81, Regie: Dieter Dorn), Wladimir in George Taboris Inszenierung von Becketts *Warten auf Godot* (1983/84, Münchner Kammerspiele), Hermokrates in Marivaux' *Triumph der Liebe* (als Gast in Luc Bondys Inszenierung an der Berliner Schaubühne 1985).
Holtzmann wirkte auch in einigen Filmen und Fernsehspielen mit.

Marianne Hoppe geb. 26. 4. 1909 in Rostock. Sie besuchte das Königin-Luise-Stift und eine Handelsschule in Berlin. Mit 17 Jahren wurde sie in die Schauspielschule des Deutschen Theaters Berlin (Max Reinhardt) aufgenommen, gleichzeitig nahm sie privaten Schauspielunterricht bei Lucie Höflich.
1928 debütierte sie in Berlin an der Bühne der Jugend, anschließend gehörte sie dort bis 1930 zum Ensemble des Deutschen Theaters. Von 1930 bis 1932 arbeitete sie in Frankfurt am Neuen Theater unter Arthur Hellmer. 1932/33 war sie an den Münchner Kammer-

spielen engagiert, bevor sie 1935 (damals arbeitete sie schon beim Film) ans Staatliche Schauspielhaus am Gendarmenmarkt überwechselte, dessen Intendant Gustaf Gründgens sie 1936 heiratete. Nach dem Krieg wurde sie Ensemblemitglied an dem von Gründgens geleiteten Düsseldorfer Schauspielhaus. Marianne Hoppe blieb dort bis 1955. Danach nahm sie nur noch Gastverträge an, spielte an den Staatlichen Schauspielbühnen Berlin (schon 1950, dann bis 1961), am Deutschen Schauspielhaus Hamburg, am Bayerischen Staatsschauspiel, bei den Salzburger Festspielen und im Stadttheater Bochum.

Ihre wichtigsten Theaterrollen in den dreißiger und vierziger Jahren: die Piperkarcka in Hauptmanns *Ratten* (1932/33, Regie: Otto Falckenberg, Münchner Kammerspiele), die Ophelia in *Hamlet* (1936, Regie: Lothar Müthel, Gendarmenmarkt), die Lucile in Büchners *Dantons Tod* (1936, Regie: Gustaf Gründgens), die Viola in Shakespeares *Was ihr wollt* (1937, Regie: Gründgens), die Titelrolle in Lessings *Emilia Galotti* (1937, Regie: Gründgens) und in Schillers *Jungfrau von Orleans* (1939, Regie: Lothar Müthel), die Juliane in der Uraufführung von Hans Rehbergs *Königin Isabella* (1939, Regie: Gründgens), die Titelrolle in Lessings *Minna von Barnhelm* (1939, Regie: Gründgens), in Sophokles' *Antigone* (1940, Regie: Karl-Heinz Stroux) und in Schillers *Turandot* (1941, Regie: Stroux), die Katharina in Shakespeares *Der Widerspenstigen Zähmung* (1943, Regie: Stroux) und die Marikke in Sudermanns *Johannisfeuer* (1944, Regie: Jürgen Fehling).

Nach dem Krieg spielte sie die Elektra in Sartres *Die Fliegen* (1947, Deutsche Erstaufführung am Düsseldorfer Schauspielhaus, Regie: Gründgens), die Leonore von Este in Goethes *Torquato Tasso* (1949, Düsseldorfer Schauspielhaus, Regie: Gründgens), die Kassandra in *Die Troerinnen* nach Euripides von Mattias Braun (1958, Schillertheater Berlin, Regie: Hans Lietzau), die Margarete von Parma in Goethes *Egmont* (1960, Schillertheater, Regie: Gustav-Rudolf Sellner), Bolls Frau in Ernst Barlachs *Der Blaue Boll* (1961, Schillertheater Berlin, Regie: Hans Lietzau), die Elisabeth in Schillers *Maria Stuart* (1962, Bad Hersfelder Festspiele, Regie: Harry Buckwitz), die Iokaste in Sophokles' *Ödipus* (1962, Münchner Residenztheater, Regie: Rudolf Noelte), die Agnes in Albees *Empfindliches Gleichgewicht* (1967, Münchner Kammerspiele, Regie: August Everding), die Gnädige Frau in Jean Genets *Die Zofen* (1969, Münchner Residenztheater, Regie: Hans Lietzau), die Winnie in Becketts *Glückliche Tage* (1972, Schauspielhaus Hamburg, Regie: Hans Schweikart), Lady Rafi in Edward Bonds *Die See* (1973, Hamburger Schauspielhaus, Regie: Dieter Giesing), die Generalin

in Thomas Bernhards *Jagdgesellschaft* (1974, Deutsche Erstauffüh-
rung am Schillertheater Berlin, Regie: Dieter Dorn), die Mutter in
Thomas Bernhards *Am Ziel* (1981, Salzburger Festspiele, Regie:
Claus Peymann), und die alte Frau in Marguerite Duras' *Savannah
Bay* (1986, Schillertheater, Regie: Heribert Sasse).
Die wichtigsten Filme: *Eine Frau ohne Bedeutung* (1936), *Der
Schritt vom Wege* (1939), *Romanze in Moll* (1943). Marianne Hoppe
wirkte auch in zahlreichen Fernsehfilmen mit. Seit 1965 ist sie
Mitglied der Akademie der Künste Berlin.

Ignaz Kirchner geb. 13.7.1948 in Andernach, dort nach der Schule
eine Buchhändlerlehre. Danach Besuch der Schauspielschule Bo-
chum. 1971, noch als Schauspielschüler, erste Rolle in Alfred Kirch-
ners Inszenierung von Roger Vitracs *Schlag von Trafalgar.* 1973
Engagement zur Freien Volksbühne Berlin, dort zwei Arbeiten mit
Wilfried Minks. 1974 Engagement an das Württembergische
Staatstheater Stuttgart. Dort spielte er in Claus Peymanns *Käthchen von Heilbronn*-Inszenierung mit. 1978–1980 Engagement in
Bremen, bei Frank-Patrick Steckel. Arbeiten unter Steckel, Jürgen
Gosch *(Hamlet)* und Ernst Wendt (Damis in Molières *Tartuffe*).
Von 1980–1986 gehörte Kirchner zum Ensemble der Münchner
Kammerspiele, spielte u. a. in Dieter Dorns Inszenierung von Tan-
kred Dorsts *Merlin* mit und in Thomas Langhoffs Inszenierungen
von Tschechows *Platonow,* O'Caseys *Freudenfeuer für den Bischof*
und Mussets *Lorenzaccio.* Außerdem war er bei Ernst Wendt der
Orlando in *Wie es euch gefällt* (Shakespeare) und der Jepichodow
im *Kirschgarten.* 1986 erste Arbeit mit George Tabori an den
Münchner Kammerspielen: Poseidon in Walter Jens' Euripides-
Bearbeitung der *Troerinnen* und Itai-Itai in Harald Müllers *Totenfloß.* 1987 wird Ignaz Kirchner Ensemblemitglied des Burgtheaters
in Wien unter Claus Peymanns Direktion. Erste Rolle dort: der
Schlomo Herzl in George Taboris *Mein Kampf,* inszeniert von
Tabori.

Jutta Lampe geb. 1943 in Flensburg. Besuchte eine Schauspielschule und erhielt ihr erstes Engagement am Staatstheater Wiesba-
den, danach ging sie ans Nationaltheater in Mannheim. Bis 1969
spielte sie am Theater der Freien Hansestadt Bremen, seit 1971
gehört sie zum Ensemble der Schaubühne in Berlin. Ihre Laufbahn
wird geprägt von der Zusammenarbeit mit dem Regisseur Peter
Stein, die in Bremen begann: 1969 spielte sie dort die Leonore in
seiner *Torquato Tasso*-Inszenierung. Mit ihm arbeitete sie – als
Gast – auch am Zürcher Schauspielhaus, wo sie in der Spielzeit

1969/70 die Florence Nightingale in Steins Inszenierung von Bonds *Trauer zu früh* spielte.

Danach sah man Jutta Lampe an der Schaubühne in Arbeiten von Peymann (1971 in der Uraufführung von Handkes *Ritt über den Bodensee*), Frank-Patrick Steckel (1971 in Hofmannsthals *Das gerettete Venedig*), Peter Stein (u. a. 1971 als Solveig in *Peer Gynt* und als Natalie in Kleists *Prinz Friedrich von Homburg*, 1973 in Labiches *Sparschwein* und Gorkis *Sommergästen*, 1977 in *Wie es euch gefällt*, 1982 in der *Orestie*; 1983 in Genets *Negern*, 1984 in Tschechows *Drei Schwestern*), Luc Bondy (1982 als Katrin in Botho Strauß' *Kalldewey, Farce*; 1985: Phokion/Leonida in Marivaux' *Triumph der Liebe*) und Klaus Michael Grüber (u. a. 1983 als Ophelia in *Hamlet*). 1987 spielte sie die Titelrolle in Racines *Phädra*, Regie: Peter Stein.

Auch in Filmen wirkte Jutta Lampe mit: 1975 in *Sommergäste*, 1979 in *Schwestern oder Die Balance des Glücks* (Regie: Margarethe von Trotta), 1980 in *Groß und Klein* (nach Botho Strauß, Regie: Stein) und 1981 in *Die bleierne Zeit* (Regie: Trotta).

Hugo Lindinger geb. 1.11.1911 in Raab, Österreich. Nach der Schule absolvierte er ein Gesangsstudium am Mozarteum und war zunächst an mehreren Bühnen als Opernsänger engagiert. Später arbeitete er in Gera, Salzburg, bei Heinz Hilpert in Göttingen, bei Gustaf Gründgens in Düsseldorf, an den Münchner Kammerspielen, am Residenztheater München, am Staatstheater in Stuttgart, am Schauspielhaus Bochum und am Berliner Schillertheater.

Seine wichtigsten Theaterrollen: 1971 Pozzo (in Peter Palitzschs *Warten auf Godot*-Inszenierung in Stuttgart), 1971/72 Monsignore Rosentreter in Hochhuths *Hebamme*; 1972/73 der Klosterbruder in Lessings *Nathan der Weise*; 1973/74 Herr von Brauchengeld in Nestroys *Die beiden Nachtwandler*; 1976/77 der Habakuk in Raimunds *Der Alpenkönig und der Menschenfeind*.

1985 trat Lindinger in der Uraufführung von Bernhards *Theatermacher* (Inszenierung: Claus Peymann) als Wirt auf; in der gleichen Saison spielte er an den Staatlichen Schauspielbühnen den Spund in Nestroys *Talisman*; 1987 war er in George Taboris *Mein Kampf* am Wiener Burgtheater der Koch.

Hugo Lindinger hat in vielen Filmen und Fernsehspielen mitgewirkt. Er starb am 10. Januar 1988.

Susanne Lothar geb. 15. 11. 1960 in Hamburg als Tochter des Schauspielerehepaars Hanns Lothar und Ingrid Andree. Nach der Schule drei Semester Studium an der Staatlichen Hochschule für Musik

und darstellende Kunst in Hamburg. Danach bekam Susanne Lothar einen Elevenvertrag am Thalia-Theater, dort spielte sie die Recha in *Nathan der Weise* (1981) und trat in Benjamin Korns Inszenierung von Fleißers *Fegefeuer in Ingolstadt* auf. Für beide Rollen erhielt sie 1981 den Boy-Gobert-Preis.
1982 ging sie nach Köln zu Jürgen Flimm, war bei ihm das Gretchen im *Faust* (1983) und die Cordelia im *Lear*. Danach spielte sie neben ihrer Mutter in Ulrich Heisings Regie die »M« in Botho Strauß' *Kalldewey, Farce* (1983). Wieder zurück in Hamburg, war sie am Thalia als Viola in Shakespeares *Was ihr wollt* zu sehen (Regie: Jaroslav Chundela). Gastspiel am Burgtheater: für ihre Darstellung der Klara Hühnerwadel in Dieter Giesings Inszenierung von Wedekinds *Musik* wurde sie mit der Josef-Kainz-Medaille ausgezeichnet.
Für kurze Zeit gehörte sie zum Ensemble des Stuttgarter Schauspiels unter Ivan Nagel: sie trat auf in *Liebestoll* (Regie: Arie Zinger, 1986) und spielte die Marie in *Woyzeck* (Regie: Jossi Wieler, 1986). Schließlich ging sie 1986 ans Hamburger Schauspielhaus zu Peter Zadek, wirkte in Giesings Inszenierung von Mamets *Edmond* (1986) mit und in Zadeks *Andi* (1987).
1983 sah man Susanne Lothar in Tankred Dorsts Film *Eisenhans*.

Peter Lühr geb. 3. 5. 1906 in Hamburg. Nach der Schule Schauspielunterricht bei Arnold Marlé. Erstes Engagement von 1925 bis 1938 am Theater in Dessau. Von dort ging er ans Staatstheater Kassel und ans Düsseldorfer Schauspielhaus. Am Alten Theater Leipzig war er von 1945 bis 1947 Oberspielleiter. Seit 1947 gehört Peter Lühr zum Ensemble der Münchner Kammerspiele, wo er seine größten Erfolge feierte.
Die wichtigsten Bühnenrollen (eine Auswahl): 1949/50: König von Frankreich in Shakespeares *Ende gut, alles gut*, Regie: Hans Schweikart; Garcin in Sartres *Hinter geschlossenen Türen*. 1950 bis 1952: der Feldprediger in Brechts *Mutter Courage*, Regie: Brecht; 1955/56 Lehrer in der Uraufführung von Dürrenmatts *Besuch der alten Dame*, Regie: Hans Schweikart; 1957/58 Derwisch in *Nathan*; 1961/62 Jacques in Shakespeares *Wie es euch gefällt*, Regie: Schweikart; 1967/68 Menelaos in Sartres *Troerinnen des Euripides*, Regie: Lühr; 1980/81 Cotrone in Pirandellos *Riesen vom Berge*, Regie: Ernst Wendt; der Narr in Dieter Dorns Inszenierung von *Was ihr wollt* (1979); der Merlin in Dorsts gleichnamigem Stück (1982); 1981/82 der Mann auf der Bank in Robert Wilsons *Die goldenen Fenster*; 1983/84 Estragon in Becketts *Warten auf Godot*; Regie: George Tabori.

Peter Lühr hat in den fünfziger Jahren mehrere Filme gemacht und spielte 1975 in Eric Rohmers *Marquise von O.* mit. Auch in Klassiker-Verfilmungen für das Fernsehen und in Krimi-Serien war er zu sehen.

Eva Mattes geb. 14. 12. 1954. Seit 1985 gehört sie zum Ensemble des Hamburger Schauspielhauses, in dem sie bereits von 1972–1979 gespielt hatte. Ihre wichtigsten Bühnenrollen: Beppi in Kroetz' *Stallerhof;* Titelrolle in Schillers *Jungfrau von Orleans* (Regie: Wilfried Minks), Frau Elvsted in Ibsens *Hedda Gabler* (Regie: Rainer Werner Fassbinder), Hedwig in Ibsens *Wildente* (Regie: Zadek), Desdemona in Shakespeares *Othello* (Regie: Zadek), Joanne in Hopkins' *Verlorene Zeit,* Marie in *Woyzeck,* Rosalind in *Wie es euch gefällt.* Eva Mattes, die schon als Zwölfjährige in *Dr. med. Hiob Prätorius* auf der Leinwand zu sehen war, wurde vor allem durch den Film bekannt. Sie war die Protagonistin (u. a.) bei Rainer Werner Fassbinder *(Die bitteren Tränen der Petra von Kant, Wildwechsel, In einem Jahr mit 13 Monden),* Werner Herzog *(Woyzeck),* Percy Adlon *(Céleste),* Herbert Achternbusch *(Rita Ritter)* und Peter Zadek *(Die wilden Fünfziger).* Seit 1966 hat sie auch immer wieder für das Fernsehen gearbeitet.

Ulrich Matthes geb. 9. 5. 1959 in Berlin. 1977 Abitur, 1977 bis 1979 Studium der Germanistik und Anglistik an der FU Berlin. 1980 bis 1982 Schauspielunterricht bei Else Bongers in Berlin. 1982 Debüt am Renaissance-Theater Berlin, in Pavel Kohouts *Armer Mörder.* 1983 spielte er die Titelrolle in Shakespeares *Hamlet* bei den Kreuzgang-Festspielen in Feuchtwangen. Von 1983 bis 1985 Engagement an den Städtischen Bühnen Krefeld-Mönchengladbach. Rollen: Camille Desmoulins in Büchners *Dantons Tod,* Titelrolle in Kleists *Prinz Friedrich von Homburg,* Conférencier in *Cabaret* (Masteroff/Kander/Ebb), Andrea Sarti in Brechts *Leben des Galilei,* Jimmy Porter in Osbornes *Blick zurück im Zorn.* 1985 bis 1986 Engagement am Düsseldorfer Schauspielhaus. Rollen: Heinrich in Tankred Dorsts *Heinrich oder Die Schmerzen der Phantasie* (Regie: Volker Hesse); Oskar Bernhardi in Arthur Schnitzlers *Professor Bernhardi* (Regie: Hesse); Otto Weininger in Joshua Sobols *Weiningers Nacht* (Regie: Jean-Claude Kuner); Artur in Sławomir Mrożeks *Tango* (Regie: Thomas Schulte-Michels). Mit dem Düsseldorfer Intendanten wechselte Matthes 1986 ans Bayerische Staatsschauspiel nach München. Hier spielt er im Oktober 1987 die Titelrolle in Jean Racines *Britannicus* (Regie: Hesse).

Sunnyi Melles geb. 7. 10. 1958 als Tochter der Schauspielerin Judith Melles in Luxemburg. Bereits mit zehn Jahren stand sie auf der Bühne und spielte während ihrer Schulzeit u. a. in Hans Hollmanns Basler Inszenierungen von Feydeaus *Die Dame vom Maxim* und in Karl Kraus' *Die letzten Tage der Menschheit.* Nach der Schule studierte sie in München an der Otto-Falckenberg-Schule und übernahm schon während der Ausbildung kleine Rollen an den Kammerspielen, zu deren Ensemble sie seit 1980 gehört. Nur einmal gastierte sie bisher an einer anderen Bühne: 1983 war sie in Hans Lietzaus Burgtheater-Inszenierung von Shakespeares *Othello* die Desdemona.

Ihre wichtigsten Bühnenrollen: Lucile in Büchners *Dantons Tod* (Regie: Dieter Dorn), Titelrolle in Lessings *Emilia Galotti* (Regie: Thomas Langhoff), Elisabeth in Schillers *Don Karlos* (Regie: Alexander Lang), Cressida in Shakespares *Troilus und Cressida* (Regie: Dieter Dorn), Margarethe in Goethes *Faust* (Regie: Dieter Dorn). Außerdem war Sunnyi Melles in mehreren Filmen zu sehen. U. a.: 1983 in *Die wilden Fünfziger* (Regie: Peter Zadek), 1984 in *Dormire* (Regie: Niklaus Schilling), 1985 in *Der wilde Clown* (Regie: Josef Rödl) und in *Drei gegen Drei* (Regie: Dominik Graf).

Bernhard Minetti geb. 26. 1. 1905 in Kiel. Nach dem Abitur studierte er in München und Berlin und absolvierte von 1925 bis 1927 die Schauspielschule der Staatlichen Bühnen Berlins unter Leopold Jessner.

Minetti bekam sein erstes Engagement am Reußischen Staatstheater in Gera. Weitere Stationen: Staatstheater Darmstadt (1928 bis 1930), Preußisches Staatstheater Berlin, erst unter Jessner, dann unter Gustaf Gründgens (1930 bis 1945), Bühnen der Landeshauptstadt Kiel (1945 bis 1947), Städtische Bühnen Frankfurt (1952 bis 1956), Schauspielhaus Düsseldorf und Bühnen der Stadt Köln (1956 bis 1963). Seit 1963 ist Minetti Ensemblemitglied der Staatlichen Schauspielbühnen Berlin (seit 1970 als Ehrenmitglied). Von 1949 bis 1951 schloß er Gastverträge, u. a. mit dem Schauspielhaus Bochum und den Bühnen der Stadt Köln. In der Nachkriegszeit war er auch als Gast an den Bühnen der Freien Hansestadt Bremen engagiert, am Württembergischen Staatstheater Stuttgart, an der Freien Volksbühne Berlin und an der Schaubühne am Halleschen Ufer.

Seine wichtigsten Rollen (eine kleine Auswahl): Franz Moor in Schillers *Räubern* (Regie: Jessner), Herzog von Buckingham in Shakespeares *Richard III* (Regie: Jürgen Fehling), Heinrich Bolingbroke in Shakespeares *Richard II* (Regie: Fehling), Marinelli in

Lessings *Emilia Galotti* (Regie: Gründgens), Robespierre in Büchners *Dantons Tod* (Regie: Gründgens).
In Aufführungen der Ruhrfestspiele Recklinghausen spielte Minetti den Faust (1949), den Prospero in Shakespeares *Sturm* (1958) und die Titelrolle in Schillers *Wallenstein* (1961). 1956 spielte er in Frankfurt in Fritz Kortners Inszenierung von Max Frischs *Graf Oederland* die Titelrolle. Am Düsseldorfer Schauspielhaus war er in Giorgio Strehlers Inszenierung von Pirandellos *Riesen vom Berge* der Cotrone. Dreimal spielte Minetti den Krapp in Becketts *Das letzte Band* (1951 in Köln, 1973 in Bremen, 1987 in Frankfurt). 1966 inszenierte Hans Schweikart mit ihm Pinters *Heimkehr* (Berlin). Minetti arbeitete mit Rudolf Noelte (1971 als Edgar in Strindbergs *Totentanz*) und Dieter Dorn (1974 als General in Bernhards *Jagdgesellschaft*), mit Hans Lictzau (1983 als Botschafter in Genets *Balkon*), Peter Zadek (1981 als Otto Quangel in *Jeder stirbt für sich allein*) und Klaus Michael Grüber (1982 als Faust, 1985 als König Lear, 1987 als Krapp) und immer wieder mit Claus Peymann, so 1976 in Bernhards *Minetti – Ein Porträt des Künstlers als alter Mann* (Stuttgart), 1980 in Bochum als Bernhards Weltverbesserer und 1985 als Karl in Bernhards *Der Schein trügt* (ebenfalls in Bochum).
Bernhard Minetti hat in vielen Filmen mitgewirkt, u. a. in *Der Kaiser von Kalifornien* (1936, Regie: Luis Trenker), *Die Rothschilds* (1940), *Tiefland* (1940–44, Regie: Leni Riefenstahl), *Die linkshändige Frau* (1978, Regie: Peter Handke).
Auch im Fernsehen war Minetti zu sehen. Einige wenige Male hat er selbst am Theater inszeniert; 1988 wird er an der Freien Volksbühne Berlin seine Inszenierung von Wedekinds *Frühlings Erwachen* präsentieren.
1981 widmeten Otto Sander und Bruno Ganz ihm und Curt Bois den Film *Gedächtnis*.
Minetti ist seit 1980 Mitglied der Berliner Akademie der Künste, 1985 wurde ihm der Professoren-Titel verliehen. Im gleichen Jahr erschienen seine *Erinnerungen eines Schauspielers*, herausgegeben von Günther Rühle.

Jennifer Minetti geb. 8. 1. 1940 als Tochter des Schauspielers Bernhard Minetti in Berlin. Nach der Schule nahm sie Schauspielunterricht bei Herma Clement. Von 1958 bis 1960 gehörte sie zum Ensemble des Landestheaters Hannover. Weitere Engagements: Theater der Stadt Essen (1960–1962), Wuppertaler Bühnen (1962–1964), Staatstheater Kassel (1964–1966), Stadttheater Aachen (1966–1968), Bühnen der Stadt Bonn (1968–1970), Deutsches

Theater Göttingen (1970–1977), Kammerspiele München (seit 1977).
Wichtige Rollen: Elisabeth in Shakespeares *Richard III* (Göttingen); Hure in Heiner Müllers *Germania Tod in Berlin* (1977/78), Marceline in Feydeaus *Klotz am Bein* (1982/83).

Maria Nicklisch 1934/35 Ensemblemitglied des Bayerischen Staatsschauspiels, seit 1935 an den Münchner Kammerspielen.
Wichtigste Rollen (eine kleine Auswahl): Cressida in Otto Falckenbergs Inszenierung von Shakespeares *Troilus und Cressida* (1936); Cleopatra in Shaws *Cäsar und Cleopatra* (Regie: O. E. Hasse, 1938); Lady in Shakespeares *Macbeth* (Regie: Friedrich Domin, 1945); Nina in Tschechows *Möwe* (Regie: Bruno Hübner, 1948); Blanche in Williams' *Endstation Sehnsucht* (Regie: Paul Verhoeven, 1950/1951); Katharina in Shakespeares *Der Widerspenstigen Zähmung* (Regie: Hans Schweikart, 1952/53); Sittah in Lessings *Nathan der Weise* (Regie: August Everding, 1957/58); Dorothea März in Tankred Dorsts *Auf dem Chimborazo* (1976/77); die Frau im schwarzen Kleid in Robert Wilsons *Die goldenen Fenster* (1981/82); Titania in Botho Strauß' *Park* (Regie: Dieter Dorn, 1984/85).
Maria Nicklisch hat auch in einigen wenigen Filmen mitgespielt. 1985 wurde ihr der Kulturelle Ehrenpreis der Stadt München verliehen.

Will Quadflieg geb. 15.9.1914. Nach dem Abitur nahm er privaten Schauspielunterricht. Er debütierte in der Spielzeit 1933/1934 am Theater Oberhausen. Die weiteren Stationen: Stadttheater Gießen (1934/35), Theater Gera (1935/36), Schauspielhaus Düsseldorf (1936/37), Volksbühne, Theater der Jugend (1937–1940) und Schiller-Theater (1940–1944) Berlin, Bühnen der Hansestadt Lübeck (1945/46), Junge Bühne Hamburg, deren Mitbegründer Quadflieg war (1946/47), Deutsches Schauspielhaus Hamburg (1947–1964 und von 1968 an als Gast), Schauspielhaus Zürich (seit 1948). Quadflieg war Gast bei den Salzburger Festspielen, den Festspielen Bad Hersfeld, am Burgtheater Wien und bei den Ruhrfestspielen Recklinghausen. Von 1981 bis 1984 arbeitete er am Thalia-Theater Hamburg.
Wichtigste Rollen (Auswahl): Titelrolle in Goethes *Clavigo* (Regie: Walter Felsenstein, Schiller-Theater, 1940–1944), Mephisto und Faust in Heinrich Georges *Urfaust*-Inszenierung am Schiller-Theater, Titelrolle in Shakespeares *Hamlet* (1947 in Hamburg, 1948 in Zürich), in Goethes *Torquato Tasso* (Hamburg 1946, Zürich 1950), in Ibsens *Peer Gynt* (Hamburg 1952), in Goethes *Faust I* und

Faust II (1957 und 1958, Hamburg, Regie: Gustaf Gründgens) und in Shakespeares *Othello* (1962; 1966 in eigener Regie).
Wichtig war für Quadflieg die Zusammenarbeit mit den Regisseuren Oscar Fritz Schuh, mit dem er in den sechziger Jahren arbeitete (u. a. in Strindbergs *Traumspiel*, 1963; Frischs *Chinesischer Mauer*, 1965), und Rudolf Noelte (Shaffers *Equus*, 1974; Molières *Menschenfeind* und O'Neills *Eines langen Tages Reise in die Nacht*, 1975; Shaws *Arzt am Scheideweg*, 1979; Hauptmanns *Ratten*, 1977, Freie Volksbühne Berlin; Büchners *Dantons Tod*, Salzburger Festspiele 1981, Hauptmanns *Michael Kramer*, 1983/84, Thalia-Theater Hamburg).
Quadflieg hat in den vierziger und fünfziger Jahren auch in einigen Filmen mitgewirkt.

Hans Michael Rehberg geb. 2.4.1938 als Sohn des Dramatikers Hans Rehberg. Nach der Schule besuchte er die Folkwang-Schule in Essen. Er war zunächst engagiert an den Vereinigten Städtischen Bühnen Krefeld-Mönchengladbach und am Landestheater Schleswig. Später arbeitete er am Bayerischen Staatsschauspiel, an den Münchner Kammerspielen, am Schauspielhaus Hamburg (1973–77), am Thalia-Theater Hamburg, am Akademietheater Wien und am Württembergischen Staatstheater.
Wichtige Rollen: Hahnrei in Valle-Incláns *Worte Gottes* (1974, Regie: Johannes Schaaf, Münchner Kammerspiele), Bruder und Vater in Heiner Müllers *Schlacht* (1975, Regie: Ernst Wendt, Deutsches Schauspielhaus Hamburg); Titelrolle in Büchners *Dantons Tod* (1976, Regie: Jürgen Flimm, Deutsches Schauspielhaus Hamburg), Robert in Pinters *Betrogen* (1979, Regie: Dieter Giesing, Thalia-Theater Hamburg), Titelrolle in Shakespeares *Othello* (1981/82, Regie: Peter Palitzsch, Bayerisches Staatsschauspiel), in Kipphardts *Bruder Eichmann* (1983, Regie: Dieter Giesing, Bayerisches Staatsschauspiel), in Ibsens *Baumeister Solneß* (1983, Regie: Peter Zadek, Bayerisches Staatsschauspiel) und in Ibsens *John Gabriel Borkman* (1985, Regie: Ingmar Bergman).
Rehberg hat auch in mehreren Filmen mitgewirkt, u. a. in *Die Konsequenz*, 1977, Regie: Wolfgang Petersen; *Eisenhans*, 1983, Regie: Tankred Dorst; *Donauwalzer*, 1984, Regie: Xaver Schwarzenberger. Auch im Fernsehen war Rehberg zu sehen, u. a. 1980 in Rainer Werner Fassbinders *Berlin Alexanderplatz*.

Ilse Ritter geb. 20.6.1944 in Schaumburg-Rinteln. Schauspielausbildung an der Hochschule für Musik und Theater in Hannover. Ihr Debüt gab sie am Staatstheater Darmstadt. Von dort ging sie zu den

Wuppertaler Bühnen (1968/69). 1970: Engagement am Württembergischen Staatstheater in Stuttgart, 1971 am Deutschen Schauspielhaus Hamburg, 1972 in Düsseldorf. Von 1973 bis 1977 gehörte sie zum Ensemble der Schaubühne Berlin, 1977 spielte sie auch in Bochum, 1979 und 1981 u. a. an der Freien Volksbühne in Berlin und an den Bühnen der Stadt Köln.
Wichtigste Rollen: das Fräulein in Strindbergs *Gespenstersonate* (1970, Stuttgart, Regie: Hans Neuenfels); Molly in Adamovs *Off limits* (1972, Düsseldorf, Regie: Klaus Michael Grüber); Kalerija in Gorkis *Sommergästen* (1973, Schaubühne, Regie: Peter Stein); Camille in Mussets *Man spielt nicht mit der Liebe* (1977, Schaubühne, Regie: Luc Bondy) Ophelia in Shakespeares *Hamlet* (1977, Bochum, Regie: Peter Zadek); Arsinoë in Enzensbergers *Menschenfeind*, Freie Volksbühne Berlin, Regie: Zadek); Lady Macbeth (1982, Köln, Regie: Bondy) und Ludwigs Schwester in Bernhards *Ritter, Dene, Voss* (Salzburger Festspiele, 1986).

Hans Christian Rudolph geb. 14. 12. 1943 in Metz. Nach der Schule Schauspielunterricht bei Hilde Körber in Berlin. Debüt am Theater der Stadt Essen. Weitere Stationen: Schauspielhaus Düsseldorf, Württembergisches Staatstheater Stuttgart, Staatliche Schauspielbühnen Berlin, Bühnen der Stadt Köln, Thalia-Theater Hamburg. Jürgen Flimm wurde für Hans Christian Rudolph bestimmend; an dessen Kölner Haus spielte er in der Flimm-Inszenierung von Brechts *Baal* die Titelrolle (1981). 1983 übernahm er die Titelrolle in Flimms *Faust*-Inszenierung, 1984 in Jürgen Goschs Inszenierung von Molières *Menschenfeind*. 1985 spielte er den König Karl in Flimms Schiller-Inszenierung der *Jungfrau von Orleans*.
Rudolph wirkte in mehreren Fernsehproduktionen mit.

Branko Samarovski Wichtige Stationen: Vereinigte Bühnen Graz (1970); Württembergisches Staatstheater Stuttgart (1972–1979); Schauspielhaus Bochum (1979–1985). Danach u. a. Schaubühne Berlin (1987 in Peter Steins Racine-Inszenierung der *Phädra*).
Wichtige Rollen: Titelrolle in Büchners *Woyzeck* (1972, Stuttgart, Regie: Alfred Kirchner); Mephisto in Goethes *Faust I* und *Faust II* und Thoas in Goethes *Iphigenie auf Tauris* (1977, Stuttgart, Regie: Claus Peymann); Titelrolle in Goethes *Torquato Tasso* (1980, Bochum, Regie: Peymann), Tom/Edgar in Shakespeares *König Lear* (1985, Schaubühne Berlin, Regie: Klaus Michael Grüber).
1983 wirkte Branko Samarovski in Richard Blanks Film *Friedliche Tage* mit.

Doris Schade geb. 21. 5. 1924 in Frankenhausen/Thüringen. Aufgewachsen in der Sowjetunion und in Japan. Von 1942 bis 1944 Schauspielausbildung am Alten Theater Leipzig. Doris Schade debütierte 1946 an den Städtischen Bühnen Osnabrück als Luise in Schillers *Kabale und Liebe.* Weitere Engagements: Bühnen der Freien Hansestadt Bremen (1947–1949), Städtische Bühnen Nürnberg (1949–54), Städtische Bühnen Frankfurt am Main (1954–1961), Münchner Kammerspiele (1961–1972), Deutsches Schauspielhaus Hamburg (1972–1977). Seit 1977 gehört Doris Schade wieder zum Ensemble der Münchner Kammerspiele.
Ihre wichtigsten Bühnenrollen (eine Auswahl): Phönix in Calderons *Der standhafte Prinz* (1952, Münchner Kammerspiele), Isabella in Shakespeares *Maß für Maß* (1954, Frankfurt), Desdemona in Shakespeares *Othello* (1961, München, Regie: Fritz Kortner), Lady Anna in Shakespeares *Richard III* (1962, München, Regie: Kortner), Else Reissner in Wedekinds *Musik* (1964, München, Regie: Hans Schweikart), Jessica in Bonds *See* (1974, Hamburg, Regie: Dieter Giesing), Helene Alving in Ibsens *Gespenstern* (1977, Hamburg, Regie: Luc Bondy), Elisabeth in Schillers *Maria Stuart* (1978, München, Regie: Ernst Wendt), Maria in Shakespeares *Was ihr wollt* (1979, München, Regie: Dieter Dorn), Marthe in der deutschen Erstaufführung von Bonds *Sommer* (1982, München, Regie: Bondy), Claudia Galotti in Lessings *Emilia Galotti* (1984, München, Regie: Thomas Langhoff).
Doris Schade spielte in zwei Filmen Margarethe von Trottas mit (*Die bleierne Zeit,* 1981, und *Rosa Luxemburg,* 1986) und in Fassbinders *Sehnsucht der Veronika Voss* (1982).

Walter Schmidinger geb. 23. 4. 1933 in Linz. Arbeitete zunächst als Verkäufer und Dekorateur, später Schauspielausbildung am Wiener Max-Reinhardt-Seminar. Erstes Engagement am Theater in der Josefstadt in Wien. Von 1954 bis 1960 arbeitete Schmidinger am Schauspielhaus Düsseldorf; von 1960 bis 1969 an den Bühnen der Stadt Köln; von 1969 bis 1972 an den Münchner Kammerspielen; von 1972 bis 1985 am Bayerischen Staatsschauspiel in München. Seit 1985 ist er an den Staatlichen Schauspielbühnen Berlin engagiert.
Schmidinger gab auch Rollen-Gastspiele, u. a. 1985 an der Berliner Schaubühne (in Peter Steins Inszenierung des *Parks* von Botho Strauß).
Wichtigste Bühnenrollen: Herr Lips in Nestroys *Der Zerrissene* (1974, Schauspielhaus Hamburg, als Gast), Hatch in Bonds *Die See* (Bayerisches Staatsschauspiel, Regie: Luc Bondy), Titelrolle in

Molières *Tartuffe* (Regie: Ingmar Bergman, München), Gennadius in Ostrowskijs *Wald* (Regie: Harald Clemen), Leonce in Büchners *Leonce und Lena* (1981, als Gast an den Münchner Kammerspielen, Regie: Dieter Dorn), Titelrolle in Lessings *Nathan der Weise* (1985/ 86, Berlin, Regie: Bernard Sobel).
Schmidinger hat in Maximilian Schells Horvath-Verfilmung *Geschichten aus dem Wiener Wald* mitgewirkt und in *Deutschland im Herbst* (1978); 1980 wählte ihn Ingmar Bergman für seinen Film *Aus dem Leben der Marionetten*. Auch in Fernsehfilmen sah man Schmidinger.

Libgart Schwarz geb. 25. 1. 1941 in St. Veith, Kärnten. Mit 18 ging sie für ein Jahr ans Mozarteum nach Salzburg, danach besuchte sie drei Jahre lang das Max-Reinhardt-Seminar in Wien. Erstes Engagement in Graz bei Fritz Zecha.
Wichtige Rollen: Shen-Te in Brechts *Gutem Menschen von Sezuan*, Ophelia in *Hamlet*, Gretchen im *Urfaust*, Charlotte Corday in Peter Weiss' *Verfolgung und Ermordung Jean Paul Marats* (1965), Phantasie in Ferdinand Raimunds *Gefesselter Phantasie*. 1965–1986 bei Karl Heinz Stroux in Düsseldorf: Lavinia in *Timon von Athen*, Desdemona in *Othello*; 1973 spielte sie in Bitterlis Frankfurter Inszenierung von Brechts *Turandot* die Titelrolle, 1975 die Schauspielerin in Bernhards *Präsident* in der Stuttgarter Inszenierung von Claus Peymann.
An der Berliner Schaubühne war sie 1977 die Audrey in Steins *Wie es euch gefällt*-Inszenierung und 1978 die Susanne in Botho Strauß' *Trilogie des Wiedersehens*, ebenfalls unter der Regie von Peter Stein. 1981 spielte sie die Erste Schauspielerin in Pirandellos *Sechs Personen suchen einen Autor* (Inszenierung: Klaus Michael Grüber), 1985 die Leontine in Luc Bondys *Triumph der Liebe*-Inszenierung, 1987 in Peter Steins *Phädra*-Inszenierung die Önone.

Gisela Stein geb. 2. 10. 1935 in Swinemünde. Nach dem Abitur Schauspielstudium. Erstes Engagement am Theater der Stadt Koblenz. Danach an den Vereinigten Städtischen Bühnen Krefeld-Mönchengladbach und am Theater der Stadt Essen. Von 1969 bis 1979 gehörte sie zum Ensemble der Staatlichen Schauspielbühnen Berlin. Seit 1979 arbeitet sie an den Münchner Kammerspielen.
Wichtigste Bühnenrollen: Inge in Frischs *Graf Oederland* (1961, Regie: Hans Lietzau), Titelrolle in Hebbels *Maria Magdalena* (1966, Regie: Fritz Kortner), Klara Hühnerwadel in Wedekinds *Musik* (1973, Regie: Dieter Dorn), Sarah in Tschechows *Iwanow* (1974, Regie: Lietzau), Titelrolle in *Maria Stuart* (1977, Regie:

Günther Krämer), Ranjewskaja in Tschechows *Kirschgarten* und
Emma in Pinters *Betrogen* (beide 1979 unter der Regie von
Lietzau).
An den Münchner Kammerspielen: Olivia in Shakespeares *Was ihr
wollt* (1979, Regie: Dieter Dorn), Lucette Gautier in Feydeaus *Klotz
am Bein* (1982/83, Regie: Dorn), Leonore Sanvitale in Goethes
Torquato Tasso (1982, Premiere bei den Salzburger Festspielen),
Titelrollen in Racines *Phädra* und Kleists *Penthesilea* (1986, Regie
des Doppelabends: Alexander Lang).
Gisela Stein spielte ihre einzige Filmrolle in Helma Sanders-
Brahms' *Deutschland, bleiche Mutter* (1979) und hat nur in weni-
gen Fernsehfilmen mitgewirkt.

Barbara Sukowa geb. 2.2.1950 in Bremen. Nach dem Abitur be-
gann sie 1968 ein Schauspielstudium an der Berliner Max-Reinhardt-Schule bei Arno Pauk, 1971 erhielt sie an der Berliner Schau-
bühne einen Gastvertrag. Von 1971–1973 war sie am Staatstheater
Darmstadt engagiert, 1973/74 am Theater der Freien Hansestadt
Bremen, 1974–1976 an den Städtischen Bühnen Frankfurt am
Main, von 1976 bis 1980 gehörte sie zum Ensemble des Deutschen
Schauspielhauses Hamburg, 1982–1984 spielte sie am Bayerischen
Staatsschauspiel in München. Außerdem arbeitete sie im Ausland,
spielte in Rom und Paris.
Wichtigste Arbeiten: in Claus Peymanns Inszenierung von Hand-
kes *Ritt über den Bodensee* (1971, Uraufführung in der Schau-
bühne) in Gorkis *Die Feinde* (1973, Bremen), die Rosalind in
Shakespeares *Wie es euch gefällt* (1980, Salzburger Festspiele),
Desdemona in Shakespeares *Othello* (1972, Bayerisches Staats-
schauspiel, Regie: Peter Palitzsch), Hilde Wangel in Ibsens *Baumeister Solneß* (1983, Bayerisches Staatsschauspiel, Regie: Peter Zadek).
Bekannt wurde Barbara Sukowa vor allem durch ihre Filme: 1981
Die bleierne Zeit (Regie: Margarethe von Trotta) und *Lola* (Titelrolle, Regie: Rainer Werner Fassbinder), 1986 *Rosa Luxemburg*
(Regie: Margarethe von Trotta).

Katharina Thalbach geb. 19.1.1954 als Tochter der Schauspielerin
Sabine Thalbach und des Regisseurs Benno Besson in Berlin. Mit 15
spielte sie als erste Rolle am Berliner Ensemble die Polly in Brecht/
Weills *Dreigroschenoper*. Bis 1975 war sie Ensemblemitglied der
Berliner Volksbühne in Ost-Berlin, 1976 siedelte sie in die Bundesrepublik über. 1977/78, 1981 und 1987 arbeitete sie an den Staatlichen Schauspielbühnen Berlin. 1979/80 war sie an den Bühnen

der Stadt Köln engagiert, 1983 am Zürcher Schauspielhaus. Katharina Thalbachs wichtigste Bühnenrollen: Titelrolle in der Uraufführung von Thomas Braschs *Lovely Rita* (1977, Berlin, Regie: Niels-Peter Rudolph), Prothoë in Kleists *Penthesilea* (1981, Berlin, Regie: Hans Neuenfels), Titelrolle in Kleists *Käthchen von Heilbronn* (1979/80 Köln, Regie: Jürgen Flimm), Oi in Braschs *Mercedes* (1983, Zürcher Schauspielhaus, Regie: Matthias Langhoff). Katharina Thalbach hat bisher in fast 20 Filmen mitgespielt, u. a. in Margarethe von Trottas *Das zweite Erwachen der Christa Klages* (1977), in Volker Schlöndorffs *Blechtrommel* (1979), in Thomas Braschs *Engel aus Eisen* (1981) und *Domino* (1982) und in *Friedliche Tage* von Richard Blank (1983).

Gert Voss geb. 10. 10. 1941 in Shanghai. Von 1964 bis 1966 nahm er Schauspielunterricht bei Ellen Mahlke, von 1966 bis 1968 hatte er in Konstanz sein erstes Engagement. Später arbeitete er in Braunschweig (1968–1971), am Münchner Residenztheater (1971/72), am Staatstheater Stuttgart (1972–1979 und 1985/86), am Schauspielhaus Bochum (1979–1985) und seit 1986 am Wiener Burgtheater.

Seine wichtigsten Rollen: Melchior Gabor in Wedekinds *Frühlings Erwachen*, Adam in Kleists *Zerbrochnem Krug*, die Titelrolle in *Woyzeck* und Puck im *Sommernachtstraum*, jeweils in den Stuttgarter Inszenierungen von Alfred Kirchner, und Antonio in dessen Bochumer Inszenierung von Dario Fos *Hohn der Angst*. In Stuttgart sah man ihn außerdem in der Titelrolle von Valentin Jekers *Tartuffe*-Inszenierung, unter Niels-Peter Rudolphs Regie als Dottore in Goldonis *Diener zweier Herren* und als Loyal im *Tartuffe*, in Bochum als Angelo in Shakespeares *Maß für Maß* (Regie: Klaus Tragelehn) und als Firs in Karge/Langhoffs *Kirschgarten*-Inszenierung.

Unter Claus Peymanns Regie spielte er den Karl Moor in den *Räubern*, den Pylades in *Iphigenie*, den Wagner im *Faust* (Stuttgart), den Hermann in der *Hermannsschlacht*, den Sultan Saladin in *Nathan*, den Camillo in Shakespeares *Wintermärchen* (Bochum) und die Titelrolle in *Richard III* (Wien). 1984 war er in einem Gastspiel in Köln der Gajew in Tschechows *Kirschgarten* (Regie: Jürgen Flimm), 1986 spielte er in Peter Zadeks Hamburger Inszenierung der *Herzogin von Malfi* den Ferdinand und den Voss in Peymanns *Ritter, Dene, Voss*-Inszenierung bei den Salzburger Festspielen.

Ulrich Wildgruber geb. 18.11.1937 in Bielefeld, nach der Schule, die er in der Oberprima verließ, absolvierte er drei Jahre lang das Max-Reinhardt-Seminar in Wien. Erste Engagements an der Komödie Basel, am Volkstheater Wien, an den Städtischen Bühnen Heidelberg und am Theater Oberhausen. Seit 1968 arbeitet er an verschiedenen Häusern, u. a. am Württembergischen Staatstheater, an der Schaubühne in Berlin (Alexej in Wischnewskis *Optimistischer Tragödie*, Regie: Peter Stein), am Schauspielhaus Bochum, an der Freien Volksbühne Berlin, am Thalia-Theater in Hamburg, an den Bühnen der Stadt Köln (Titelrolle in Sophokles' *Ödipus auf Kolonos*, Regie: Jürgen Gosch), bei den Salzburger Festspielen (1972 war er der Vater in der Uraufführung von Thomas Bernhards *Der Ignorant und der Wahnsinnige* in der Inszenierung von Claus Peymann) und am Deutschen Schauspielhaus in Hamburg (seit 1975).
Hier spielte er unter Niels-Peter Rudolphs Regie 1980 die Titelrolle in Schillers *Verschwörung des Fiesco zu Genua*, 1981 den Gregor in Peter Handkes *Über die Dörfer*.
Immer wieder arbeitete Wildgruber mit dem Regisseur Peter Zadek zusammen – in Bochum, an der Freien Volksbühne Berlin (1979 in Hans Magnus Enzensbergers *Menschenfeind* nach Molière), am Hamburger Thalia-Theater und am Hamburger Schauspielhaus (1976 Titelrolle in Shakespeares *Othello*; 1977 Titelrolle in *Hamlet*; 1978 Leontes in Shakespeares *Wintermärchen*; 1981 Petruccio in Shakespeares *Der Widerspenstigen Zähmung*; 1984 Wally in Hopkins' *Verlorene Zeit*; 1985 Bosola in Websters *Herzogin von Malfi*).
Wildgruber hat in Fernsehproduktionen mitgewirkt und war auch in mehreren Filmen zu sehen: 1977 in Zadeks *Eiszeit*, 1979 in Peter Fleischmanns *Hamburger Krankheit*, 1983 in Zadeks *Wilden Fünfzigern*, 1984 in Adolf Winkelmanns *Super*.
Für seine Darstellung des Hjalmar Ekdal in Ibsens *Wildente* (1975/76, Regie: Zadek) erhielt Wildgruber den Norddeutschen Theaterpreis.

Rosel Zech geb. 7.7.1942 in Berlin-Charlottenburg. Nach dem Gymnasium besuchte sie das Max-Reinhardt-Seminar in Berlin. Ihr erstes Engagement hatte sie von 1962 bis 1965 am Südostbayerischen Städtetheater in Landshut. Von 1965 bis 1970 war sie an den Wuppertaler Bühnen engagiert, dort spielte sie 1968 in O'Caseys *Pott* unter Peter Zadeks Regie die Rolle der Susie und wirkte 1969 in Angelika Hurwicz' *Torquato Tasso*-Inszenierung mit. Von 1970 bis 1972 arbeitete sie am Württembergischen Staatstheater in

Stuttgart (1970: Titelrolle in Kleists *Penthesilea*, Regie: Klaus Michael Grüber), von 1972 bis 1977 am Schauspielhaus Bochum (1973: Porzia in Shakespeares *Kaufmann von Venedig* und Nina in Tschechows *Möwe*; 1974: Cordelia in Shakespeares *Lear*, 1976: Miß Gilchrist in Brendan Behans *Geisel*, 1977: Titelrolle in Ibsens *Hedda Gabler* und Polonius in Shakespeares *Hamlet* – Regie jeweils Peter Zadek). 1978 war sie am Deutschen Schauspielhaus in Hamburg verpflichtet (Hermione in Shakespeares *Wintermärchen*, Regie: Zadek), 1979/80 an der Freien Volksbühne in Berlin (Woinitzewa in Tschechows *Platonow*, Regie: Luc Bondy; Célimène in Enzensbergers Molière-Bearbeitung des *Menschenfeinds*, Regie: Peter Zadek). 1980 bis 1985 sah man sie am Bayerischen Staatsschauspiel (u. a. 1980 als Laura in Strindbergs *Vater*, Regie: Hans Lietzau). Seit der Spielzeit 1985/86 ist sie wieder am Deutschen Schauspielhaus in Hamburg, wieder bei Peter Zadek. Rosel Zech hat in vielen Fernsehfilmen mitgewirkt, und auch im Kino war sie zu sehen, u. a. in Zadeks *Eiszeit* (1977), Rainer Werner Fassbinders *Sehnsucht der Veronika Voss* (1982) und in Alexander Kluges *Angriff der Gegenwart auf die übrige Zeit* (1985).

Register

Bildnachweis

Ernst Barlach

Dramen

Taschenbuchausgabe in 8 Bänden
Mit Zeichnungen von Ernst Barlach
Herausgegeben und mit Vorworten von
Helmar Harald Fischer.

Die einzelnen Bände:
Band 771 Der Arme Vetter
Band 772 Die Sündflut
Band 773 Die Gute Zeit
Band 774 Die Echten Sedemunds
Band 775 Der Blaue Boll
Band 776 Der Tote Tag
Band 777 Der Findling
Band 778 Der Graf von Ratzeburg

Das dramatische Gesamtwerk Ernst Barlachs einem größeren
Publikum und Leserkreis bekannt zu machen, ist die Absicht dieser
Taschenbuchausgabe in der Serie Piper, die bis zu Barlachs
50. Todestag im Herbst 1988 abgeschlossen sein wird.
Neben dem als Band I des dichterischen Werks 1956 bei Piper
herausgegebenen Dramenband macht diese Ausgabe – zum ersten-
mal ergänzt durch Zeichnungen Barlachs – die ursprünglich veröf-
fentlichte Textgestalt der sieben, zu Barlachs Lebzeiten erschie-
nenen, Dramen und den, postum veröffentlichten, Erstdruck des
»Grafen von Ratzeburg« in der Grillen-Presse nachlesbar. Vor allem
jedoch werden Barlachs Dramen damit auch in Einzelbänden zum
Taschenbuchpreis für alle zugänglich: Voraussetzung für eine dem
Werk in Intensität und Umfang angemessene Beschäftigung mit
Barlachs Dramen. Eine Aufführungsgeschichte im Sinne konti-
nuierlicher Beschäftigung mit Barlachs Werk auf der Bühne steht
erst noch bevor.

Piper

Joachim Kaiser

Den Musen auf der Spur
Reiseberichte aus drei Jahrzehnten
216 Seiten. Geb.

»Wer nie in die Welt fährt, nimmt dem Vaterland zu viel übel.«
Dies könnte als Motto über diesem Buch mit Reiseberichten von
Joachim Kaiser stehen. Kaiser ist als Kulturkritiker in andere Län-
der gereist, um über das kulturelle Leben dort etwas zu lernen und
um zugleich Anregungen für eine differenzierte Bewertung des eigenen Landes zu bekommen. Er hat sich im Ausland – ob in London,
New York oder in Prag – Theaterstücke angeschen, die er vom
Repertoire der deutschen Bühnen her kannte, er hat Opernvorstel-
lungen besucht, den Pianisten Wladimir Horowitz in New York
gehört, er war beim Festival in Baalbek/Libanon und hat damals
(1964) den Libanon als glückliches Land kennengelernt. In Argenti-
nien erlebte er, welche Reaktionen das Gastspiel eines deutschen
Oratorien-Ensembles auslöste. In der Volksrepublik China wollte
er erfahren, wie sich der Musikbetrieb von der Kulturrevolution
erholt hat, wie europäische Musik aufgeführt und angenommen
wird. In Ägypten und Griechenland spürte er dem Einfluß einer
großen Vergangenheit nach.

Vom selben Autor liegen vor:

Große Pianisten in unserer Zeit
292 Seiten mit 25 Notenbeispielen und 27 Fotos. Kt.

Mein Name ist Sarastro
Die Gestalten in Mozarts Meisteropern von Alfonso bis Zerlina
299 Seiten mit 25 Abbildungen. Leinen

Wie ich sie sah ...
und wie sie waren
Zwölf kleine Porträts. 157 Seiten. Serie Piper 586

Piper